Mit Kindern kreativ durchs Jahr

Ein Kunst-Ideenbuch

MaryAnn F. Kohl

Verlag an der Ruhr

Impressum

Titel der amerikanischen Originalausgabe:
Preschool Art: „It's the process not the product."

Verlag an der Ruhr
Postfach 10 22 51
45422 Mülheim an der Ruhr
Alexanderstr. 54
45472 Mülheim an der Ruhr
Tel.: 02 08/439 54 50
Fax: 02 08/439 54 239
E-Mail: info@verlagruhr.de
www.verlagruhr.de

Autorin: MaryAnn F. Kohl
Illustrationen: K. Whelan Dery
Übersetzung: Michaela Tost
Druck: AALEXX, Großburgwedel

ISBN 978-3-86072-331-9

Die Schreibweise der Texte folgt der neuesten Fassung der Rechtschreibregeln – gültig ab August 2006.

Gedruckt auf chlorfrei gebleichtes Papier.

Haftungsvorbehalt:
Die Arbeit mit den hier vorgestellten Projekten ist ungefährlich. Der Verlag und die Autorin empfehlen eine dem Alter der Kinder angemessene Aufsicht. Die Kinder sollten nicht unbeaufsichtigt arbeiten. Für Verletzungen, Schäden oder Unfälle während oder durch den Gebrauch dieses Buches können der Verlag und die Autorin nicht haftbar gemacht werden.

Widmung

Zur Erinnerung an meine Großmutter Mary Geanne Faubion Wilson, die erste Autorin, die ich kannte und die es geschafft hatte, etwas zu veröffentlichen. Sie weckte meine Fantasie, als sie mir erzählte, Engel hätten meine Sommersprossen gemacht, als sie mich während meines Schlafs auf die Nase küssten.

Danksagung

Ich möchte meiner Herausgeberin Kathy Charner dafür danken, dass sie meinen Arbeitsplan für *„Mit Kindern kreativ durchs Jahr"* aufgestellt und überwacht hat; außerdem bedanke ich mich für ihren Humor und ihre Herzlichkeit.
Manchmal denke ich, dass wir zu viel Spaß hatten, um es als Arbeit zu bezeichnen!
Ferner danke ich den Besitzern von Gryphon House, Leah und Larry Rood, für ihre Freundschaft und Unterstützung und ihren Glauben an mich und dieses Buch.
Vor allem gilt mein Dank meinem Ehemann Michael und meinen Töchtern Hannah und Megan, die mich immer wieder auf den Boden der Tatsachen zurückholen und mich wissen lassen, wann ich gute Arbeit geleistet habe und wann nicht, und die mich immer wieder daran erinnern, was im Leben am wichtigsten ist.

Leitfaden

Die Symbole am rechten oberen Rand jeder Seite sollen den Künstlern*, Betreuern, Lehrern und Eltern helfen, die Projekte grob einzuordnen. Sie stellen Vorschläge dar, die Sie je nach eigener Erfahrung und persönlichem Bedarf abändern können.

Experimentieren Sie daher ruhig mit unterschiedlichen Materialien, verändern Sie vorgeschlagene Techniken oder wandeln Sie Projekte ab, um sie den Bedürfnissen und Fähigkeiten der jeweiligen Künstler oder Erwachsenen anzupassen.

Wenn Sie Freude am Sammeln von Erfahrungen mit Kunst vermitteln wollen, gehört es unbedingt dazu, dass man Vorschläge kreativ verändert.

Dieses Symbol gibt an, ab welchem Alter ein Kind das vorgeschlagene Projekt selbstständig, d.h. mit wenig Hilfe von Ihrer Seite, ausprobieren und durchführen kann. „Ab 5" bedeutet, dass alle Kinder des angegebenen Alters und Kinder, die älter sind, keine Schwierigkeiten bei der Durchführung haben dürften. Dennoch können auch jüngere Kinder das Projekt angehen, sie benötigen dann eben Ihre Unterstützung. Letztendlich müssen Sie entscheiden, welches Projekt für welche Kinder und ihre besonderen Fähigkeiten und Bedürfnisse geeignet ist.

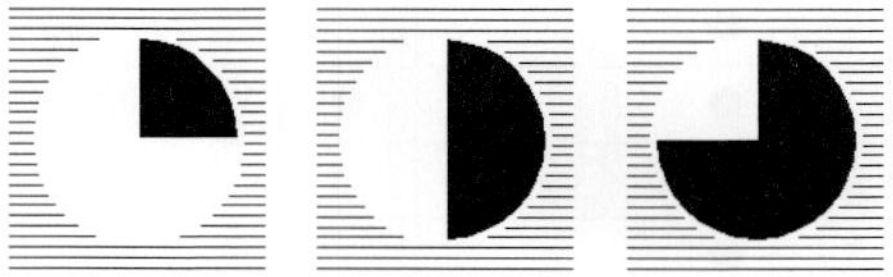

wenig mittel viel

Das Symbol zeigt an, wie viel Zeit und Energie Sie in die Planung und Vorbereitung investieren müssen, um Material zu beschaffen, das Projekt entsprechend aufzubereiten oder zu beaufsichtigen.

Manchmal ist ein Projekt zwar nicht wirklich gefährlich, aber dennoch wird Ihre Hilfestellung oder die eines anderen Kindes benötigt.

Das Symbol zeigt an, dass scharfe, heiße oder elektrische Gegenstände oder Geräte benötigt werden. Natürlich müssen alle Projekte beaufsichtigt werden, aber die mit dem Vorsicht-Symbol gekennzeichneten erfordern besondere Vorsicht und eine sorgfältige Betreuung der Kinder bei der Durchführung.

Sie

Die gefährlicheren oder schwierigeren Schritte, die unbedingt Sie als Erziehungsperson durchführen sollten, sind durch das fettgedruckte Wort „**Sie**" hervorgehoben.

Die Autorin hat ihre Lieblingsprojekte ausgewählt und mit einem Herz versehen. Die 3 „herzlichen" Kriterien: extra-Spaß, extra-spannend, extra-leicht.

**Aus Gründen der besseren Lesbarkeit haben wir in diesem Buch durchgehend die männliche Form verwendet. Natürlich sind damit auch immer Frauen und Mädchen gemeint, also Lehrerinnen, Schülerinnen etc.*

Inhaltsverzeichnis

Inhaltsverzeichnis

Inhaltsverzeichnis

Inhaltsverzeichnis

Brief an die Künstler

Lieber Künstler!

Willkommen in der kreativen Welt der Kunst. Eine Welt, die du bereits ganz gut kennst, wenn du schon mal mit Wachsmalstiften auf Papier gekritzelt hast – einfach, weil du sehen wolltest, wie sich die Farben miteinander vermischen! Tauchst du deine Hand gerne in weiche, kühle Fingerfarbe und siehst dann zu, wie sich die Farben auf dem Papier vermischen? Macht es dir Spaß, Material für interessante Collagen zu finden um es dann auf Silberpapier zu kleben? Dann wird dir dieses Buch gefallen! Hier findest du eine Menge Ideen, wie du dich mit Kunst beschäftigen und selbst künstlerisch tätig werden kannst. Jedes Kind im Alter von fünf bis acht Jahren (und selbstverständlich auch ältere Brüder und Schwestern, Mütter, Väter und Großeltern) dürfte monatelang beschäftigt sein, wenn es alle ausprobieren will.

„Der Weg ist das Ziel" – das bedeutet: Du kannst verschiedene Materialien ausprobieren und eine Menge Spaß dabei haben, wenn du siehst, was mit ihnen passiert. Dazu brauchst du nicht nachzumachen, was ein Erwachsener oder ein Freund gemacht hat. Es gibt kein Richtig oder Falsch, wenn Kunstwerke entstehen: DU verwirklichst deine Vorstellungen. DU bist der Künstler.

Hast du jemals kühle, weiche Fingerfarbe auf einem Backblech verteilt? Probier es aus … es fühlt sich toll an, und es passieren die erstaunlichsten Dinge mit der Farbe. Ich werde dir aber nicht verraten, was genau geschieht. Sonst würde ich die Überraschung, die dich am Ende erwartet, kaputt machen. Es geht nicht darum, dass du etwas Bestimmtes machst. Hauptsache, du hast Spaß an dem, was du gerade tust. Das ist die Idee hinter dem Ganzen.

Hast du schon mal Knetmasse zwischen zwei Plexiglasscheiben flach gequetscht? Dieses Buch wird dir sagen, wie du das machen kannst. Es wird dich überraschen, was dabei passiert! Wenn Knete zerdrückt wird, kann man einige seltsame und schöne Dinge beobachten. Ich weiß, dass es dir gefallen wird, einfach nur zuzusehen, was damit geschieht!

Oh, beinahe hätte ich vergessen, dir etwas sehr Wichtiges mitzuteilen! Es ist völlig in Ordnung, wenn du irgendein Kunstwerk, das du gerade erst beendet hast, nicht aufbewahren willst. Du kannst es wegwerfen, mit nach Hause nehmen oder in kleine Schnipsel schneiden und sie woanders aufkleben. Hauptsache, du hast Spaß daran, etwas selbst herzustellen.

Ich hoffe, du genießt die Zeit auf deinem Weg durch ein ganzes Jahr voller künstlerischer Experimente. Ach ja, und vergiss bitte nicht, hinterher beim Saubermachen zu helfen.

MaryAnn Kohl

Einleitung

Der Weg zählt, nicht das Produkt

Jüngere Kinder „machen" Kunst, weil sie Erfahrungen sammeln, Neues erforschen und herumexperimentieren möchten. Auf ihrem Weg dorthin werden sie mit Geheimnisvollem, Schöpferischem, mit Freude und Frustration konfrontiert. Das dabei entstehende Meisterwerk – ein klebriger Klecks oder ein Ausstellungsstück, das Anerkennung verdient – ist für das Kind lediglich ein Ergebnis und nicht in erster Linie der Grund dafür, dass es künstlerisch tätig ist. Kunst ermöglicht es Kindern, ihre Welt zu entdecken und zu untersuchen. Manchmal besteht das künstlerische Schaffen nur darin, auszuprobieren, wie sich glitschige Farbe auf den Fingern anfühlt. Ein anderes Mal erlaubt es einen Einblick, wie sich Farben auf rätselhafte Weise vermischen. Es sorgt für Verwunderung, wenn man beobachten kann, wie aus beliebig aufgetragenen Farbtropfen gegenständliche Bilder entstehen. Kunst kann auch eine Möglichkeit darstellen, Unsicherheit oder Aggressionen abzubauen, denn es ist besser, wenn ein Kind einen Tonklumpen zerdrückt statt seine unterdrückten Gefühle an anderen Kindern auszulassen.

Manchmal vermitteln Erwachsene einem Kind unabsichtlich, dass das Ergebnis das Wichtigste an der künstlerischen Tätigkeit sei. Fördern Sie die Entdeckungsfreude und den Schaffensdrang des Kindes, indem Sie mit ihm über das Kunstwerk sprechen.

- Erzähl mir etwas über dein Bild.
- Was hat dir am meisten Spaß gemacht?
- Du hast viele Farben verwendet.
- Hat dir das Malen Spaß gemacht?
- Wie hat sich die Farbe angefühlt?
- Das Gelb sieht so leuchtend neben dem Lila aus!
- Wie hast du es geschafft, so ein großes Muster zu machen?
- Dein Bild ist braun. Welche Farben hast du dafür verwendet?

Selbstverständlich ist es besser, wenn Sie interessante Materialien zur Verfügung stellen und beobachten, was die Kinder von sich aus daraus machen, als wenn Sie sagen: „Male einen grünen Fisch in blauem Wasser." Für Kinder ist es viel aufregender, auf ein Stück gefrorenes Papier zu malen oder statt eines Pinsels eine Feder zum Malen zu benutzen, als etwas zu zeichnen, das ein Erwachsener vorschlägt.
Der künstlerische Schaffensprozess ist etwas Wundervolles, den es zu bewahren gilt. Beobachten Sie die Kinder dabei, wie sie ihr Können und die Lust am schöpferischen Werken entdecken.

Einsatz von *„Mit Kindern kreativ durchs Jahr"*

In diesem Buch finden Sie über 200 Kunstideen für jüngere Kinder.
Das erste Kapitel „Grundlagen" enthält Projekte, die jeder Vor- und Grundschüler kennenlernen sollte. Auf ihnen bauen alle anderen Projekte auf. Sie können zu jeder Jahreszeit und mehr als einmal (eigentlich unzählige Male) ausprobiert werden, und sind immer wertvoll für die Weiterentwicklung jüngerer Kinder.
Die verbleibenden vier Kapitel sind nach Jahreszeiten geordnet und in Monate unterteilt. Für jeden Monat gibt es ca. 15 Vorschläge, die sich vier Kunstbereichen zuordnen lassen: Zeichnen, Malen (mit Farben), Modellieren mit Teig und Ton und Werken/Basteln. Die Vorschläge der ersten drei Kategorien sind sehr prozessorientiert und in ihrem Ergebnis offen. Im Gegensatz dazu rücken die anderen Projekte den handwerklichen Aspekt in den Vordergrund. Natürlich lassen auch sie das Entstehen fantasievoller Kunstwerke zu. Die Kategorie „Zeichnen" umfasst Vorschläge, die Buntstifte, Wachsmalstifte und Filzstifte erfordern, aber auch andere Techniken wie das Zeichnen mit Klebstoff, Sandzeichnungen mit dem Finger oder andere ungewöhnliche Arten des Zeichnens.
„Malen" bezeichnet das Malen mit Pinseln oder anderen Werkzeugen, bei dem Farbe, Lebensmittelfarbe oder Färbemittel verwendet werden, oder das Drucken mit unterschiedlichen Materialien. Um dreidimensionale Kunstwerke zu schaffen, wird beim „Modellieren" auf eine große Bandbreite unterschiedlichster Materialien zurückgegriffen, die sich für das künstlerische Arbeiten gut eignen und im Allgemeinen sowohl zu Hause als auch im Klassenzimmer zu finden sind. Beim „Plastischen Gestalten" gewinnt der handwerkliche Aspekt an Bedeutung, z.B. beim Herstellen von Puppen, Kränzen, Schmuck und anderen Dingen.
Jede Seite enthält ein Projekt, dem eine Materialliste vorangestellt ist. Anschließend wird der Ablauf schrittweise erläutert. Daneben ist jedes Projekt mit Illustrationen versehen. Am oberen Seitenrand befinden sich Symbole, die Angaben zur Altersempfehlung, Planungs- und Vorbereitungszeit, Sicherheit und Hilfestellung machen und dem Leser oder Künstler helfen sollen, die Projekte schnell einzuordnen. Welcher Kunsttechnik und welchem Monat das Projekt zugeordnet wurde, ist unten auf der Seite zu ersehen. Sie können sich kapitelweise am Buch orientieren, wo Sie Seite für Seite, Tag für Tag genügend Vorschläge finden, die

für ein ganzes Jahr voll mit neuen künstlerischen Erfahrungen ausreichen. Es kann aber genauso aufregend sein, zu einem beliebigen Zeitpunkt irgendein Projekt aus diesem Buch auszuwählen und auf diese Weise Kinder an Kunst heranzuführen.

Eine andere Möglichkeit, Projekte auszuwählen, besteht darin, dieVerzeichnisse zu benutzen. Wenn Sie beispielsweise wissen, dass Sie über Temperafarbe oder Leim verfügen, dann schauen Sie unter diesen Stichworten im Materialverzeichnis nach. So können Sie die Projekte ausfindig machen, bei denen diese Materialien verwendet werden und sich eines aussuchen, das Ihnen und den jungen Künstlern zusagt. Des Weiteren bietet Ihnen das Materialverzeichnis die Möglichkeit, im Voraus Materialien für Ihre Kunstwerkstatt auszusuchen und zu sammeln. Gehen Sie einfach das Verzeichnis durch und notieren Sie sich sowohl das Material, das Sie bereits besitzen wie auch jenes, welches Sie früh genug zu sammeln beginnen sollten.

„Mit Kindern kreativ durchs Jahr" ist so aufgebaut, dass künstlerische Erfahrungen leicht gesammelt werden können und dem jeweiligen altersmäßigen Entwicklungsstand angepasst sind. Stellen Sie das Material bereit und lassen Sie den Kindern den Vortritt: Sie werden sich an ihrem schöpferischen Eifer erfreuen!

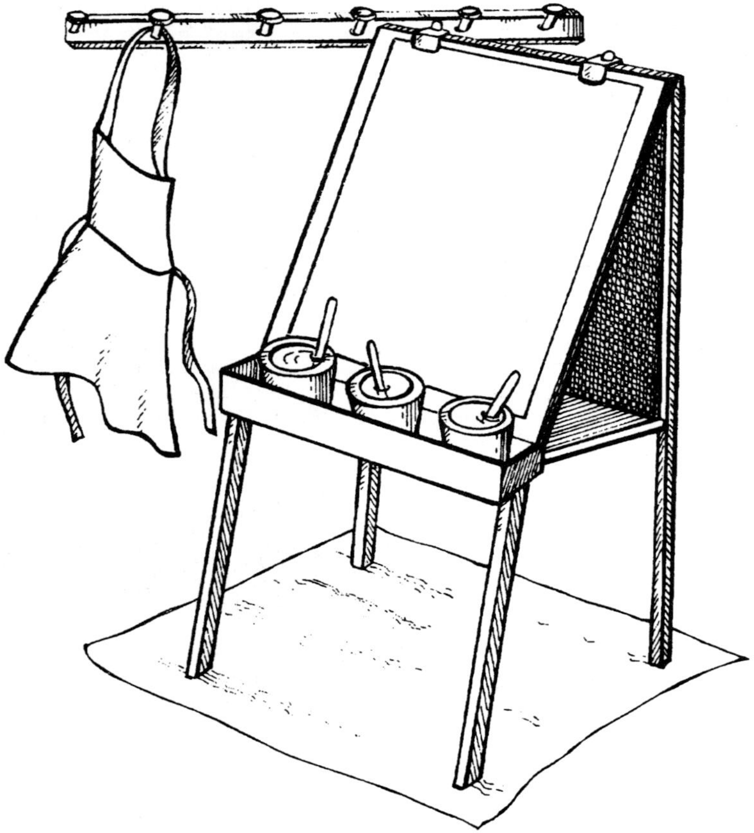

Grundlagen

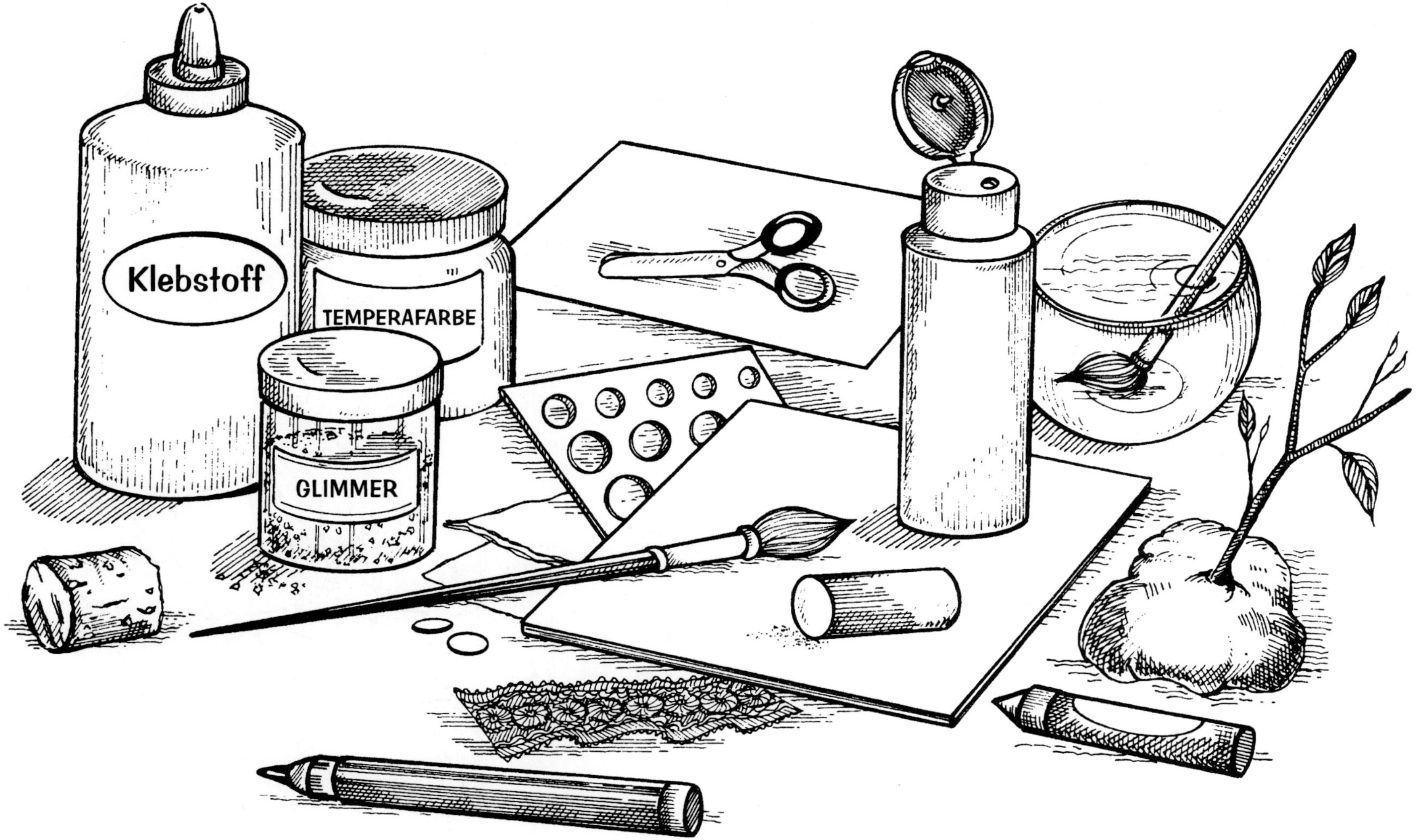

Kreidezeichnung

Benötigtes Material

- Zeichen- oder Pastellkreide in verschiedenen Farben
- Papier
- Haarspray (nach Wahl)

So geht es

1. Die Kinder malen mit bunter Kreide auf das Papier.
2. Wenn die Zeichnung fertig ist, können **Sie** diese mit Haarspray besprühen, damit sich der Kreidestaub setzt und die Zeichnung nicht verwischt. Dennoch sollten Sie beachten, dass die Kreide immer noch ein bisschen schmieren kann.

! Hinweis

- Kreide schmiert zwar, aber sie sorgt auch für eine schöne Wirkung. Geben Sie den Kindern Gelegenheit, die außergewöhnlichen Eigenschaften von Kreide kennenzulernen und sehen Sie darüber hinweg, dass sie sich dabei zwangsläufig schmutzig machen.

Nasskreidezeichnung

FÜR ALLE

Benötigtes Material

- Zuckerlösung: ⅓ Tasse Zucker (70 g) in 1 Tasse Wasser (230 ml) aufgelöst
- Gefäß für Zuckerwasser
- Kreide
- Papier
- Haarspray (nach Wahl)

So geht es

1. Legen Sie die Kreide über Nacht in Zuckerwasser.
2. Die Kinder zeichnen mit der nassen Kreide auf das Papier.
3. Das Zuckerwasser bewirkt, dass die Kreidefarben deutlicher hervortreten und die Zeichnung kaum verschmiert.
4. Anschließend gründlich trocknen lassen.
5. Falls die fertige Zeichnung gar nicht mehr schmieren soll, können **Sie** sie mit Haarspray fixieren (am besten draußen im Freien).

Variante

- Die Kinder tauchen das Ende einer trockenen Kreide in Zuckerlösung und zeichnen dann mit der angefeuchteten Kreide.

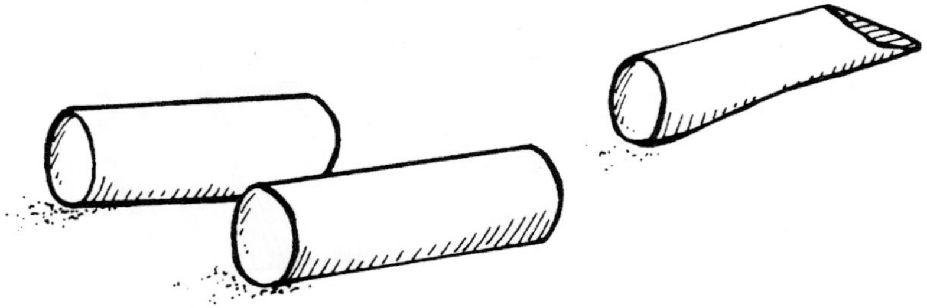

!

Hinweis

- Denken Sie daran, dass Kreide über außergewöhnliche Eigenschaften verfügt. Sie ist leicht zerbrechlich, sie schmiert und sie verhält sich anders als Wachsmalfarbe. Sie kann mit einem Wattebausch, Wattestäbchen oder Kosmetiktuch verteilt werden. Kreidefarben sind leicht zu handhaben und können vermischt werden, etwa zum Aufhellen. Sie können Kreide auch zerreiben und als Pulver verwenden; in diesem Zustand kann sie vermischt werden, sodass neue Farben entstehen – das ist zwar eine staubige Angelegenheit, aber es macht Spaß und das Ergebnis ist verblüffend.

FÜR ALLE

Kreidezeichnung auf nassem Papier

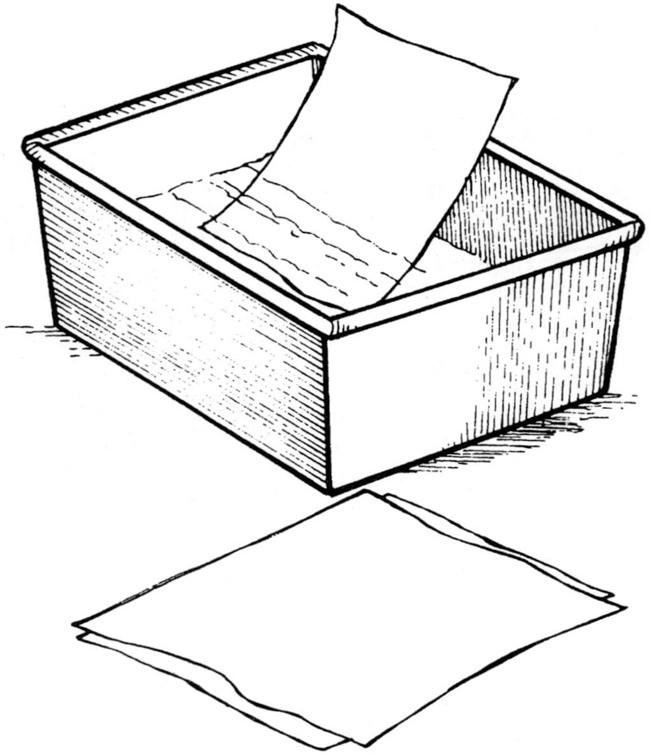

Benötigtes Material

- Plastikschüssel (Spülschüssel) mit Wasser (ca. 10 cm)
- Kreide oder Pastellkreide
- eine Auswahl verschiedenartigster Papiere
- Zeitung

So geht es

1. Die Kinder tauchen das Papier in die Schüssel, sodass es völlig mit Wasser bedeckt ist. Dann legen sie es auf die trockene Oberfläche eines Tisches.
2. Nun zeichnen sie mit trockener Kreide auf das nasse Papier.
3. Dabei können die Künstler ruhig mit Papieren von unterschiedlicher Oberflächenbeschaffenheit experimentieren.
4. Anschließend wird das fertiggestellte Kunstwerk auf einer Zeitung ein bis zwei Tage lang getrocknet.

Varianten

- Die Kinder können auch mit einem Pinsel, der in sauberes Wasser getaucht wurde, auf trockenes Papier zeichnen und danach die Wasserzeichnung mit Kreide übermalen.
- Sie können auch die Kreidezeichnung mit einem Wattebausch oder Kosmetiktuch verwischen.

Hinweise

- Kreide verhält sich ähnlich wie Farbe auf nassem Papier: sie kann daher auch verwischt werden.
- Für kleinere Kinder ist es hilfreich, wenn Sie große Kreidestücke teilen oder in kleinere Stücke brechen.

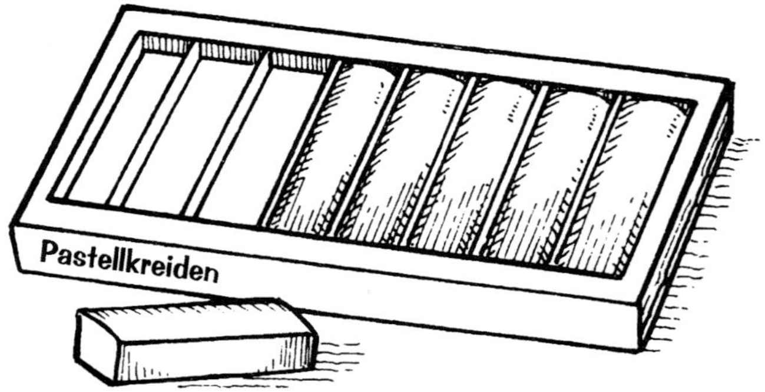

Kreide und Wäschesteife

FÜR ALLE

Benötigtes Material

- kleine Behälter, gefüllt mit flüssiger Wäschestärke
- kleine Malerpinsel
- Kreide oder Pastellkreiden

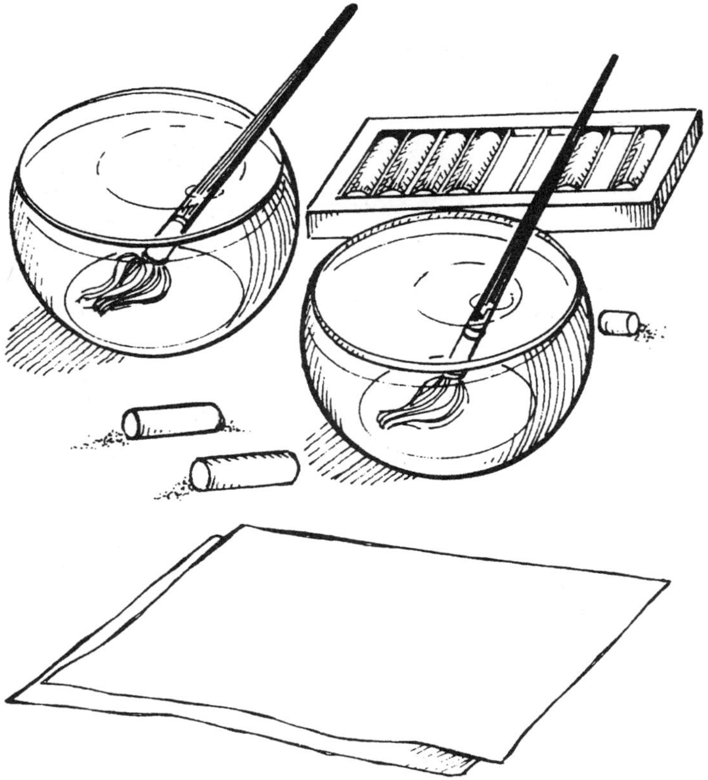

So geht es

1. Zunächst verteilen die Kinder die Stärke mit einem Pinsel auf dem Papier.
2. Dann bemalen sie das Papier mit Kreide.
3. Die Wäschestärke lässt die Kreidefarben deutlicher hervortreten und bindet den Kreidestaub. Trotzdem kann die Zeichnung noch ein wenig verwischen.
4. Sobald die Kinder ihr Kunstwerk beendet haben, wird es getrocknet.

Variante

- Wenn die Kinder das Kreideende in den Behälter mit Wäschesteife tauchen, können sie mit der angefeuchteten Kreide auf dem Papier malen.

!

Hinweise

- Für kleinere Kinder ist es hilfreich, wenn Sie größere Kreidestücke teilen oder in kleinere Stücke brechen.
- Wäschesteife kann aufbewahrt und für andere Projekte verwendet werden.

Freies Zeichnen

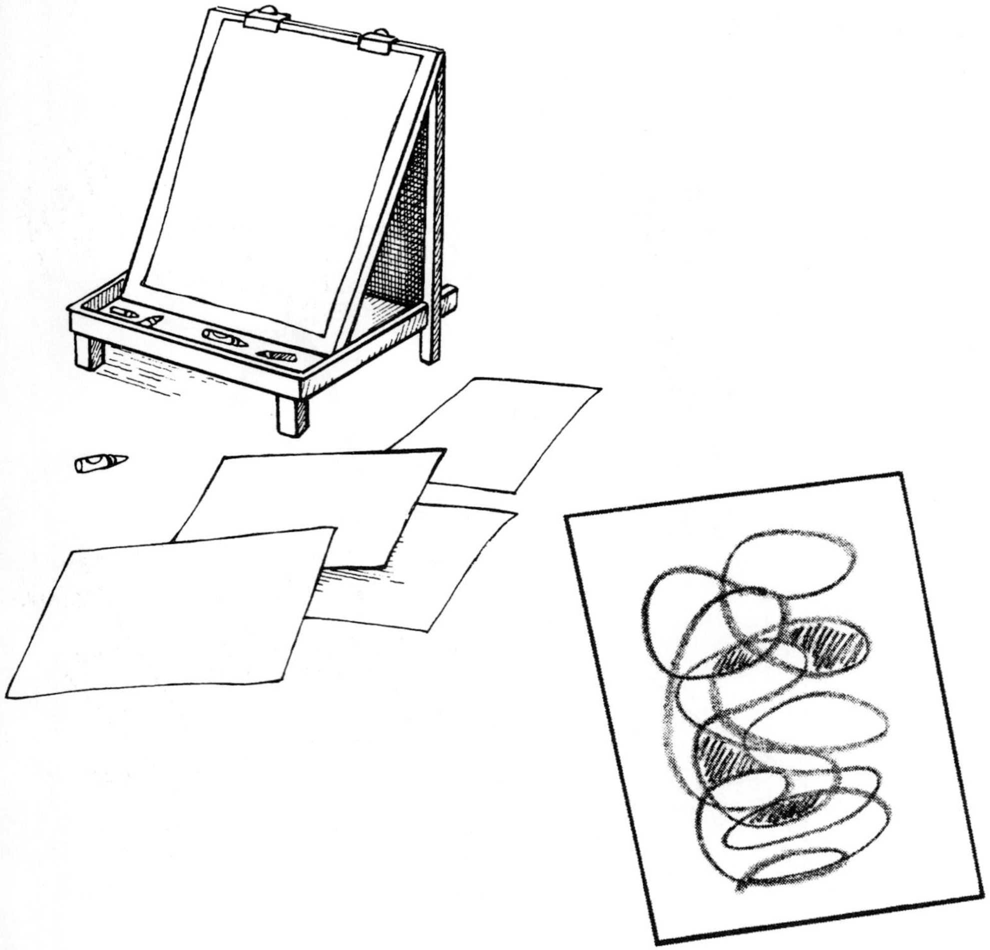

Benötigtes Material

- Wachsmalstifte
- eine Auswahl verschiedenartigster Papiere in unterschiedlichen Farben, Größen und mit verschiedenen Strukturen
- Tische, Staffeleien oder eine freie Fußbodenfläche

So geht es

1. Die Kinder bemalen das Papier mit Wachsmalstiften.
2. Sie können dabei ruhig mit unterschiedlichen Papieren experimentieren.
3. Zum Bemalen kann das Papier auf der ebenen Oberfläche eines Tisches oder auf dem Boden liegen oder an einer Staffelei befestigt sein.

Varianten

- Die Kinder malen mit den Wachsmalstiften ein Muster auf das Papier. Dabei können die Künstler große kreisförmige Bewegungen ausführen oder frei zeichnen. Stellen Sie dabei großformatiges Papier zur Verfügung, damit die Kinder wirklich große Armbewegungen machen können.
- Jetzt können sie die Leerräume, die sich innerhalb des Musters ergeben, bunt ausmalen.
- Wählen Sie geeignete Musik aus und lassen Sie die Kinder zum Rhythmus der Musik malen. Einige Kinder werden vielleicht die Farben entsprechend der erzeugten Stimmung wählen.
- Möchte ein Kind sein Bild etwas näher beschreiben, können Sie oder das Kind die Zeichnung auf der Vorder- oder Rückseite beschriften. Die Beschreibung kann auf einem Papierstreifen stehen, den es selbst an seinem Bild befestigt. Viele berufsmäßige Künstler meinen, man sollte nicht auf die Vorderseite eines Kunstwerks schreiben. Weisen Sie den Künstler darauf hin, es sei denn, er wünscht das ausdrücklich.
- Stellen Sie andere Zeichenmaterialien zur Verfügung wie z.B. Kohlestifte, Bleistifte, Buntstifte, dicke und dünne Filzstifte, Kreide, Farbkreiden, Stofffarben o.Ä.

Hinweise

- Es ist sinnvoll, jüngere Künstler oft frei zeichnen zu lassen.
- Zudem bietet das freie Zeichnen unzählige und verschiedenartigste Möglichkeiten.

Rubbelbilder

FÜR ALLE

Benötigtes Material

- große Papierbögen
- große Wachsmalstifte ohne Hülle
- festes Papier als Unterlage (z.B. Passepartoutkarton)
- Gegenstände mit unebener Oberfläche wie z.B. Samen, Baumrinde, Beton, Mauern, Ziegelsteine, Dachziegel, Leder und Schilder mit geprägten Buchstaben, Fäden, Sandpapier, Blätter …
- Gegenstände mit ungleichmäßiger Struktur wie z.B. Grußkarten mit Verzierung, Münzen, Nummernschilder, Wellpappe, Spitzendeckchen, Kamm, Teil eines Gitters oder Siebs, Stoffe …

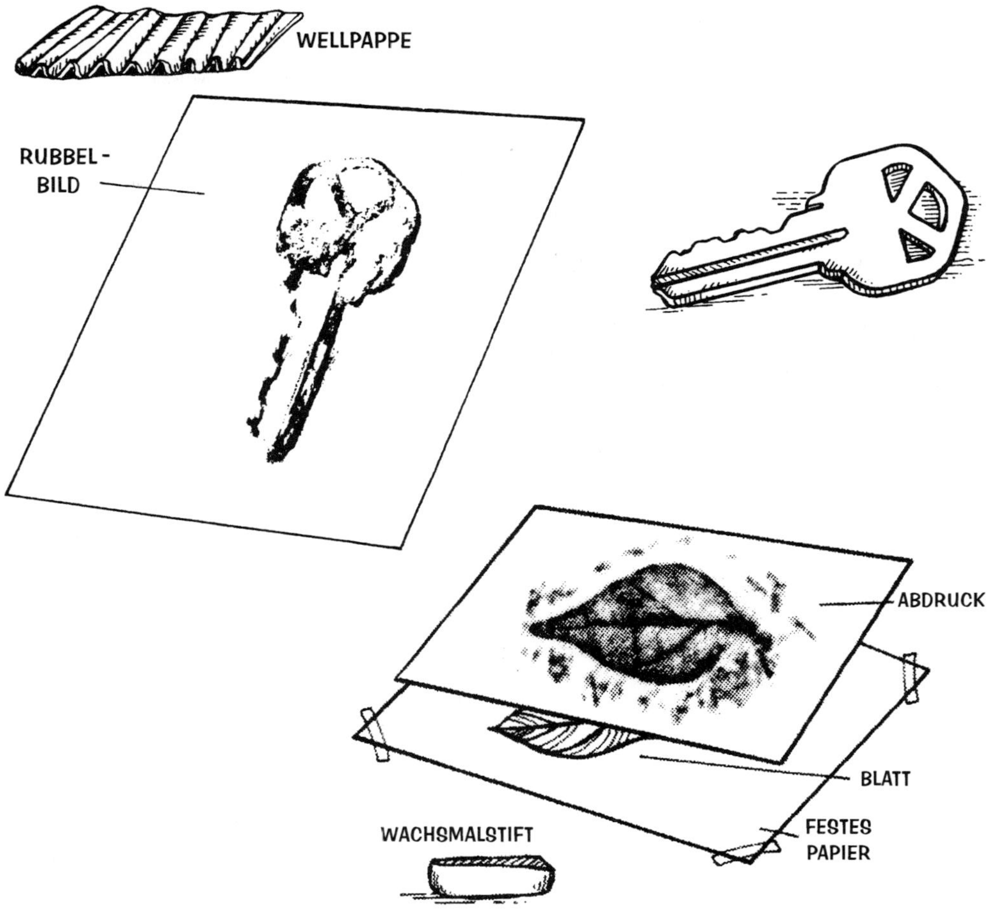

So geht es

1. Als Erstes legen die Kinder einen Gegenstand ihrer Wahl auf die Unterlage aus festem Papier. Darüber legen sie das dünnere Papier. Die Unterlage wird an den Ecken auf die Arbeitsfläche geklebt.
2. Dann rubbeln sie mit der Längsseite eines Wachsmalstiftes vorsichtig über das Papier, sodass die Oberflächenstruktur des darunterliegenden Gegenstandes sichtbar wird.
3. Danach wählen die Kinder einen anderen Gegenstand aus und wiederholen den Vorgang. Auf diese Weise können sie so viele Abdrücke sammeln, wie sie wollen.

Variante

- Diese Technik eignet sich auch wunderbar dazu, Bilder auszuschmücken. So können die Kinder Knöpfe abreiben, deren Abdruck dann als Augen dient oder strukturierte Tapete und Rinde für Kleidung, Haar usw.

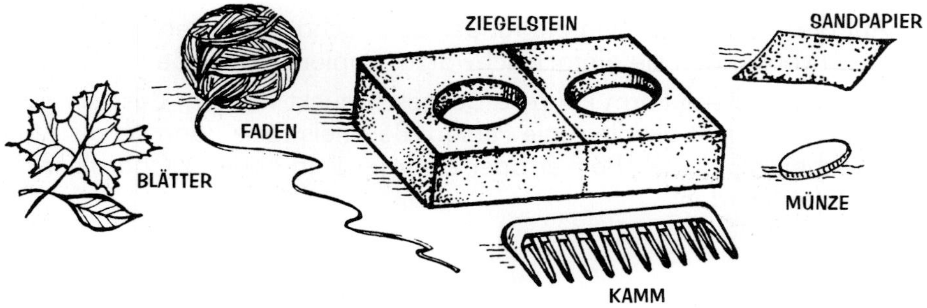

Hinweis

- Die Rubbelbilder von jüngeren Kindern werden in Art und Qualität sehr unterschiedlich ausfallen, da das Ergebnis vom Alter und der Erfahrung der Kinder abhängt. Des Weiteren sind heftige Armbewegungen und zerrissenes oder zerknittertes Papier zu erwarten, wenn Sie es nicht zuvor am Tisch festgeklebt haben.

Körperumriss

Benötigtes Material

- große Bögen festes Papier, z.B. Fotokarton; hier eignet sich aber auch Packpapier
- Wachsmalstift oder Filzstift
- Pinsel und Farben (nach Wahl)
- Stoffreste und Kleber (nach Wahl)
- eine große, freie Bodenfläche
- Scheren

So geht es

1. Der Künstler bedeckt den Boden mit einem großen Bogen Papier. Anschließend legt er sich auf das Papier, sodass Arme und Beine ein bisschen abgespreizt sind, damit sie sich leichter mit dem Stift umfahren lassen.
2. Nun zeichnet ein anderes Kind mit einem (Wachsmal-)Stift die Umrisse des am Boden liegenden Künstlers nach, samt Fingern, Haaren und anderen Details.
3. Sobald der Körperumriss komplett ist, steht der Künstler auf und verschönert die entstandene Form mit Farben, Wachsmalstiften, Filzstiften oder mit Stoffresten, die er aufklebt.
4. Ziel ist, dass die Kinder alle wesentlichen Merkmale der gezeichneten Person abbilden.
5. Zum Abschluss schneidet der Künstler die Form aus und befestigt sie mit Klebeband so an der Wand, dass die Füße den Boden berühren und sich der Kopf in Höhe der Kinder befindet.

Varianten

- Auf dieselbe Art können die Kinder auch Schattenfiguren herstellen. Dazu verwenden sie einfach schwarzes Papier und weiße Kreide.
- Die entstandene Form kann so ausgeschmückt werden, dass sie ganz anders aussieht als die reale Person. Beispielsweise kann sie als Außerirdischer, als Mutter, Bäcker oder als irgendein anderer Charakter gestaltet werden.

!

Hinweis

- Manchmal sind die jungen Künstler überrascht oder sogar enttäuscht, wenn sie den Umriss sehen, den ein anderes Kind gemacht hat. Um das zu vermeiden, könnten Sie Jugendliche, Eltern oder erwachsene Freiwillige bitten, anstelle der Kinder das Nachfahren der Körper zu übernehmen.

Formen nachfahren

FÜR ALLE

Benötigtes Material

- Papier oder anderes Material, auf das Formen gezeichnet werden können
- Stifte zum Nachfahren von Formen: Bleistifte, Kreide, Wachsmalstifte, Marker oder Pastellkreiden
- Formen zum Nachfahren wie z.B. Lineal, Winkelmesser, unterschiedliche Schablonen, Deckel von Dosen und anderen Gefäßen sowie Gegenstände, die sich leicht umfahren lassen

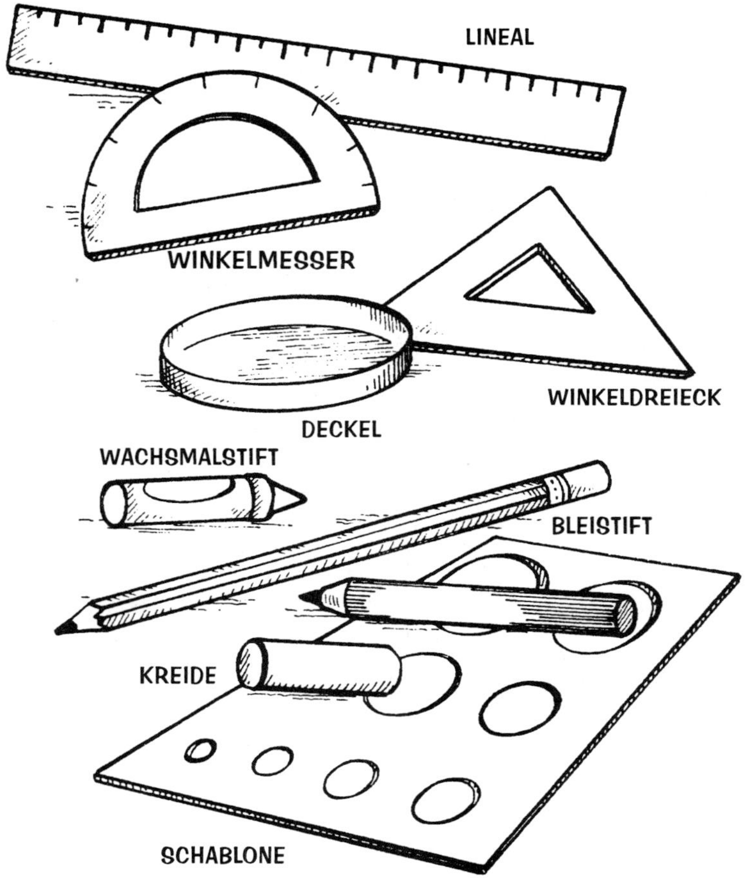

So geht es

1. Zuerst suchen die Kinder sich einen Gegenstand aus und übertragen seinen Umriss auf Papier oder auf anderes geeignetes Material.
2. Danach probieren sie verschiedene andere Stifte und Formen aus. Sie können z.B. den Umriss von Marmeladenglasdeckeln nachzeichnen und die Kreisformen so anordnen, dass sie sich überlappen, oder sie ziehen mit dem Lineal genau abgemessene Kreidelinien. Die Möglichkeiten sind unbegrenzt. Die Kinder machen auf diese Weise Erfahrungen mit unterschiedlichen Zeichengeräten und geometrischen Formen.

Variante

- Die Kinder können die geometrischen Hilfsmittel auch in Farbe tauchen und sie dann auf das Papier aufdrücken, um ein Muster zu erhalten. Ferner können sie Abdrücke im Sand oder Schmutz hinterlassen oder Fuß- und Handabdrücke herstellen – es gibt unendliche Möglichkeiten.

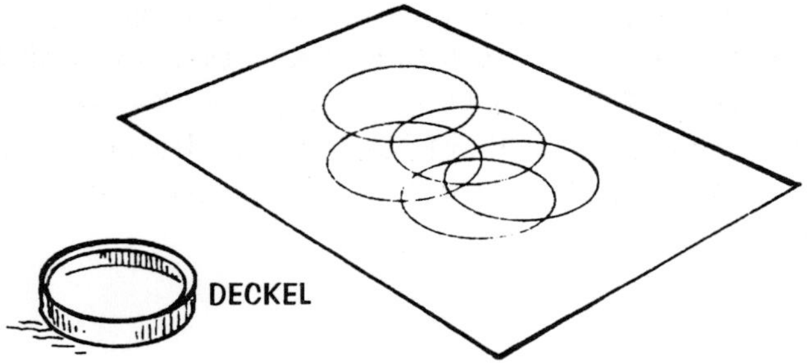

!

Hinweis

- Der Schlüssel zum Entwickeln der kreativen Vorstellung liegt darin, die Kinder ihre eigenen Entdeckungen machen zu lassen. Lassen Sie die Künstler verschiedene Dinge ausprobieren und entwerfen und teilen Sie ihre Freude, wenn sie dabei unterschiedlich vorgehen und somit immer andere Ergebnisse erzielen.

FÜR ALLE

Sandklebebild

Benötigtes Material

- Sand in einer großen breiten Wanne (oder in einem Sandkasten)
- Klebstoff in der Flasche
- Leim in einer Tasse und Pinsel oder Wattestäbchen
- Papier, Plakatkarton oder Fotokarton
- leere, quetschbare Plastikflaschen, z.B. Ketschupflaschen

So geht es

1. Als Erstes legen die Kinder ein Stück Papier, Plakat- oder Fotokarton auf den Sand.
2. Dann malen sie mit dem Klebstoff aus der Flasche bzw. mit einem Pinsel, der zuvor in Leim getaucht wurde, eine Zeichnung auf das Papier.
3. Ist das Bild fertig, bedecken sie das ganze Papier mit dem Sand aus der Wanne.
4. Nun nehmen sie das Blatt an einer Ecke hoch und lassen den überschüssigen Sand zurück in die Wanne rieseln.
5. Zum Trocknen wird das Sandbild zur Seite gelegt.

Varianten

- Füllen Sie einen halben Jogurtbecher mit Sand, geben Sie pulverförmige Temperafarbe dazu und vermischen Sie Sand und Farbe. Stellen Sie mehrere Farben her, die Sie auf verschiedene Becher verteilen. Lassen Sie die Kinder kleine Mengen an farbigem Sand auf einzelne Stellen im Bild verteilen statt auf das ganze Papier wie oben beschrieben.
- Die Kinder können auch Spielplätze oder Bürgersteige mit Sandzeichnungen verzieren. Dabei verwenden sie keinen Klebstoff. Stattdessen füllen sie trockenen Sand in eine leere Plastikflasche, die sich leicht zusammendrücken lässt, und schmücken den Gehweg direkt mit Linien, Punkten oder anderen Mustern. Nach Beendigung der Sandarbeiten fegen die Künstler den Sand beiseite.

!

Hinweise

- Sauberen Sand können Sie im Baumarkt oder Gartencenter kaufen (Spielsand, nicht Quarzsand!).
- Lösen sich Teile des Sand-Klebstoff-Gemisches vom Papier, lassen Sie diese einfach trocknen und entfernen Sie sie, wenn sie hart geworden sind.

Malen mit Pflanzenfarbe

FÜR ALLE

Pflanzenfarbe ist eine unschädliche Lebensmittelfarbe und in Pulverform erhältlich. In kleinen Mengen ist sie zwar sehr teuer, aber wenn man sie in größeren Mengen ab einem halben Kilogramm (und mehr) kauft, ist sie verhältnismäßig günstig. Mit einem halben Kilogramm Pulver kommen Sie in der Vor- und Grundschule mehrere Jahre aus, und für den Gebrauch zu Hause reicht es eine halbe Ewigkeit. Hinzu kommt, dass es nach der Erfahrung der Autorin keine Farbe gibt, die zum Malen besser geeignet ist.

Benötigtes Material

- 1/8 Teelöffel Pflanzenfarbe in Pulverform (in Kaufhäusern erhältlich)
- 1 Esslöffel Wasser
- Wäschesteife
- Behälter zum Anrühren
- Rührstab
- Pinsel

So geht es

1. 1/8 Teelöffel Farbpulver wird in einem Esslöffel Wasser aufgelöst.
2. Geben Sie so viel Wäschesteife zu, bis die gewünschte Farbintensität erreicht ist und verrühren Sie das Gemisch.
3. Die Kinder können nun mit dieser Farbe wie mit jeder anderen Farbe malen.

Varianten

- Wird Lebensmittelfarbe mit Tapetenkleister vermischt, ergeben sich besonders leuchtende Farben.
- Lebensmittelfarbe ist ein geeigneter Ersatz für Pflanzenfarbe.
- Wenn Sie noch leuchtendere Farben herstellen wollen, erhöhen Sie einfach die Menge der Pflanzenfarbe auf einen 1/2 Teelöffel Pflanzenfarbe.

Hinweise

- Pulverförmige Pflanzenfarbe gibt es in Kaufhäusern in leuchtendem und gedecktem Blau, in Rot, Gelb und Grün zu kaufen. Das entsprechende Farbpulver kann mit anderen Farben vermischt werden, sodass man neue Farben wie Lila, Braun oder Orange erhält.
- Aus Pflanzenfarbe hergestellte Farbe erscheint sehr hell und klar.

Malen mit Temperafarbe

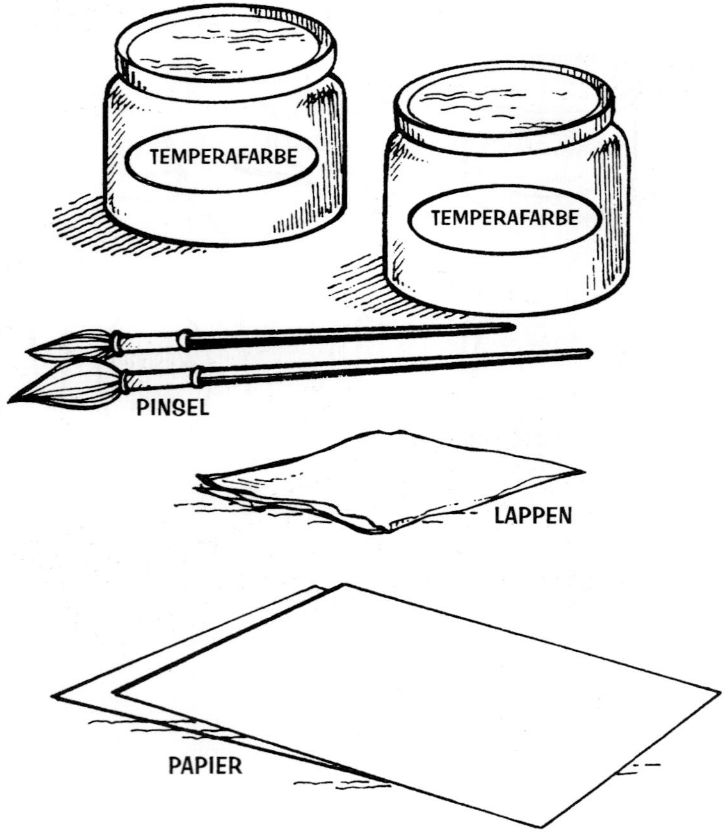

Benötigtes Material

- Temperafarben und Pinsel
- Glas Wasser zum Auswaschen
- Lappen zum Trocknen
- unterschiedliches Papier
- freie Arbeitsfläche (Boden, Tisch, Staffelei, Wand etc.)

So geht es

1. Die Kinder suchen sich ein Papier und eine Arbeitsfläche aus.
2. Sie entscheiden sich für eine Farbe und fangen an, das Papier zu bemalen. Bevor sie eine andere Farbe nehmen, waschen sie den Pinsel gründlich aus.
3. Die Künstler malen so lange, bis ihr Bild fertig ist. Es ist egal, ob es sich dabei um eine Zeichnung, ein Muster oder ein gegenständliches Bild handelt.
4. Die Arbeit kann entweder auf der Arbeitsfläche trocknen oder an einem eigens für diesen Zweck eingerichteten Ort.

Varianten

- Die Kinder probieren verschiedene Papierarten und Temperafarben von dicker und dünner Konsistenz aus und verwenden mal mehr, mal weniger Wasser für ihre Wasserfarbenbilder.
- Sie können Farben vermischen.
- Manchmal können interessante Effekte entstehen, wenn die Kinder das Papier, das sie zum Malen verwenden, verändern. So können sie z.B. aus dem Papier verschiedene Formen ausschneiden und es hinterher bemalen. Auch Zeitungs- oder Geschenkpapier eignet sich als Untergrund für Bilder.

Hinweis

- Freies Malen bedeutet, dass die Künstler Papier nach Belieben bemalen, ohne bestimmte Erwartungen erfüllen zu müssen. Die Möglichkeiten, die das freie Malen bietet, sind unbegrenzt.

Wasserfarbenbild

FÜR ALLE

Benötigtes Material

- Wasserfarbkasten und Pinsel
- Glas Wasser zum Auswaschen der Pinsel
- Papier
- Lappen zum Trocknen
- eine mit Zeitungen abgedeckte Arbeitsfläche

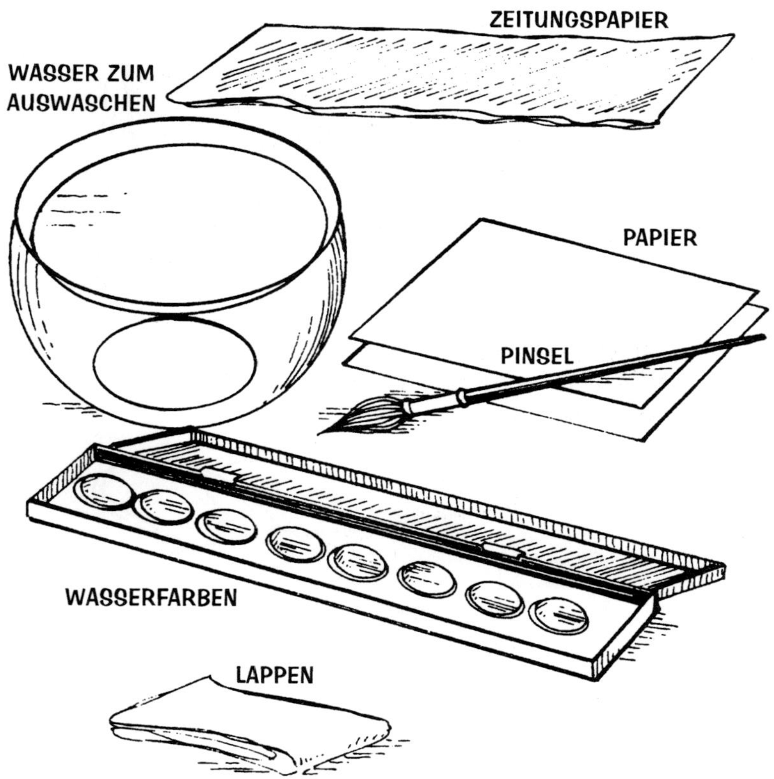

So geht es

1. Die Kinder tauchen einen Pinsel in sauberes Wasser und anschließend in eine Farbe ihrer Wahl.
2. Nun bemalen sie das Papier. Dazu benutzen sie verschiedene Wasserfarben; bevor sie die Farbe wechseln, waschen sie ihren Pinsel in klarem Wasser aus.
3. Wichtig ist, dass sie das Wasser wechseln, wenn es trübe wird.
4. Wenn ihr Kunstwerk fertig ist, lassen die Kinder ihr Bild auf dem Arbeitsplatz trocknen, oder sie tragen es auf der Zeitungsunterlage zu einem eigens dafür hergerichteten Platz.

Varianten

- Die Kinder können die Farben im Deckel des Farbkastens oder direkt auf dem Papier vermischen.
- Die Künstler können auch auf nassem Papier malen.
- Besonders schön sieht es aus, wenn die Kinder die Umrisse ihrer trockenen Zeichnungen mit wasserfestem Filzstift nachziehen.
- Sie können ihr feuchtes Bild auch mit Salz bestreuen.

!

Hinweis

- Jüngere Kinder halten häufig ihre Bilder hoch, damit die Erwachsenen sie bewundern können. Da es etwas dauert, bis Wasserfarben trocknen, können diese Bilder dann tropfen und Flecken machen. Erinnern Sie deshalb die Künstler daran, dass sie ihre nassen Entwürfe entweder so tragen, dass das Papier zwischen ihren Händen straff gespannt ist oder dass sie die Erwachsenen zu sich an den Platz rufen, um ihnen ihr Kunstwerk zu zeigen.

Malen mit Fingerfarbe

FÜR ALLE

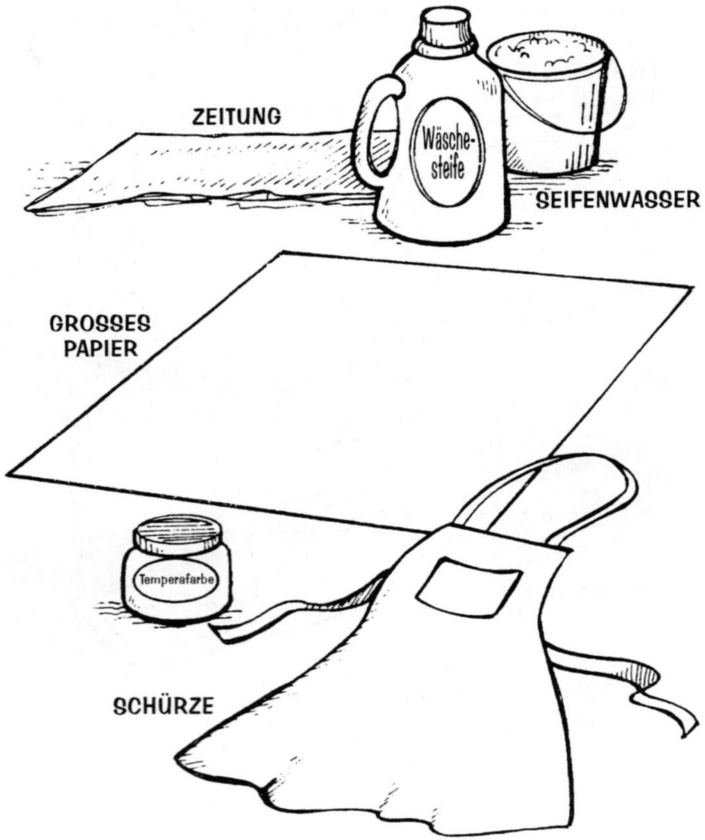

Benötigtes Material

- Flüssige oder pulverförmige Temperafarbe
- Wäschesteife
- großes Blatt Papier
- Zeitung
- Schürze oder großes Hemd für die Künstler (als Schutzkleidung)
- einen Eimer Seifenwasser und Handtücher

So geht es

1. Als Unterlage dient eine aufgeschlagene Zeitungsseite, die auf dem Boden oder Tisch liegt.
2. Auf die Zeitung wird ein großes Blatt Papier gelegt, auf dessen Mitte etwas Wäschesteife gegeben wird.
3. Anschließend wird ein Spritzer flüssige bzw. ein gehäufter Löffel pulverförmige Temperafarbe hinzugefügt und mit der Hand vermischt.
4. Die Kinder verteilen die Farbe über das ganze Papier und beginnen dann, mit den Fingern zu malen, indem sie mit ihren Fingern und Händen durch die Farbe und über das Papier fahren. Dazu können sie auch ihre Ellbogen und Arme nehmen, was ebenfalls interessante Zeichnungen ergibt.
5. Wenn die Farbe austrocknet, wird einfach ein bisschen Wäschesteife hinzugefügt.
6. Sobald das Bild fertiggestellt ist, nehmen die Kinder das Gemälde samt der Unterlage und tragen es zum Trocknen an einen extra dafür vorgesehenen Ort.
7. Wenn das Werk ganz getrocknet ist, ziehen es die Kinder vorsichtig von dem Zeitungspapier ab. Um zu verhindern, dass das Bild an der Zeitung festklebt, sollte das Kunstwerk vor dem Trocknen auf ein sauberes Stück Zeitungspapier gelegt werden.

! **Hinweise**

- Am besten eignet sich glänzendes Papier für dieses Projekt.
- Bei diesem Projekt machen sich die Kinder leicht schmutzig. Selbst wenn sie spezielle Schutzkleidung tragen, kann immer noch Farbe auf ihre Kleider gelangen.

Malen an der Staffelei

FÜR ALLE

Benötigtes Material

- Malerstaffelei mit Klemmen zum Befestigen von Papier
- große Bögen Zeitungspapier oder festes Papier
- Farben in Tassen mit je einem großen Pinsel
- Malerkittel oder großes Hemd für die Künstler

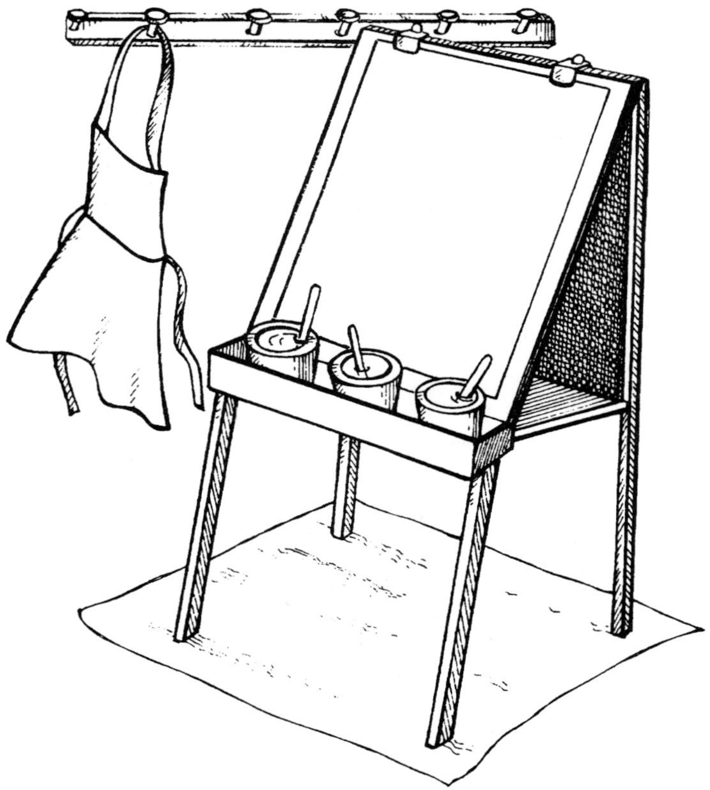

So geht es

1. Ein kleiner Stoß Papier wird auf der Staffelei befestigt, sodass das oberste Blatt weggezogen werden kann, wenn das Bild fertig ist, und das nächste Blatt sofort bereitliegt. Bevor mit der Arbeit begonnen wird, sollte der Boden unter der Staffelei mit Zeitungspapier o.Ä. abgedeckt werden.
2. Die Temperafarben werden so angerührt, dass sie beim Malen nicht davonfließen. Dann werden sie in Becher gefüllt, die Klappdeckel mit einem Loch in der Mitte für den Pinsel haben; sie sind im Kaufhaus erhältlich. Anstelle der Tassen können auch Jogurtbecher oder kleine Milchpackungen verwendet werden, da sie nach einer gewissen Zeit einfach weggeworfen werden können.
3. Jetzt beginnen die Kinder zu malen (siehe Hinweis).
4. Wenn sie ihr Gemälde fertighaben, entfernen sie es von der Staffelei und hängen es an einem Gestell zum Trocknen auf. Dafür eignet sich z.B. ein Fischernetz, das an der Wand angebracht und mit Wäscheklammern bestückt wird.

Variante

- Anstelle der Temperafarben können die Kinder auch Kreide, Wasserfarben, Filzstifte oder andere Farben verwenden, die nach so ungewöhnlichen Rezepten wie die Pflanzenfarben auf S. 23 hergestellt werden.

> **!** **Hinweis**
>
> - Junge Künstler teilen nicht die Vorstellung der Erwachsenen, dass man für eine Farbe einen bestimmten Pinsel benutzt bzw. dass die Becher mit Farben sauber gehalten werden sollten. Vielmehr sind sie so mit dem Malen und Farbenmischen beschäftigt, dass der Wunsch der Erwachsenen nach sauberen Bechern und getrennten Farben von vornherein zum Scheitern verurteilt ist.

Malen mit Teig

Benötigtes Material

- Mehl
- Wasser
- Salz
- flüssige Temperafarbe
- Messbecher
- Schüsseln, Rührlöffel
- Pappkarton
- leere, quetschbare Plastikflaschen, z.B. von Ketschup, Shampoo, Geschirrspülmittel oder Flüssigseife

So geht es

1. Die Kinder mischen Mehl, Wasser und Salz zu gleichen Teilen in einer Schüssel und formen daraus einen Teig.
2. Dann fügen sie die gewünschte Farbe hinzu; am besten stellen sie Teig in unterschiedlichen Farben her.
3. Danach füllen sie die Farbmischung in eine Plastikflasche.
4. Nun bemalen sie die Pappe mit der Farbmischung, indem sie immer ein bisschen Farbe aus der Flasche herausdrücken und sie auf der Pappe verteilen.
5. Zum Schluss wird das fertige Projekt getrocknet. Das Salz verleiht ihm einen kristallartigen Glanz.

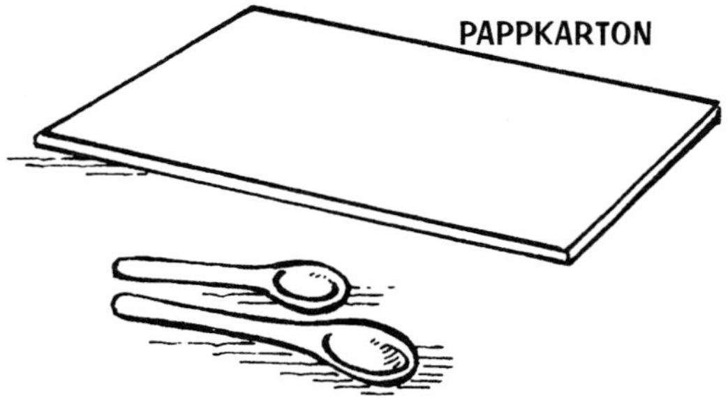

! **Hinweise**

- Im Gegensatz zu normalen Farben vermischen sich die verschiedenen Farbmischungen nicht miteinander, wenn sie aufeinandertreffen.
- Da die Farbmischung in den Plastikflaschen trocken und hart werden kann, ist es wichtig, dass die Kinder die Flaschen hinterher gründlich ausspülen.

Tropf- und Klecksbilder

Benötigtes Material

- verschiedene Temperafarben
- Becher
- Löffel für jede Farbe
- Papier
- Kreppband (nach Wahl)
- Backblech

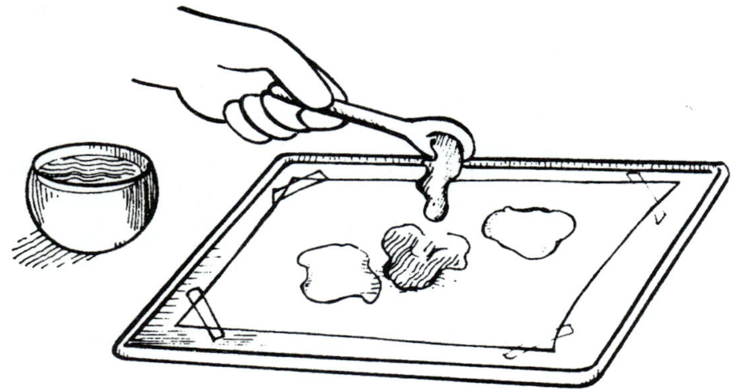

So geht es

1. Die Kinder bedecken den Boden des Backblechs mit einem Blatt Papier und kleben es am Rand fest, damit es nicht wegrutschen kann.
2. Als Nächstes rühren sie verschiedenfarbige Temperafarben in den Bechern an und geben in jeden Becher einen Löffel. Dabei sollte die Temperafarbe relativ dünnflüssig sein.
3. Jetzt geben die Kinder einen Löffel voll Farbe auf das Papier und kippen das Blech so, dass die Farbe quer über das Blatt läuft und dabei Farbspuren hinterlässt.
4. Danach geben sie eine andere Farbe hinzu und kippen das Blech erneut. Die Farben werden ineinanderlaufen und sich vermischen.
5. Die Künstler wiederholen diesen Vorgang, sooft sie wollen.
6. Sobald sie fertig sind, lassen sie das Bild entweder an einem besonders dafür hergerichteten Ort trocknen oder auf dem Blech und entfernen es später.

Varianten

- Die Kinder können auch eine kleine Farbpfütze auf das Papier geben und die Farbe dann mit einem Strohhalm, durch den sie pusten, verteilen. Erinnern Sie die Künstler daran, nur zu pusten und nicht zu saugen, damit sie nicht versehentlich Farbe verschlucken.
- Die Kinder verteilen die Farbkleckse auf vorgefaltetem Papier, klappen das Papier zusammen und streichen vorsichtig (oder fest) darüber. Dann falten sie das Papier auseinander und deuten die entstandenen Muster.

Hinweise

- Natürlich verläuft auch dickflüssigere Farbe, wenn sie kurz mit einem Pinsel oder einem Zahnstocher „angestochen" wird.
- Die Backform ist deshalb zweckmäßig, weil sich so Farbspritzer und -tropfen leichter kontrollieren lassen; aus diesem Grund sollte sie am besten höhere Ränder haben.

Einfachdruck

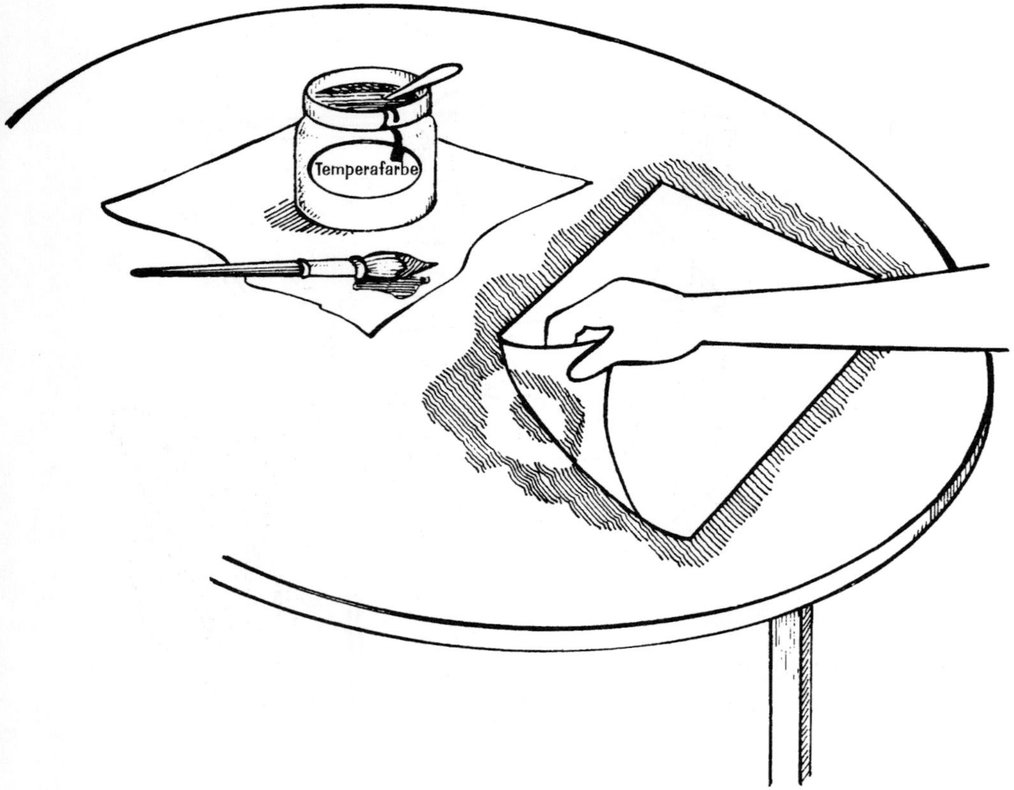

Benötigtes Material

- abwaschbare Tischplatte
- Temperafarbe in Pulverform
- Wäschesteife
- Löffel
- Pinsel
- Papier
- einen Platz zum Trocknen, mit Zeitungspapier abgedeckt

So geht es

1. Die Kinder geben eine kleine Menge Wäschesteife direkt auf den Tisch.
2. Anschließend fügen sie einen Löffel voll pulverförmige Temperafarbe hinzu.
3. Sie vermischen Farbe und Wäschesteife entweder mit den Händen oder mit einem Pinsel und verteilen dann die Farbmischung so auf dem Tisch, dass eine Fläche in der Größe des Papiers bedeckt ist.
4. Nun malen sie mit dem Finger ein Muster in die Farbe.
5. Wenn sie ihr Bild fertiggestellt haben, legen sie vorsichtig ein Blatt Papier darüber und drücken es leicht an.
6. Wenn die Künstler das Papier abziehen, sollten sie es zuerst an einer Ecke anfassen und dann wegziehen.
7. Es erscheint ein Abdruck des Bildes auf dem Papier, das zum Trocknen auf ein paar Zeitungen gelegt wird.
8. Die Kinder können vom selben Bild mehrere Abzüge machen oder auch ein neues entwerfen und drucken.

Varianten

- Die Künstler können mehrere Farben zu der Wäschesteife hinzugeben und verschiedene Farbkombinationen und -mischungen ausprobieren.
- Statt die Tischplatte zu bemalen, können sie auch auf Plexiglas oder ein Kuchenblech malen.

!

Hinweise

- Wenn die Farbe zu trocknen beginnt, geben Sie einfach etwas Wäschesteife dazu – schon ist sie wieder einsatzbereit.
- Trockene, wellige Bilder können Sie glätten, indem Sie sie bügeln.

Papier dippen und färben

FÜR ALLE

Benötigtes Material

- geeignetes Papier, z.B. (Kaffee-)Filterpapier, Küchentücher, Servietten, Löschpapier oder weißes Seidenpapier
- abgedeckter Tisch
- mehrere Lagen Zeitungspapier
- Schalen mit Lebensmittelfarbe oder anderem Papierfärbemittel
- Augentropfpipette
- Platz zum Trocknen

So geht es

1. Bedecken Sie den Tisch mit mehreren Schichten Zeitungspapier, legen Sie für jedes Kind einzelne Zeitungsseiten wie Platzsets um den Tisch herum und weisen Sie jedem Kind dort einen Platz zu.
2. Es gibt verschiedene Dipp- und Färbetechniken. Am einfachsten ist es, zuerst ein Küchentuch auf die Zeitungsseite zu legen und darauf mit der Pipette Tropfen von Lebensmittelfarbe oder Papierfärbemittel zu verteilen. Bei einer anderen Technik wird das Küchenpapier gefaltet und die Ecken in die Schalen mit Farbe getaucht. Dann wird es vorsichtig auseinandergefaltet und auf die Zeitung gelegt. Am besten eignet sich Filterpapier zum Falten und Dippen.
3. Die Kinder sollten die Dipp- und Färbetechnik auch mit anderen Papierarten ausprobieren.
4. Sie transportieren das gefärbte, nasse Küchentuch oder Papier auf der Zeitungsseite zu einem Ort, wo es trocknen kann und lassen es etwa eine Stunde liegen. Haben die Kinder dünnes Papier wie weißes Seidenpapier gefärbt, entfalten sie das nasse Papier so weit wie möglich, ohne dass es reißt und lassen es über Nacht trocknen. Erst am nächsten Tag entfalten sie es vollständig. Sobald es völlig trocken ist, bügeln sie es, wenn nötig, mit Ihrer Hilfe.

!

Hinweis

- Papierfärbemittel sind in Geschäften für Künstlerbedarf als hochkonzentriertes Farbpulver erhältlich. Sie sind zwar relativ teuer, halten dafür aber mehrere Jahre, und ihre Farben sind unglaublich kräftig und strahlend. Auf lange Sicht sind Farbpulver billiger und besser als Lebensmittelfarbe.

FÜR ALLE

Drucken mit Farben

Benötigtes Material

- Gegenstände, die sich zum Drucken eignen: Küchengeräte, Spielzeug, Schwämme, Fingerspitzen oder aufgeblasene Ballons
- flüssige Temperafarben
- Pfanne oder Tablett
- Papierhandtücher
- Pinsel
- Papier
- abgedeckte Arbeitsfläche

So geht es

1. Die Kinder decken die Pfanne oder das Tablett mit mehreren Lagen nasser Papiertücher ab.
2. Jetzt verteilen sie die Temperafarbe auf das „Stempelkissen".
3. Dann drücken sie einen Gegenstand erst auf das Stempelkissen und dann auf das Papier. Mit diesem Stempel können sie mehrmals stempeln, bevor sie neue Farbe auftragen. Dabei können auch zufällige Muster und Formen entstehen, die ganz anders aussehen als der abgedruckte Gegenstand.
4. Die Kinder lassen ihr Druckbild trocknen.

Varianten

- Lassen Sie die Kinder auch mit Tinte, Lebensmittelfarbe, Wasserfarbe, dicker und dünner Temperafarbe, Stofffarbe oder Papierfärbemittel drucken.
- Sie können Geschenkpapier, Tapeten, Grußkarten und Poster mit Rahmen entwerfen oder sich einfach nur an ihrem Kunstwerk freuen.
- Wenn sie einen Faden um ein Holzstück oder eine Toilettenpapierrolle wickeln, können sie Fadendrucke herstellen.
- Für einen Reliefdruck können die Künstler Pappformen ausschneiden und auf ein Holzstück aufkleben.
- Die Kinder bedrucken Papier mit ihren eingefärbten Händen. Die Farbe können sie aufpinseln oder direkt durch Eintunken in eine flache Schüssel auftragen. Sie können auch Abdrucke anderer Körperteile machen, z.B. von ihren Füßen oder der Nase.

Hinweise

- Halten Sie die jungen Künstler dazu an, den Gegenstand nur leicht auf das Stempelkissen und dann auf das Papier aufzudrücken, weil so ein schönerer Abdruck entsteht. Manche Kinder meinen nämlich, dass ein Abdruck umso besser würde, je fester sie den Gegenstand auf das Stempelkissen und nachher auf das Papier pressen.
- Wenn die Kinder mit ihren Händen oder anderen Körperteilen drucken, halten Sie am besten einen Eimer mit Seifenwasser und Handtücher bereit.

Steine bemalen

FÜR ALLE

Benötigtes Material

- flache Steine von beliebiger Größe
- Temperafarben in Schalen
- Pinsel (mittlere Stärke)
- mit Zeitung abgedeckte Arbeitsfläche
- Klarlack (nach Wahl)

So geht es

1. Sammeln Sie mit den Kindern flache Steine am Strand oder Flussufer oder beschaffen Sie sie bei einem Gartenmarkt.
2. Dieses Projekt lässt sich drinnen oder draußen durchführen.
3. Die Kinder legen die Steine auf das Zeitungspapier und bemalen sie.
4. Falls sie auch die untere Seite bemalen wollen, lassen sie die obere Seite zuerst trocknen, bevor sie den Stein umdrehen. Danach können sie die Unterseite bemalen.
5. Je nach Wunsch können **Sie** den bemalten Stein mit Klarlack überziehen.

Varianten

- Ist die Steinbemalung trocken, können die Kinder mit einem feinen Pinsel oder Filzstift Muster oder Details aufmalen.
- Die fertigen Gegenstände eignen sich gut als Papierbeschwerer, Bücherstützen oder Tischdekoration.
- Die Künstler können bemalte Steinskulpturen herstellen, wenn sie Steine aufeinanderhäufen und zusammenkleben.

! **Hinweis**

- Ältere Kinder können Acrylfarben benutzen. Sobald sie trocken sind, können sie nicht mehr vom Stein abgewaschen werden und färben auch nicht ab.

Salzteig

Benötigtes Material

- 4 Tassen Mehl (800 g)
- 1 Tasse Salz (200 g)
- 1–1½ Tassen warmes Wasser (345 ml)
- Schüssel
- Holzlöffel
- Backblech
- Schneidebrett
- Klarsichtfolie
- Folie oder Wachspapier
- Ofen

So geht es

1. Zubereitung des Teigs: Mehl und Salz werden in einer Schüssel vermischt. In eine Vertiefung in der Mitte wird 1 Tasse warmes Wasser gegeben. Anschließend werden die Zutaten mit den Händen zu einem Teig vermengt.
2. Fügen Sie etwas Wasser hinzu und kneten Sie weiter. Der Teig sollte weder zu trocken noch matschig sein, sondern sich zu einer Kugel formen lassen.
3. Kneten Sie die Masse noch ungefähr 5 Minuten auf einer mehlbestäubten Arbeitsfläche, bis sie geschmeidig ist.
4. Jetzt können die Kinder loslegen und modellieren, was ihnen einfällt. Sie arbeiten immer nur mit einer kleinen Menge Teig, als Unterlage dient ein Stück Folie oder Wachspapier. Der restliche Teig wird in Klarsichtfolie gewickelt und im Kühlschrank aufbewahrt. (Wenn er austrocknet, geben Sie einfach etwas Wasser hinzu und kneten Sie den Teig noch einmal durch.) Die einzelnen Teigteile werden mit Wasser zusammengefügt, dabei können Pinsel oder Finger zu Hilfe genommen werden.
5. Ist der Gegenstand fertig, legen **Sie** ihn auf ein mit Folie bedecktes Backblech und backen ihn bei 160 °C eine Stunde oder so lange, bis er hart ist.

Variante

- Bestimmt haben die Kinder auch noch andere Ideen, was sie aus Salzteig formen können, z.B. Serviettenringe, Schmuck, Perlen, Bilderrahmen, Käfer und Insekten, Tiere, Festtagsschmuck oder sie geben vor, Brötchen, Brot, Früchte und Gemüse aus Salzteig zu „backen".

!

Hinweise

- Am besten arbeiten die Kinder direkt auf dem Backblech, damit die geformten Gegenstände nicht beim Transport kaputtgehen.
- Risse oder abgefallene Teile von gebackenen Gegenständen können mit Kleber repariert werden; ansonsten können die auseinandergebrochenen Teile auch mit etwas neuem Teig aneinandergeklebt, nochmals gebacken und anschließend mit Farbe übermalt werden.

Hefeteig

VORSICHT | FÜR ALLE

Benötigtes Material

- 1 Päckchen Hefe
- 1–1½ Tassen warmes Wasser (345 ml)
- 1 Teelöffel Salz
- 1 Esslöffel Zucker
- 4 Tassen Mehl (800 g)
- Messbecher und -löffel
- große Schüssel und Rührlöffel
- eingefettetes Kuchenblech
- Teigpinsel
- 1 geschlagenes Ei
- Salz (nach Wunsch)
- Ofen

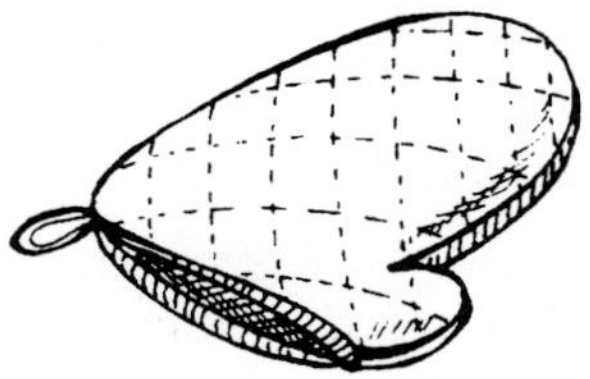

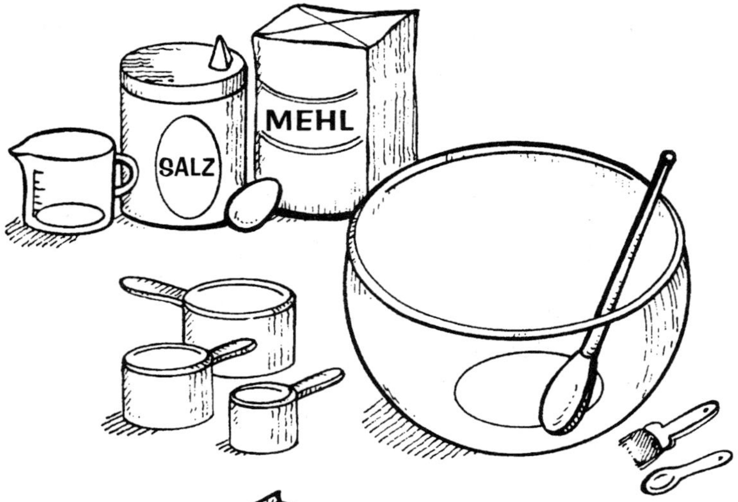

So geht es

1. Zubereitung des Teigs: 1–1½ Tassen warmes Wasser in eine große Schüssel geben, Hefe hinzufügen und rühren, bis sie weich ist. Anschließend Salz, Zucker und Mehl dazugeben und das Ganze vermischen, bis sich die Masse zu einer Kugel formen lässt.
2. Danach kneten die Kinder den Teig auf einer mehlbestäubten Oberfläche, bis er glatt und geschmeidig ist.
3. Jetzt formen sie den Teig zu Buchstaben, Tieren und anderen außergewöhnlichen Formen.
4. Anschließend legen sie ihre Skulpturen auf ein eingefettetes Kuchenblech. Sie decken das Blech ab und lassen den Teig an einem warmen Ort so lange gehen, bis er doppelt so groß ist wie vorher.
5. Nun bepinseln sie jede Skulptur mit Ei und bestreuen sie nach Wunsch mit Salz.
6. Die Skulpturen werden 12–15 Minuten bei 170 °C gebacken, bis sie fest und goldbraun sind.
7. Auskühlen lassen. Und dann genießen! Hmmm, lecker!!!

Hinweise

- Lassen Sie die Kinder aus diesem köstlichen Teig gesunde und auf die jeweilige Jahreszeit abgestimmte Leckereien herstellen wie z.B. Laternen im Herbst, Schneeflocken im Winter, Hasen im Frühling und riesige Sonnen im Sommer.
- Wie immer, wenn die Kinder mit Lebensmitteln hantieren, sollten sie sich vorher gründlich die Hände waschen.

Spiel- und Spaßteig

Benötigtes Material

- Messbecher
- Kochtopf
- 1 Tasse Natron (200 g)
- $\frac{1}{2}$ Tasse Stärkemehl
- $\frac{2}{3}$ Tasse warmes Wasser (150 g)
- Herd
- Schneidebrett
- Lebensmittel- oder Temperafarben
- Zeitung
- klarer Nagellack (nach Wunsch)

So geht es

1. Zubereitung des Teigs: Natron und Stärkemehl in einem Kochtopf vermischen, Wasser zugeben und glatt rühren. Bei mittlerer Hitze kochen und so lange rühren, bis eine püreeähnliche Masse entsteht.
2. Danach auf das Schneidebrett zum Abkühlen geben.
3. Anschließend können die Kinder den Teig kneten.
4. Um einen farbigen Teig herzustellen, geben sie Lebensmittelfarbe dazu und kneten die Masse so lange, bis der ganze Teig gleichmäßig eingefärbt ist. Daraus hergestellte Gegenstände können, wenn sie ganz getrocknet sind, bemalt werden.
5. Jetzt können die Kinder den Teig erforschen, mit ihm spielen und modellieren, wie es ihnen gefällt.
6. Die fertigen Gegenstände werden auf Zeitungspapier einige Stunden getrocknet, bis sie hart sind.
7. Damit sie glänzen, überziehen **Sie** diese mit klarem Nagellack.

Variante

- Für eine gesprenkelte Färbung können die Kinder Farbkreide zermahlen und in den Teig einkneten.

Hinweise

- Das Rezept reicht für $1\frac{1}{2}$ Tassen Teig; es kann aber leicht verdoppelt werden.
- In einem luftdicht verschlossenen Behälter lässt sich der Teig mehrere Wochen aufbewahren; nur wenn er mit Luft in Berührung kommt, trocknet er leicht aus.
- Bedenken Sie, dass die Masse schnell trocknet.

Modellierteig

FÜR ALLE

Benötigtes Material

- Messbecher und -löffel
- 1 Tasse kaltes Wasser (230 ml)
- 1 Tasse Salz (200 g)
- 2 Teelöffel Öl
- 3 Tassen Mehl (600 g)
- 2 Esslöffel Stärkemehl
- Farbe in Pulverform oder Lebensmittelfarbe
- Schüssel und Löffel
- Schneidebrett

So geht es

1. In einer Schüssel werden Wasser, Salz, Öl und so viel pulverförmige Farbe vermischt, dass sich eine klare leuchtende Farbe ergibt. Selbstverständlich kann der Teig auch so belassen werden, wie er ist.
2. Nach und nach werden Mehl und Stärkemehl dazugegeben, bis eine brotteigähnliche Masse entstanden ist.
3. Der Teig wird auf ein Brett gegeben und durchgeknetet.
4. Die Kinder können mit diesem Teig modellieren wie mit jedem anderen auch.

Variante

- Die Kinder färben den Teig mit Lebensmittelfarbe.

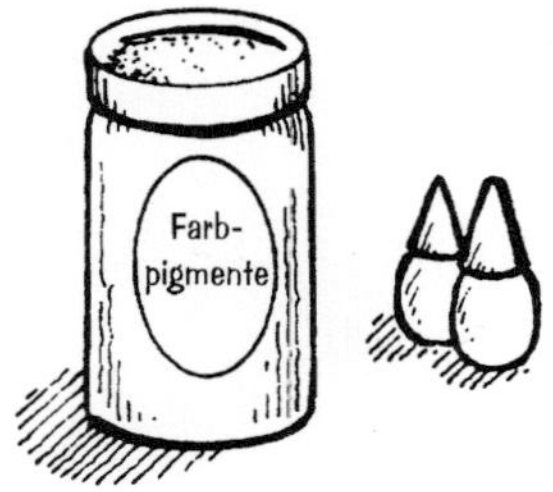

! **Hinweis**

- Dieser schnell und problemlos herzustellende Teig trocknet zwar nicht gut, ist dafür aber geschmeidig und farbenfroh.

FÜR ALLE

Wunderteig

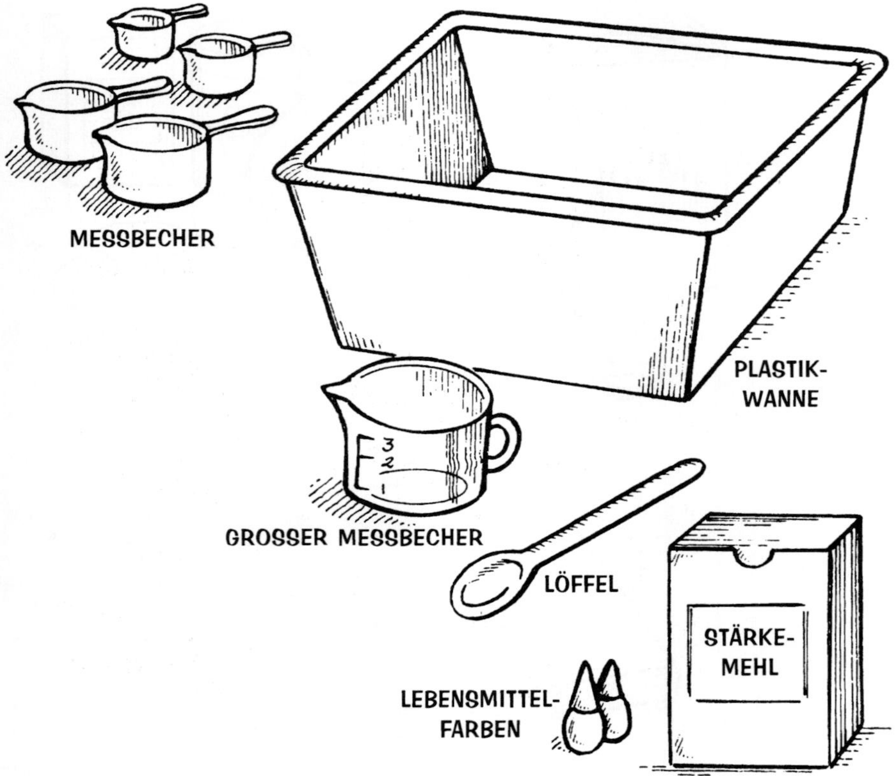

Benötigtes Material

- ein Teil Stärkemehl
- ein Teil Wasser
- Plastikwanne oder große Backform
- ein großer Messbecher
- andere Messbecher
- Löffel
- Lebensmittelfarbe (nach Wunsch)

So geht es

1. Das Stärkemehl wird mit Wasser in dem großen Messbecher vermischt, wobei auf eine Tasse Stärkemehl eine Tasse Wasser kommt.
2. Je nach Wunsch wird Lebensmittelfarbe zugegeben.
3. Dann wird die Masse in eine Wanne oder in eine große Backform gefüllt.
4. Nun können die Kinder die einzigartigen Eigenschaften der Modelliermasse ausprobieren und sich an den Überraschungen, die sie bereithält, erfreuen.

Varianten

- Die Kinder geben noch mehr Stärkemehl oder Wasser zu und beobachten, was mit der Masse passiert.
- Für ein besonderes Gruppenerlebnis lassen Sie den Wunderteig in einer großen Wanne anrühren. Die Kinder können die Masse mit Werkzeugen wie einem Spachtel, einem Nudelholz oder einem Schneebesen bearbeiten.

Hinweise

- Gießen Sie den Wunderteig nicht in den Ausguss, wenn die Kinder ihn mit allen Sinnen erforscht haben. Geben Sie ihn in eine Papier- oder Plastiktüte und entsorgen ihn im Müll.
- Bei diesem tollen und faszinierenden Projekt machen die Kinder sich und ihr Umfeld leicht schmutzig. Halten Sie deshalb am besten einen Wassereimer griffbereit, damit sich die Kinder die Hände waschen können.

Erdnussbutterteig

Benötigtes Material

- Messbecher und Löffel
- 1 Teil Erdnussbutter
- 1 Teil Trockenmilch (fettfrei)
- 1 Esslöffel Honig pro Becher (nach Wahl)
- Schüssel
- Spachtel
- Brett zum Kneten
- abgedecktes Gefäß

So geht es

1. Vor der Herstellung dieses essbaren Teigs waschen sich die Kinder sorgfältig die Hände und trocknen sie ab.
2. Für den Teig vermengen sie mit den Händen die gleiche Menge an Erdnussbutter und Trockenmilch in einer Schüssel und geben Honig hinzu, wenn sie wollen.
3. Sie kneten die Masse, bis sie zäh und teigähnlich ist.
4. Nun können die Kinder nach Herzenslust mit dem Erdnussbutterteig wie mit jedem anderen Spielzeugteig modellieren und seine Eigenschaften untersuchen.
5. Die Kinder dürfen ihr Kunstwerk aufessen und genießen.

Variante

- Die Kinder können dem Teig noch andere Zutaten beimischen wie z.B. Rosinen, Kokosraspeln, Schokoflocken oder zerkleinerte Haferflocken; sie können damit aber auch die Teigkreationen verzieren.

Hinweise

- 1 Tasse Erdnussbutter mit 1 Tasse Trockenmilch vermischt ergibt eine Teigkugel pro Kind.
- Dieser Teig lässt sich gut formen, aber er trocknet nicht.
- Er ist gut haltbar, wenn er in einem verschlossenen Behälter in den Kühlschrank gestellt wird.

Modelliermasse aus Seife

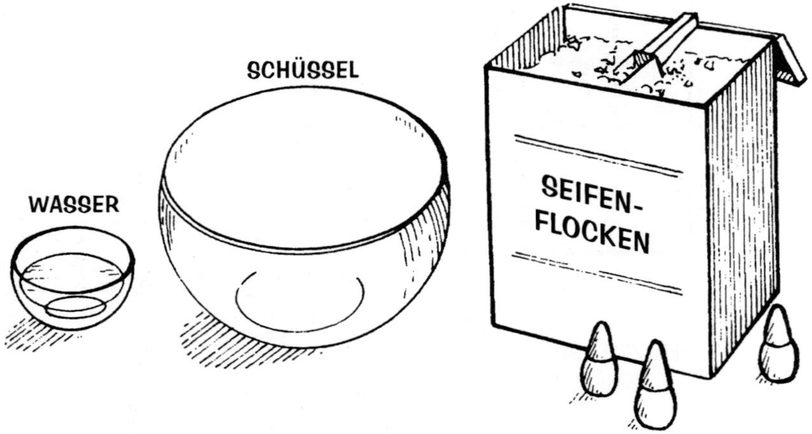

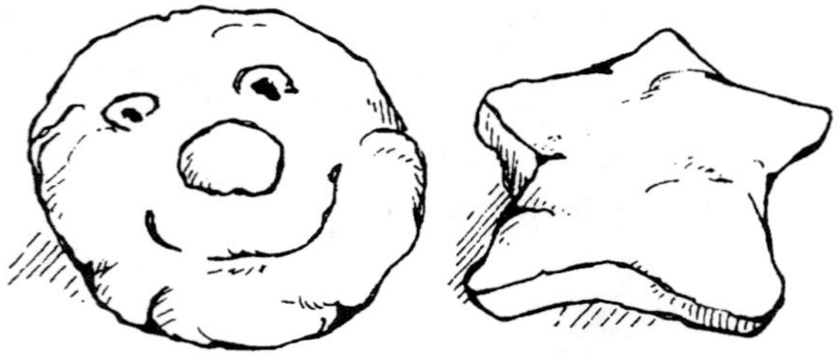

Benötigtes Material

- 2 Becher Seifenflocken (400 g) aus geriebener Kernseife
- 2 Esslöffel Wasser
- Lebensmittelfarbe (nach Wahl)
- Schüssel

So geht es

1. Die Kinder geben die Seifenflocken in eine Schüssel.
2. Dann fügen sie nach und nach Wasser oder mit Lebensmittelfarbe gefärbtes Wasser hinzu und vermischen und drücken die Masse mit der Hand so lange, bis sich die Seife zu einer Kugel formen lässt. Falls nötig, geben sie noch etwas Wasser hinzu.
3. Nun erforschen sie die Eigenschaften der Seifenmasse, indem sie mit ihr modellieren und durch Drücken verschiedene Figuren herstellen.
4. Das Saubermachen ist mit warmem Wasser und einem Handtuch kein Problem – die Hände sind ja schon eingeseift!

Varianten

- Die Kinder stellen Seifenkugeln für zu Hause oder die Schule her.
- Die Seifenkugeln oder andere Gegenstände aus Seife können sie als Geschenk verwenden.
- Sie können der Seifenmasse auch natürliche Materialien wie Weizenmehl oder zerkleinerte getrocknete Blumenblätter beifügen.
- Lassen Sie die Kinder Duftstoffe in die Seifenmasse geben, beispielsweise von Gewürzen wie Zimt oder Mandel- oder Zitronenextrakte.
- Die Kinder können die Seifenmasse auch mit einem Löffel, Zahnstocher oder einem anderen Werkzeug in Form bringen.

!
Hinweis

- Bekommt ein Kind Seife in den Mund, bewahren Sie Ruhe und halten Sie klares Wasser und einen Becher am Waschbecken bereit. Lassen Sie das Kind den Mund so lange ausspülen, bis der Seifengeschmack verschwindet. Gerät Seifenschaum ins Auge, spülen Sie das Auge mit klarem Wasser aus, bis das Brennen nachlässt.

Collage

Benötigtes Material

- Leim (in quetschbarer Plastikflasche, z.B. leerer Ketschupflasche, oder in einem Becher mit Wasser verdünnt)
- Pinsel
- als Unterlage eignen sich Materialien wie z.B. Papier, Holz, Pappe, ein gebrauchter Aktenordner, eine Steinplatte, Pappteller, eine Schale oder Schachtel aus Styropor
- alle Materialien, aus denen sich Collagen basteln lassen: Bänder, Bindfaden, Blumen, Cellophanfolie, Eicheln, Eierschalen, Eisstiele, Federn, Filz, Flaschendeckel, Fliesen, Folie (für das Einpacken von Geschenken), Garn, Glitzersteine, Haken, Haarklammern aus Metall, Hobelspäne, Holzperlen, Holzstücke, Kacheln, Kiefernzapfen, Kieselsteine, Knochen, Konfetti, Korken, Lockenwickler, Moos, Muscheln, Origamipapier, Ösen, Papierkügelchen, Perlen, Reißverschlüsse, Rinde, Sägemehl, Teile von Schläuchen, Schlüssel, Schmuck, Schnur, Schrauben, Speisetablett, Spitze, Steine, Stickgarn, Stoff, Tapete, Telefonkabel, Zahnstocher, Zeitung, Zweige usw.

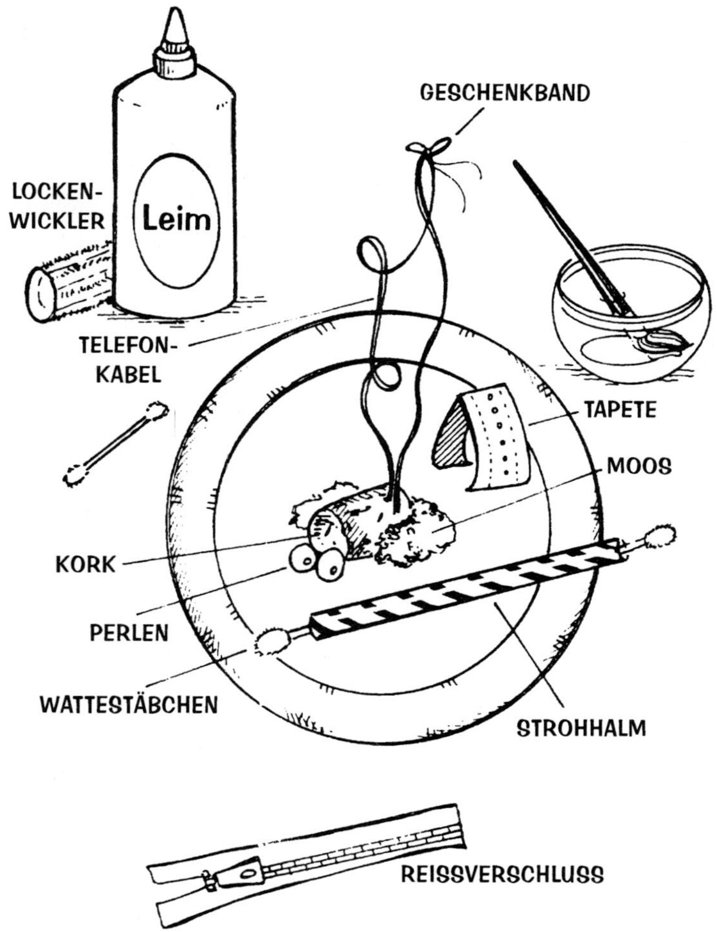

So geht es

1. Die Kinder kleben mit Leim beliebige Gegenstände auf der Unterlage fest.
2. Jede Collage ist etwas Einzigartiges, weil die Kinder unterschiedliche und beliebig viele Gegenstände verwenden und sie verschieden anordnen.
3. Das Kunstwerk wird vollständig getrocknet, bei Bedarf über Nacht, wenn der Leim sehr dick ist

Varianten

- Collagen eignen sich gut für die Gruppenarbeit, weil die Kinder daran gemeinsam auf einer großen Unterlage arbeiten können.
- Geben Sie ein Thema für die Collage vor, z.B. Formen, Farben, Pflanzen, Freude, Lieblingsspeisen, Stoffe etc.

Seidenpapiercollage

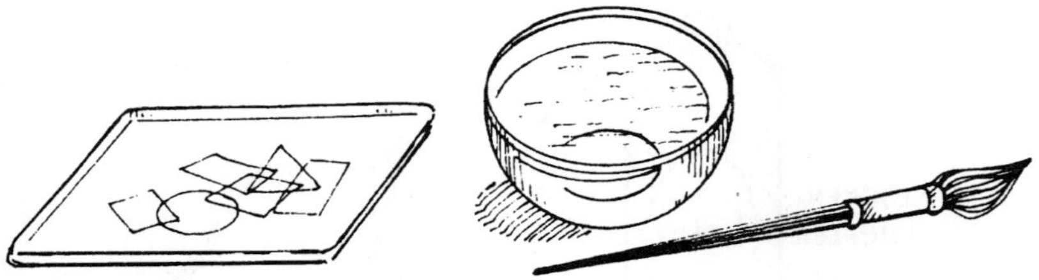

Benötigtes Material

- Seidenpapier in vielen verschiedenen Farben
- Scheren
- Tablett
- Becher mit Wäschesteife
- Pinsel
- weißes Papier, Pappkarton oder Pappteller

So geht es

1. Die Kinder schneiden aus verschiedenfarbigem Seidenpapier Formen wie Quadrate, Dreiecke und Rechtecke aus, die alle zwischen 2 und 8 cm groß sein sollten. Die ausgeschnittenen Formen werden auf ein Tablett gelegt.
2. Mit einem Pinsel tragen sie die Wäschesteife auf das Papier, die Pappe oder den Pappteller auf und verteilen sie.
3. Nun legen sie ein Stückchen Seidenpapier auf die Unterlage, drücken es fest und verteilen darüber noch eine kleine Menge Wäschesteife.
4. Die Kinder fahren damit fort und kleben ihre Formen aus Seidenpapier auch übereinander, sodass neue Farben entstehen.
5. Die Künstler können nach Wunsch den ganzen Untergrund mit Seidenpapier bekleben.
6. Anschließend gründlich trocknen lassen.

Varianten

- Verwenden Sie Wachspapier, Umschlagfolie oder anderen Papiersorten als Untergrund.
- Die Kinder können ihre Seidenpapierformen auch zwischen zwei Selbstklebefolien kleben, dann brauchen sie keine Wäschesteife.
- Ersetzen Sie Wäschesteife durch verdünnten Leim, so erhalten Sie ein festeres und glänzenderes Kunstwerk.

Hinweise

- Seidenpapier kann abfärben, wenn es mit Wäschesteife überzogen wird. Das hinterlässt zwar schöne Effekte, könnte die Künstler aber überraschen.
- Halten Sie einen trockenen und einen nassen Lappen bereit, um den Kindern die klebrigen Finger abzuputzen.

Bilder aus Papierresten

FÜR ALLE

Benötigtes Material

- Reste von unterschiedlichen Papieren, z.B. Buntpapier, Tapete, Seidenpapier oder Zeitschriftenseiten
- Kleister oder Klebstoff
- Scheren
- Papierbögen als Untergrund

So geht es

1. Die Kinder schneiden mit den Scheren beliebige Muster und Formen aus den Papierresten.
2. Dann kleben sie diese auf ein größeres Blatt Papier.
3. Sie schneiden weitere Formen aus und kleben sie auf. Die entstehenden Muster können gewollt sein oder zufällig entstehen.
4. Die Kinder können auch das Papier in Form reißen statt es zu schneiden.
5. Das Bild sollte ein paar Stunden trocknen.

Varianten

- Die Künstler stellen dreidimensionale Kunstwerke, Skulpturen oder Gegenstände aus Kleister und Papier her.
- Die Kinder fertigen ein themenbezogenes Schneide-Klebe-Bild an. Folgende Themen bieten sich an: meine Lieblingsfarben, ein Tapetenbild, mein fröhliches Bild oder Urlaub.
- Sie können zusätzlich auch andere Collagematerialien benutzen.

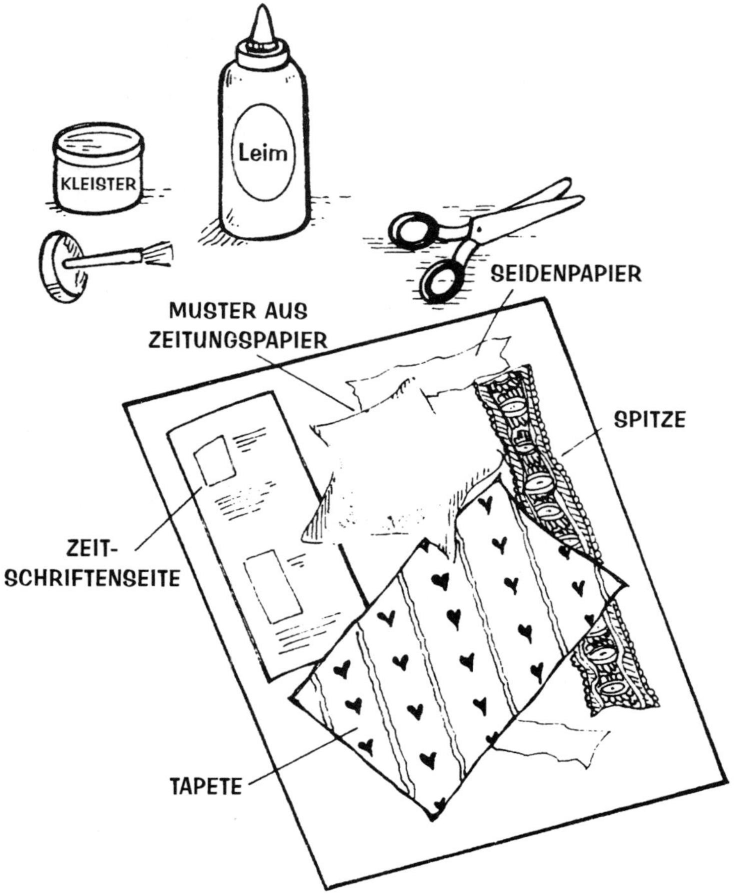

> **Hinweis**
> - Dieses Projekt bietet wertvolle Ansätze, wie Sie die Kreativität jüngerer Kinder entwickeln und ihre Fähig- und Fertigkeiten aufbauen können.

Materialmix-Collage

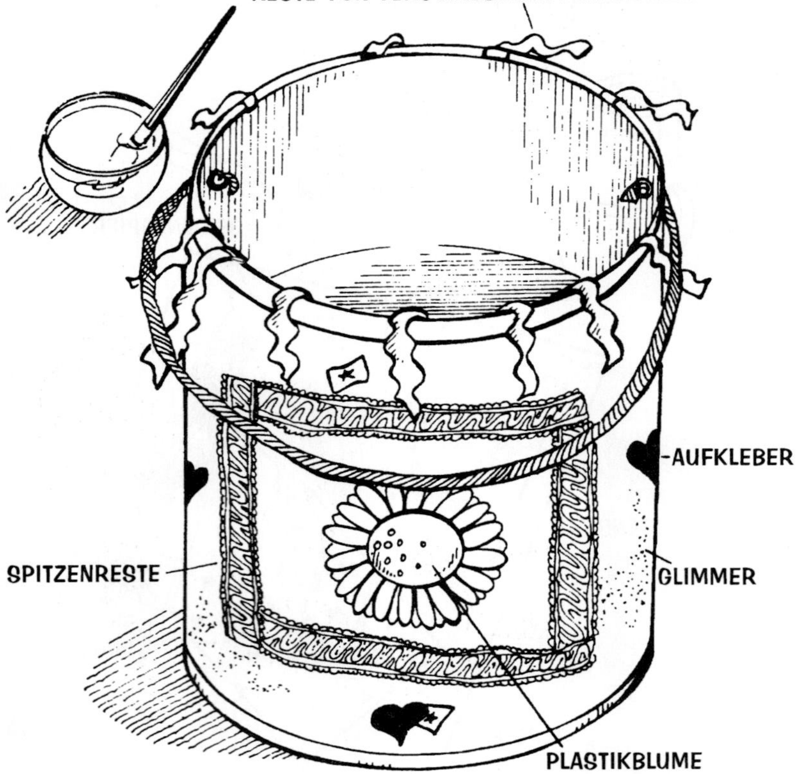

Hinweis

- Begrenzen Sie die Auswahl an collagegeeigneten Materialien die ersten paar Male; jüngere Kinder verlieren bei einer zu großen Auswahl manchmal den Überblick. Bieten Sie ihnen mehr Material an, wenn die Künstler sich auf das schöpferische Arbeiten und ihre Fähigkeit, Dinge zusammenzufügen, einlassen können.

Benötigtes Material

- große Mengen an Klebstoff in Tuben oder in Bechern mit Pinseln
- Kreppband
- durchsichtiger Klebefilm
- Heftmaschine
- Aufkleber
- Etikettenkleber
- Gegenstände für Collagen, z.B. Papierreste, Reste von Näharbeiten, Glimmer, Papierstreifen, Garn oder Blumen (vgl. auch S. 41)
- Materialien, die sich für einen Hintergrund oder als Unterlage eignen: Pappschachteln, Plastikbecher, Kunststoffbehälter (z.B. große, leere Eispackungen), Zeitung, altes Poster oder Papier

So geht es

1. Die Kinder suchen sich ein Material für den Hintergrund bzw. die Unterlage aus.
2. Nun kleben sie die Gegenstände für ihre Collage darauf fest. Sie können den ganzen Untergrund damit bedecken.
3. Anschließend gründlich trocknen lassen.

Varianten

- Die Kinder nehmen ein Seil oder einen kräftigen Faden, schneiden ein langes Stück ab und kleben einige Dinge daran fest. So erhalten sie eine ausgefallene Girlande, die sie im Raum aufhängen können.
- Sie können Collagen auf Pappschachteln oder Plastikbechern machen.
- Halten Sie einige Gegenstände zurück, aus denen die Kinder Collagen machen können, denn diese Bastelarbeit kann öfter wiederholt werden. Trotzdem werden die Kinder jedesmal unterschiedliche und außergewöhnliche Ergebnisse erzielen.

Näh- und Wickelbilder

Benötigtes Material

- viereckige Pappe
- Scheren und Locher
- vorgeschnittenes, buntes Garn (ca. 70 cm lang)
- Kreppband

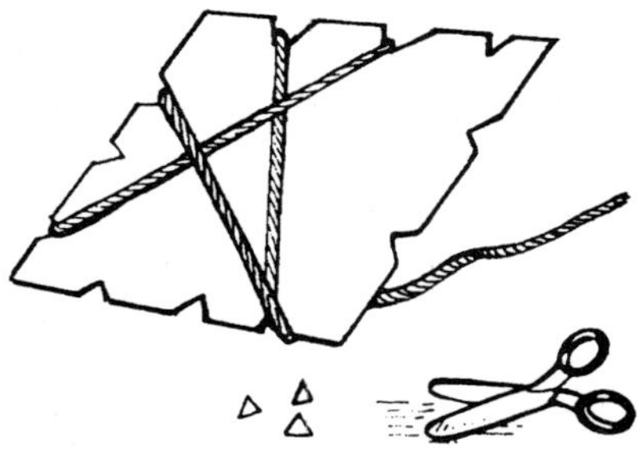

So geht es

Fädeln und Wickeln

1. Die Kinder schneiden Schlitze in die Ränder der Pappe; helfen Sie ihnen, falls nötig.
2. Nun ziehen sie das Ende eines Fadens durch einen Schlitz und führen ihn quer über die Pappe zu einem anderen. Dabei können sie die Fäden überkreuzen oder so um die Pappe wickeln, wie es ihnen Spaß macht.
3. Die Kinder beenden das Fädeln und Wickeln, indem sie das Fadenende in einem Schlitz festklemmen und den überstehenden Fadenrest abschneiden.

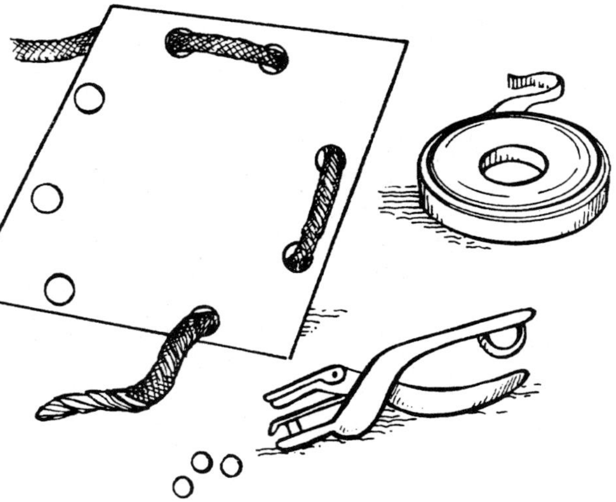

Nähen ohne Nadel

1. Die Kinder stanzen mit dem Locher Löcher in den Rand einer Pappe; falls nötig, helfen Sie ihnen dabei.
2. Um das Fadenende wickeln sie etwas Kreppband, damit das Ende nicht aufribbelt, sondern eher nadelähnlich ist.
3. Nun ziehen die Kinder das umwickelte Ende durch ein Loch und führen den Faden zum nächsten Loch, durch das sie ihn wieder hindurchziehen. Sie nähen so lange, bis der Faden zu Ende ist; dann kleben sie das Fadenende an der Unterseite der Pappe fest.
4. Die Kinder können auch mit unterschiedlichen Fäden nähen.

Varianten

- Die Kinder malen die Zwischenräume zwischen den Fäden mit Filzstiften aus.
- Sie können anstelle von Garn auch Geschenkband verwenden.
- Lassen Sie die Kinder alte Grußkarten mit dieser Nähtechnik verzieren.

Hinweise

- Der Faden sollte nicht länger als 70 cm sein.
- Wenn Sie lange Plastikstopfnadeln benutzen, nehmen Sie einen 1,20 m langen Faden doppelt und ziehen ihn durch das Nadelöhr. Anschließend verknoten Sie die beiden Fadenenden miteinander.
- Achten Sie darauf, dass die Kinder weit genug voneinander entfernt sitzen, damit sie sich nicht gegenseitig beim Nähen behindern.

Holzskulptur

Benötigtes Material

- Holzreste
- Fotokarton oder viereckiges Holzstück als Unterlage
- Leim
- Farben und Gegenstände zum Verzieren, z.B. Temperafarbe, Glimmer, Konfetti, Band, Nägel, Filzstifte, Muttern und Schrauben, Strohhalme, Teile von altem Spielzeug, Gummiringe oder -bänder und Teile von Gegenständen, die sich für Collagen eignen

So geht es

1. Sammeln Sie zusammen mit den Kindern Holzreste. Sie können diese in Schreinereien bekommen und in Geschäften, die Bilderrahmen verkaufen – fragen Sie einfach mal nach!
2. Die Kinder wählen entweder einen Fotokarton oder ein viereckiges Holzstück als Untergrund.
3. Sie stapeln die Holzstücke ähnlich wie Klötze aufeinander und kleben sie fest. Sollen stabilere und schneller gebaute Skulpturen entstehen, können **Sie** ihnen mit einer Klebepistole zur Hand gehen. Allerdings muss dieses Vorgehen sorgsam beaufsichtigt werden.
4. Die Skulptur über Nacht trocknen lassen.
5. Hinterher können die Kinder ihre Skulptur verzieren oder anmalen.

Varianten

- Die Kinder bauen einen bestimmten Gegenstand, z.B. ein Haus, eine Brücke oder ein Auto.
- Sie können verschiedene Skulpturen, die auf demselben Untergrund gebaut sind, zu einer größeren Skulptur zusammenfügen. Ihre Kunstwerke können dann auf einer Mauer zur Schau gestellt werden.
- Statt einer Skulptur können die Kinder mit den Holzresten auch ein Flachrelief herstellen. Dazu kleben sie einfach flache Holzstückchen auf die Unterlage.

! Hinweis

- Es kann passieren, dass Leim nicht ausreicht, wenn eine Skulptur zu schwer oder schief ist. Umwickeln Sie in diesem Fall das Kunstwerk mit Kreppband oder verwenden Sie Gummibänder oder Ähnliches, um es zu fixieren, bis der Leim eingezogen ist. Wenn die Skulptur vollständig getrocknet ist, können Sie die Hilfsmittel entfernen.

Herbst

Zeichnen mit Babyöl

ab 5

Benötigtes Material

- farbiges Papier
- Wattebäusche, Wattestäbchen oder Pinsel
- Schale mit Babyöl
- mit Zeitungspapier abgedeckter Tisch

So geht es

1. Die Künstler tauchen den Wattebausch in die Schale mit Babyöl.
2. Dann malen sie mit dem ölgetränkten Wattebausch ein Muster auf das Papier.
3. Sie können auch andere Hilfsmittel zum Zeichnen benutzen wie z.B. ein Wattestäbchen oder einen Pinsel, die sie ebenfalls in Öl tauchen, bevor sie damit malen.
4. Nachdem das Öl in das Papier eingezogen ist, können die Kinder ihr Blatt gegen das Licht halten und ihre durchscheinende Zeichnung betrachten.

Varianten

- Die Kinder übermalen die Babyöl-Zeichnung mit Wasserfarben und beobachten, wie das Öl den Farben widersteht. Die Stellen, die sie mit Babyöl bemalt haben, bleiben weiß.
- Sie können das Papier auch mit Wachsmalstiften bemalen und hinterher mit einem in Babyöl getränkten Wattebausch darübergehen: Die Farben erscheinen leuchtender und treten deutlich hervor.

! **Hinweise**

- Kleben Sie die Schälchen mit Babyöl vorher mit einer Schlaufe aus breitem Kreppband an der Tischplatte fest, damit die Kinder sie nicht versehentlich umstoßen können.
- Stellen Sie sich darauf ein, dass die Kinder viele Wattebäusche brauchen, um ihre Zeichnung fertigzustellen. Das hängt damit zusammen, dass junge Künstler so entzückt sind von den vielseitigen Möglichkeiten, die der weiche, ölgetränkte Wattebausch in sich birgt, dass sie möglichst alle Eigenschaften erforschen möchten.

Schablonen aus Selbstklebefolie

ab 6

Benötigtes Material

- kleine Vierecke aus selbstklebender Folie
- weißer Baumwollstoff, z.B. von Hemden, Bettlaken, Kissenbezügen oder Tischtüchern
- Stoffmalstifte (erhältlich in Warenhäusern oder Stoffgeschäften)
- Scheren
- Kreppband

So geht es

1. Die Kinder breiten den Stoff auf dem Tisch aus und kleben die Ecken fest, damit er nicht wegrutschen kann.
2. Dann schneiden sie Figuren oder Muster aus der Selbstklebefolie aus.
3. Anschließend ziehen sie die Schutzfolie auf der Rückseite jeder Form ab und drücken sie auf den Stoff.
4. Nun können sie mit den Stoffmalstiften die Formen aus Folie umfahren, oder sie zeichnen und malen direkt auf den Stoff.
5. Wenn sie fertig sind, ziehen sie die Folie vom Stoff ab. Dort, wo sie war, sind nun weiße Stellen zu sehen.

Varianten

- Die Kinder schneiden Buchstaben aus und kleben sie auf den Stoff. Sie können die Buchstaben zu Namen zusammensetzen oder den Stoff „beschreiben", z.B. mit Grüßen.
- Sie denken sich weitere Zeichnungen und Muster aus und übertragen sie auf den Stoff.
- Die Künstler schneiden aus der Selbstklebefolie eine Schablone für ihr Muster aus, legen sie auf den Stoff und färben die Fläche um die Schablone herum ein. So erhalten sie ein Negativabbild der ursprünglichen Form.
- Sie können auch Klebebandstücke auf festes Papier kleben, sie übermalen und hinterher abziehen. Die abgedeckten Stellen bleiben weiß.

!

Hinweise

- Obwohl die meisten Kinder die Rückseite der Selbstklebefolie recht gut abziehen können, brauchen sie manchmal doch etwas Hilfe von Ihnen, wenn die Folie zu widerspenstig ist.
- Üben Sie mit den Kindern vorher: Geben Sie ihnen zuerst kleine Stoffreste und kleine Stücke Selbstklebefolie, damit sie üben können, wie man mit Schablonen auf Stoff malt. Lassen Sie die Künstler erst danach auf das Hemd oder den Kissenbezug malen.

Rubbelabdrücke

Benötigtes Material

- Tisch
- großer Bogen Pergamentpapier (hellfarbig)
- dicke Wachsmalstifte ohne Papierhülle
- Kreppband
- Gegenstände, die aufgrund ihrer Struktur zum Abrubbeln geeignet sind, z.B.: Garn, Sandpapier, Papierformen, Stoffreste, Münzen, Konfetti, Glimmer, Büroklammern

So geht es

1. Die Kinder verteilen verschiedene Gegenstände auf dem Tisch; sie sollten relativ flach und nicht zu eckig oder scharfkantig sein.
2. Nun legen sie ein großes Blatt Pergamentpapier wie ein Tischtuch darüber und kleben es an den Ecken und Rändern am Tisch fest, damit es nicht wegrutschen kann.
3. Dann rubbeln sie mit der Seitenfläche der Wachsmalstifte über das Papier: Dabei zeichnen sich viele überraschende Strukturen ab.
4. Um sicherzustellen, dass sie die Struktur aller Gegenstände erfasst haben, betasten die Kinder das Papier mit den Fingern und prüfen nach, ob sie jeden Gegenstand „durchgerubbelt" haben.
5. Die Kinder können das Strukturmuster auf dem Papier entweder als ausgefallene Tischdecke oder als Tapete, Geschenkpapier bzw. als Dekoration für andere Zwecke benutzen.

Variante

- Die Kinder machen kleine Rubbelabdrücke von Gegenständen auf einem Tablett. Sie werden Spaß daran haben, Sachen unter dem Papier zu verstecken und einen Freund, der die Struktur freirubbelt, erraten zu lassen, was sich unter dem Papier verbirgt.

!

Hinweis

- Einige Kinder werden das Prinzip von Rubbelbildern erst dann verstehen, wenn sie mit den Wachsmalstiften über das Papier rubbeln. Wird die Struktur der darunterliegenden Gegenstände sichtbar, können sie diese auch erraten. Dieses Projekt ermöglicht ihnen, die Technik des Abrubbelns mit großen Armbewegungen auf festem Papier auszuprobieren.

Blätterdrucken mit Fingerfarbe

ab 6

Benötigtes Material

- große, bunte Blätter
- Schalen mit Fingerfarbe
- großes Blatt Papier oder Zeitung
- mit Zeitung abgedeckte Arbeitsfläche
- Eimer mit Seifenwasser und Handtüchern

So geht es

1. Die Kinder sammeln große Blätter, z.B. Ahornblätter, die um diese Jahreszeit noch draußen zu finden sind.
2. Sie legen ein Blatt auf die Zeitung.
3. Nun tauchen sie ihre Finger in Fingerfarbe und verteilen die Farbe auf der ganzen Blattoberseite.
4. Mit den Fingern können sie Muster auf das mit Farbe bedeckte Blatt aufmalen.
5. Danach waschen die Kinder ihre Hände und trocknen sie ab.
6. Anschließend legen sie ein Stück Papier auf das Blatt und drücken es sanft an.
7. Nun ziehen sie das Papier vom Blatt ab bzw. umgekehrt.
8. Jetzt können sie erkennen, dass ihre Fingerfarbenzeichnung und ihr Blatt auf das Papier gedruckt worden sind.

Variante

- Sie können Blätter unter das Papier legen und mit Wachsmalstiften darüberfahren, um Rubbelabdrücke von den Blättern herzustellen.

Hinweis

- Hier ein einfaches Rezept für die Herstellung von Fingerfarben: Vermischen Sie 1/4 Tasse Wäschesteife mit 1 Esslöffel flüssiger bzw. pulverförmiger Temperafarbe. Verrühren Sie das Ganze mit einem Stock und verwenden Sie die Mischung als Fingerfarbe. Die Mengenangaben sind nicht streng bindend, experimentieren Sie einfach mit den Farben, ihrer Dicke und Intensität.

Rollmuster

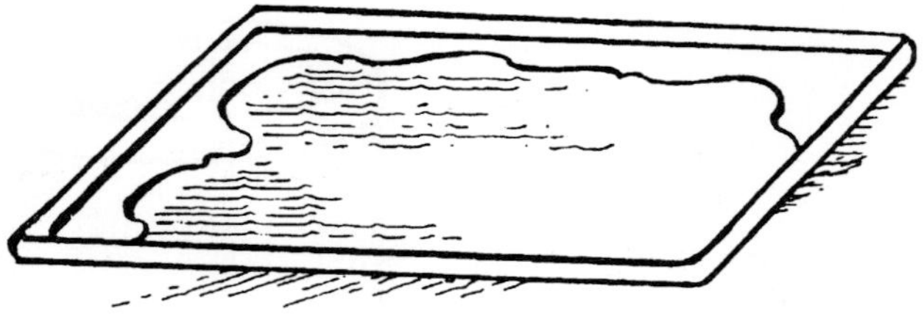

Hinweise

- Die schönsten Rollmuster ergeben sich, wenn die Kinder frische, feuchte Blätter nehmen.
- Farbwalzen sind in Geschäften für Künstlerbedarf sowie in Läden für Schulbedarf erhältlich.

Benötigtes Material

- Pappe
- frische Blätter
- Bastelkleber
- Temperafarbe
- Backblech
- Farbwalze oder Nudelholz für Kinder
- saugfähiges Papier
- Löffel

So geht es

1. Die Kinder breiten die Blätter so auf der Pappe aus, dass sie ein Muster bilden.
2. Dann kleben sie diese fest und lassen den Klebstoff trocknen.
3. Nun geben sie einen Löffel Farbe auf das Blech und fahren mit der Farbwalze so lange darüber, bis sie gleichmäßig mit Farbe bedeckt ist.
4. Als Nächstes verteilen sie die Farbe mit der Walze auf den Blättern.
5. Danach legen sie ein Blatt Papier über die Blätter und streichen es mit sauberen, trockenen Händen glatt.
6. Jetzt ziehen sie das Papier ab: Der Abdruck der Blattadern und -ränder ist deutlich zu sehen.
7. Die Kinder können mehrere Abdrücke von einem Blatt machen, das sie vorher mit Farbe bestrichen haben.

Varianten

- Die Kinder können mit derselben Technik auch von Maschendraht, Netzen oder Spitze Farbdrucke herstellen.
- Wenn die Blattabdrucke schön bunt sein sollen, können die Kinder verschiedene Farben auf dem Blech vermischen und die Blätter damit einpinseln.

Schaumstoffdruck

VORSICHT ab 7

Benötigtes Material

- dünner, fester Schaumstoff oder Styropor, in Vierecke geschnitten (ca. DIN-A4-Größe)
- Temperafarbe auf Backblech
- Bleistifte
- Farbwalze oder Nudelholz für Kinder
- Schreibmaschinenpapier
- abgedeckte Arbeitsfläche

So geht es

1. Die Kinder ritzen mit einem Bleistift Muster in die Schaumstoff- bzw. Styroporplatte.
2. Dann rollen sie mit der Walze über die Farbe auf dem Backblech und verteilen sie anschließend auf der eingeritzten Platte.
3. Nun legen sie ein Blatt Papier auf die Schaumstoff- bzw. Styroporplatte und drücken es leicht mit den Fingern fest, damit sie einen gleichmäßigen Druck erhalten.
4. Danach ziehen sie das Papier ab und lassen den Druck trocknen.
5. Die Kinder stellen mehrere Drucke her; sie können dabei entweder immer die gleiche Farbe verwenden oder vor jedem Druckgang die Druckplatte mit einer oder mehreren anderen Farben jedesmal neu einfärben.

Variante

- Die Kinder machen mehrere Drucke von einem Bild oder Muster; dazu können sie verschiedenfarbiges Papier benutzen. Wenn sie die Blätter bedruckt haben, schneiden sie sie in Streifen und setzen das ursprüngliche Bild oder Muster aus den verschiedenfarbigen Papierstreifen wieder zusammen und und kleben es danach auf einen Untergrund.

Hinweis

- Die eingeritzten Linien oder Formen auf der Druckplatte erscheinen als weiße Flächen auf dem weißen Papier, während die eingefärbten, herausstehenden Flächen der Schaumstoffplatte als Farbabdruck zu erkennen sind. Manche Kinder stellen auch schon anspruchsvollere und abstraktere Drucke her, wenn sie das Prinzip des Druckens durchschaut haben: Sie gestalten die Formen und Muster im Vordergrund größer und heben sie so hervor, während sie den Hintergrund zurücktreten lassen.

Schwammdruck

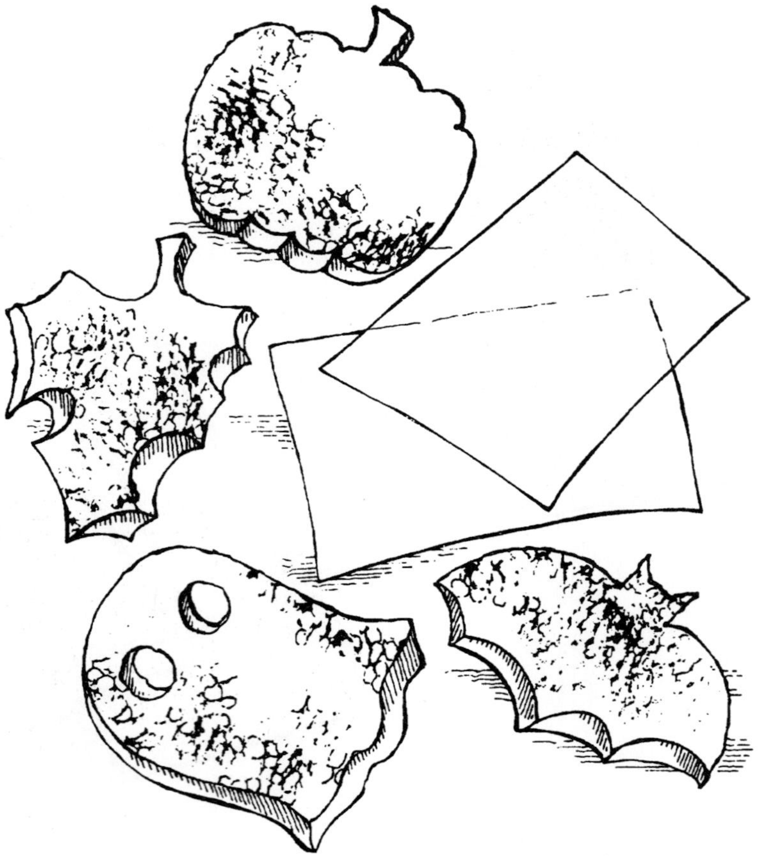

Benötigtes Material

- Schwämme
- Scheren
- verschiedenfarbige Lebensmittelfarben in flachen Schalen, mit Wasser verdünnt
- mehrere Bögen weißes Seidenpapier
- Pinsel

So geht es

1. Die Kinder schneiden die Schwämme zu Blättern, Äpfeln, Birnen, Kürbissen oder anderen herbstlichen Formen zurecht; falls nötig, helfen Sie ihnen dabei.
2. Die verdünnten Lebensmittelfarben werden auf flache Schalen verteilt. Am besten legen Sie noch einen Pinsel bereit, mit dem die Kinder gegebenenfalls etwas Farbe auf die Schwämme auftragen können.
3. Nun tauchen die Kinder einen Schwamm in eine Schale mit Farbe und drücken ihn dann leicht auf einen ausgebreiteten Bogen Seidenpapier. Dabei wird der Schwamm an dem Seidenpapier kleben bleiben und es hochheben, weshalb die Kinder Papier und Schwamm vorsichtig trennen sollten.
4. Dann probieren sie mit den übrigen Schwämmen aus, welche Abdrücke andere Formen auf dem Seidenpapier hinterlassen.
5. Die Künstler bedecken das ganze Papier mit einem Muster aus Schwammabdrücken.
6. Anschließend lassen sie das bedruckte Seidenpapier gut trocknen und falten es zusammen, um es aufzubewahren oder sie benutzen es als Geschenkpapier.

Variante

- Die Kinder bedrucken das Seidenpapier mit Korken, Teilen von Spielzeugen, Holzklötzen oder Ausstechformen.

Hinweis

- Denken Sie daran, dass Geschenkpapier abfärbt, wenn es nass wird, und Spuren auf Kleidern und Händen hinterlassen kann. Achten Sie deshalb darauf, dass es nicht feucht wird. Wünschen Sie eine nicht abfärbende Färbung, dann verwenden Sie Stofffarbe, die es in Läden für Künstlerbedarf oder in Kaufhäusern zu kaufen gibt. Sie ist zwar etwas teurer, bietet dafür aber eine größere Auswahl an Farben als Lebensmittelfarbe, ist länger haltbar und deckt den Bedarf über lange Zeit.

Kreidespritzbilder mit Blättern

ab 8

Benötigtes Material

- Nagelbürste
- Drahtnetz, auf einen alten Bilderrahmen genagelt (als Sieb)
- Schüssel mit dünnflüssiger Temperafarbe
- Kreide
- Papier
- gepresste Blätter, Blumen oder andere flache Gegenstände
- große Pappschachtel ohne Ober- bzw. Unterseite
- Klebeband
- Arbeitskittel oder altes Hemd

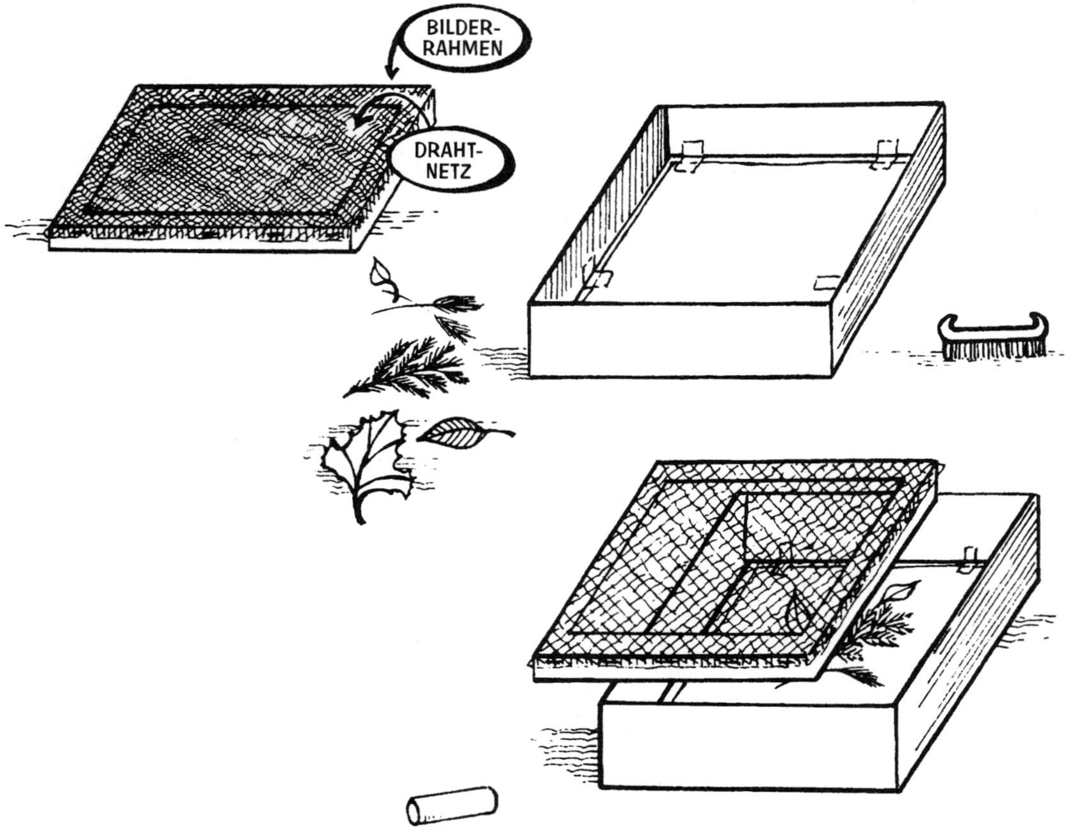

So geht es

1. Die Kinder legen ein Blatt Papier auf den Boden der Schachtel und kleben die Ecken fest, damit es nicht hin und her rutscht.
2. Auf dem Papier verteilen sie Blätter, Blumen, Gräser oder Papierformen.
3. Als Nächstes legen sie das Sieb über das Papier, wobei zwischen Sieb und Papier einige Zentimeter Abstand sein sollten.
4. Sie tauchen die Nagelbürste in die Schüssel mit Temperafarbe und reiben mit ihr kreuz und quer über das Sieb. Wenn die Bürste mit Farbe vollgesogen ist, erhalten die Kinder große, fette Farbspritzer.
5. Jetzt nehmen die Künstler ein Stück Kreide und reiben es über das Sieb. Die Kreidestückchen, die durch das Sieb hindurchfallen, landen auf dem noch feuchten Spritzmuster und sorgen für eine zusätzliche interessante Färbung. Sollte das Sieb mit Farbe verstopft sein, reinigen es die Kinder unter fließendem Wasser und schütteln es, damit es trocknet. Danach können sie die Kreide auf das Spritzmuster reiben.
6. Zuletzt lassen sie das fertiggestellte Kunstwerk trocknen und entfernen die Blätter, Gegenstände oder Schablonen.

!

Hinweis

- Die Pappschachtel dient gewissermaßen als „Spritzschutz": außerhalb liegende Flächen werden hinterher kaum farbverspritzt sein. Damit auch die Kinder möglichst wenig Farbe abbekommen, sollten Sie sie daran erinnern, Arbeitskittel zu tragen.

Naturgarten

Benötigtes Material

- selbsttrocknende Modelliermasse (z.B. EFAPLAST)
- Pappteller
- heruntergefallene Samen und Unkraut, z.B. Nüsse, Disteln, Pinienzapfen, außerdem Zweige, Samenhülsen, Blätter, Steine, frische oder getrocknete Blumen

So geht es

1. Die Kinder legen einen Klumpen Modelliermasse in die Mitte des Papptellers. Indem sie die Masse mit den Händen drücken, verteilen sie sie auf dem ganzen Teller, bis er von einer dicken Schicht Modelliermasse bedeckt ist.
2. Dann stecken sie Blätter, Blumen und andere Dinge, die sie in der Natur gefunden haben, in die Modelliermasse, sodass ein „Garten" entsteht. Sie können einzelne Blätter oder Gräser aber auch auf den Untergrund aus Modelliermasse legen.
3. Das fertige Kunstwerk können sie in die Mitte eines Tisches oder auf ein Regal stellen, damit es jeder anschauen und sich daran erfreuen kann.

Varianten

- Die Künstler können einen Miniaturgarten in einem Eierkarton oder auf einem kleinen Pappteller anlegen.
- Sie können zusätzlich kleine Figuren oder Spielzeug in den Garten stellen.
- Wenn die Kinder einen kleinen Spiegel in den Naturgarten legen und ihn halb mit Modelliermasse bedecken, sieht es so aus, als befände sich ein Teich im Garten.

! **Hinweis**

- Sammeln Sie zusammen mit den Kindern das ganze Jahr über Dinge, mit denen ein Naturgarten gestaltet werden kann.

Pappmaschee-Skulpturen

VORSICHT · ab 7

Benötigtes Material

- Papiertüten in beliebiger Größe
- Zeitung zum Ausstopfen der Papiertüten
- Streifen aus Zeitungspapier
- Schalen mit Temperafarbe
- Pinsel
- abgedeckte Arbeitsfläche
- Schale mit Tapetenkleister (erhältlich in Kaufhäusern oder Bau- und Heimwerkermärkten), oder mit selbst hergestelltem Kleister nach folgendem Rezept: Geben Sie 3 Tassen Wasser in einen Kochtopf und verrühren Sie sie mit 1 ½ Tassen Mehl. Kochen **Sie** die Masse bei niedriger Hitze auf, bis sie eindickt und cremig wird. Falls sie zu dickflüssig ist, geben Sie noch etwas Wasser zu. Lassen Sie die Masse abkühlen und fügen Sie ein paar Tropfen Minzöl zu.

So geht es

1. Die Kinder zerknüllen das Zeitungspapier und stopfen eine Papiertüte damit aus; dann formen sie daraus die Grundform ihrer Skulptur.
2. Nun tauchen sie die Streifen aus Zeitungspapier in den Kleister und drücken sie danach an die Papiertüte, die das Grundgerüst ihrer Skulptur darstellt. Sie verwenden die Streifen auch, um daraus Details für ihre Skulptur wie z.B. Arme, Schwänze oder Henkel herzustellen.
3. Bevor sie ihre Grundfigur mit den Papierstreifen umwickeln und die Oberfläche ganz damit bedecken, drücken sie den überflüssigen Kleister aus. Jüngere Künstler ziehen dafür die Streifen gerne zwischen ihren Fingern hindurch.
4. Die Skulpturen werden über Nacht getrocknet. Wenn es draußen feucht ist, kann es bis zu zwei Tagen dauern, bis sie wirklich trocken sind.
5. Sobald die Skulptur ganz trocken ist, können die Kinder sie mit Temperafarbe anmalen.

! **Hinweise**

- Wenn die Kinder ihre ersten Erfahrungen mit Pappmaschee machen, tun sie sich leichter, wenn ihre Grundfigur aus einer Papiertüte statt aus einem Ballon besteht. Übrigens lassen sich fast alle Dinge mit Pappmaschee bedecken, z.B. Schuhkartons, Milchkanister usw.
- Kleister auf Weizenbasis und Tapetenkleister sind ebenso gut geeignet wie der selbst angerührte Kleister, und sie können in großen Mengen im Bau- und Heimwerkermarkt erstanden werden.

Naturcollage

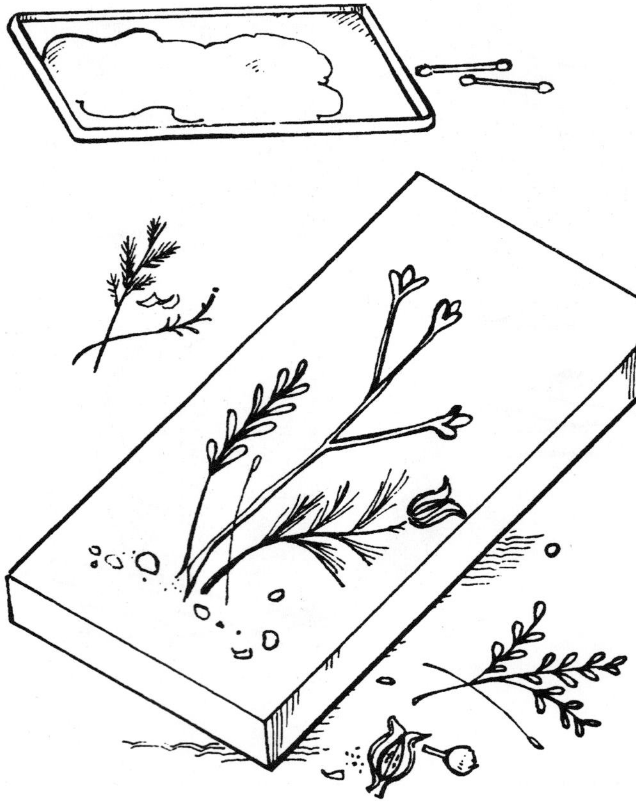

Benötigtes Material

- Leim
- Styroporschale (dient meist als Unterlage für tiefgefrorenes oder abgepacktes Fleisch!)
- Dinge, die in der Natur zu finden sind, z.B.: Kieselsteine, Rinde, Blätter, Nüsse, Kiefernnadeln, Kiefernzapfen, Samen, Holzspäne, Schalen, Samenhülsen, getrocknete Kräuter
- ein Stück Holz als Untergrund
- Stöckchen
- Wattestäbchen

So geht es

1. Zuerst geben die Kinder etwas Leim auf die Mitte der Styroporschale.
2. Dann wählen sie einen Gegenstand aus, legen ihn auf das Holzstück und betupfen ihn mit Hilfe eines Stöckchens oder Wattestäbchens mit Leim oder tauchen ihn direkt hinein.
3. Nun kleben sie den Gegenstand auf das Holzstück, das als Unterlage dient, und fügen weitere Fundstücke hinzu.
4. Wenn die Kinder mit der Anordnung ihrer Fundstücke zufrieden sind, lassen sie die Collage entweder über Nacht oder mehrere Tage lang trocknen.

Varianten

- Die Kinder können einzelne Stellen auf dem Holzuntergrund mit Filzstiften oder Farbe anmalen und ihre Naturfundstücke auf das bunte Muster aufkleben.
- Naturcollagen können auch auf stoffüberzogenen Holzstücken entstehen oder auf Papptellern, Karton, Gips, der auf eine Kuchenplatte gegeben wird, oder auf zahlreichen anderen Untergrundmaterialien.

! **Hinweis**

- Eine gute Alternative zu Leim ist eine Klebepistole, mit der Dinge sofort fest und dauerhaft angeklebt werden können. Wenn Sie eine Klebepistole einsetzen, ist es nötig, dass Sie die Kinder sorgfältig beaufsichtigen.

Verrückte Bilder

ab 7

Benötigtes Material

- vorgeschnittene Bilder aus Zeitschriften
- Papier, Pappe, Deckel von einer Schachtel oder einem Karton oder Pappteller als Untergrund
- Leim oder Klebstoff
- Stifte oder Wachsmalstifte

So geht es

1. Die Kinder wählen eine Abbildung aus einer Zeitschrift aus.
2. Dann schneiden sie ein Stück aus dem Bild heraus, wie z.B. den Kopf eines Hundes, den Fuß eines Babys oder ein Milchglas, und kleben es auf den Untergrund auf.
3. Nun suchen sie ein weiteres Bild aus einer Zeitschrift aus, das in keinem Zusammenhang mit dem ersten steht und fügen ein Teil dieses Bildes zu dem ersten hinzu. Die Kinder sollen ein verrücktes Bild zusammenstellen, indem sie unterschiedliche Bildausschnitte kombinieren. So entsteht z.B. eine neue Figur, die den Kopf eines Hundes, den Körper eines Jungen und Bananen als Füße o.Ä. hat.
4. Sobald die Kinder ein möglichst absurdes Bild fertiggestellt haben, wird es ca. 1 Stunde lang getrocknet.

Variante

- Lassen Sie die Kinder kreativ sein. So kann ein Junge dargestellt werden, der einen Spagetti-Kopf und einen Baumstamm als Körper hat und auf einem Bett aus Wolken schläft. Den Kindern fällt sicher noch viel ein, während sie auf ihrer Suche nach Bildern die Zeitschriften durchblättern.

> **!** **Hinweis**
>
> - Manchmal finden junge Künstler die vertauschten Bildausschnitte unglaublich lustig. Stellen Sie sich darauf ein, dass es Kinder geben kann, die sehr albern sind und kein Bild ganz fertigstellen wollen, stattdessen aber absurde Szenen darstellen. Dennoch ist das Projekt ein reines Vergnügen.

ab 6 VORSICHT

Klebstoff als Poliermittel

Benötigtes Material

- Styroporschale (dient meist als Unterlage für abgepacktes oder tiefgefrorenes Fleisch)
- Scheren
- Filzstifte
- Pinsel
- Schale mit Klebstoff

So geht es

1. Schneiden **Sie** eine Form oder eine Figur aus der Styroporplatte.
2. Die Kinder bemalen die ganze Oberfläche mit Filzstiften in vielen verschiedenen Farben.
3. Trocknen lassen.
4. Dann verstreichen die Kinder den Klebstoff mit einem Pinsel auf der bemalten Oberfläche.
5. Wenn der Klebstoff vollständig getrocknet ist, entsteht der Eindruck, die Oberfläche der Styroporform sei poliert, weil der Klebstoff die Farben heller und leuchtender erscheinen lässt.

Varianten

- Die Kinder können die mit Klebstoff überzogenen Formen als Dekoration verwenden, z.B. indem sie daraus ein Mobile basteln, oder sie hängen ihr Kunstwerk an die Wand.
- Wenn die Kinder ihr Kunstwerk aufhängen wollen, machen sie mit einem Bleistift ein kleines Loch in die Styroporform und ziehen einen Faden durch. Sie können aber auch eine Büroklammer auf der Rückseite der Form befestigen und diese als Haken benutzen.

! **Hinweis**

- Mit Klebstoff überzogene Figuren aus Styropor können entweder sehr klein oder sehr groß ausfallen. Das hängt vom Wunsch und der Absicht des Künstlers ab.

Weben mit Ästen und Zweigen

ab 8

Benötigtes Material

- ein Ast mit mindestens drei kleineren Zweigen
- Garn in verschiedenen Farben und Strukturen
- Wolle
- Gegenstände aus der Natur, z.B. lange Gräser, Kräuter, Federn oder Maishülsen usw.
- Stoffreste, Bänder, Fäden, Schnüre
- Scheren

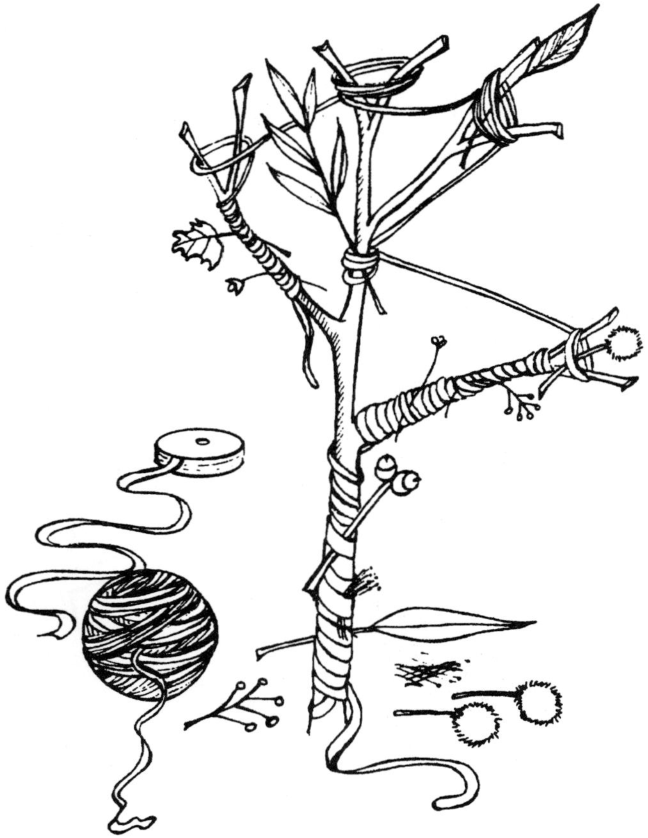

So geht es

1. Die Kinder suchen sich einen Ast aus und umwickeln ihn entweder an der Spitze oder an der Astgabel mit etwas Garn. Dabei sind sie am Anfang vielleicht auf Ihre Unterstützung dabei angewiesen, den Faden am Ast zu befestigen und ihn zu fixieren. Schlingen Sie ihn ein paar Mal um das Astende bzw. um die Astgabel, bevor die Kinder zu weben beginnen.
2. Dann umwickeln die Kinder die kleineren Zweige von oben nach unten oder umgekehrt mit Garn, sodass der Ast darunter nicht mehr zu sehen ist. So schaffen sie einen Untergrund aus Garn.
3. Nun weben sie anderes Garn, Wolle, Gräser, Stoffreste oder andere Gegenstände in diesen Untergrund ein: dazu umwickeln sie die ausgewählten Gegenstände und den Untergrund mit dem Faden. Eine besonders schöne Wirkung ergibt sich auch, wenn die Kinder einfach ziellos draufloswickeln und weben und ihrer Fantasie freien Lauf lassen.
4. Sie weben und wickeln so lange weiter, bis ihre Baumweberei fertig ist.

Variante

- Die Kinder nageln oder kleben dünne Holzstreifen auf einen Rahmen oder auf die Seitenwände einer Schachtel, deren Boden entfernt wurde. Dann beginnen sie zu weben, indem sie die Holzstücke mit Fäden umwickeln.

> **!** **Hinweis**
>
> - Verteilen Sie Garnstücke von etwa 60 cm Länge, damit kommen die Kinder gut zurecht. Ist der Faden zu kurz, verlieren sie schnell die Geduld, immer neue Fäden zum Weben nehmen zu müssen; ist er zu lang, verwickelt und verknotet er sich leicht. Sobald die Kinder einen Faden verwoben haben, können sie einen neuen nehmen und mit dem Weben fortfahren.

Puzzlebilder

Benötigtes Material

- Bilder aus Illustrierten oder Kinderzeichnungen
- Scheren
- Pappe, Fotokarton oder festes Papier als Untergrund, größer als das Bild
- Klebstoff

So geht es

1. Die Kinder suchen sich ein Bild aus einer Zeitschrift oder die Zeichnung eines Kindes für ihr Puzzlebild aus.
2. Sie schneiden das Bild oder die Zeichnung in Streifen oder in große, einfache Formen und legen sie so auf den Untergrund, dass das ursprüngliche Bild zu sehen ist.
3. Dann wählen sie einen Streifen aus, bestreichen ihn auf der Rückseite mit Klebstoff und kleben ihn auf den Untergrund.
4. Danach nehmen sie den nächsten Papierstreifen, der das Anschlussstück zum ersten Streifen bildet, und kleben ihn so auf den Untergrund, dass etwas Platz zwischen den beiden Streifen bleibt. Die Kinder kleben nach und nach alle Streifen bzw. Papierschnipsel auf den Untergrund und achten dabei darauf, dass sie immer etwas Platz zwischen den einzelnen Teilen lassen.
5. Wenn sie alle Papierstreifen bzw. -teile in der richtigen Reihenfolge aufgeklebt haben, erhalten sie eine Vergrößerung ihres ursprünglichen Motivs. Das entstandene Bild wirkt durch die Freiräume zwischen den einzelnen Teilen wie eine optische Täuschung.
6. Anschließend wird das Bild eine Stunde getrocknet.

Variante

- Die Kinder kleben ihr ausgewähltes und noch nicht zerschnittenes Bild auf einen festen Untergrund. Sobald der Klebstoff trocken ist, schneiden sie es in Streifen oder in große einfache Teile. So wird aus dem auseinandergeschnittenen Bild ein Puzzle, das die Kinder in einer Schachtel oder in einem Umschlag aufbewahren können.

! **Hinweis**

- Vergewissern Sie sich, dass das Kind, dessen Zeichnung von einem anderen Kind zum Zerschneiden ausgewählt wurde, damit einverstanden ist. Erklären Sie ihm vorher, dass das Bild in Teile geschnitten wird und hinterher nicht mehr „ganz" sein wird.

Fingerpuppen

Benötigtes Material

- Stücke aus Filzstoff, etwa 8 cm x 5 cm groß
- Nähmaschine
- Stoffreste, Knöpfe, Pailletten, Federn und Puppenaugen
- Klebstoff oder Bastelleim
- Filzstifte
- Scheren

So geht es

1. Sie schneiden zwei Filzstücke von 8 cm Länge und 5 cm Breite zurecht.
2. Legen Sie die beiden Stücke aufeinander und nähen Sie sie am Rand mit Zickzackstichen zusammen; dabei wird unten eine Öffnung für den Finger gelassen, während die Filzstücke oben so zusammengenäht werden, dass sich eine Rundung ergibt, d.h. die Stiche werden entlang der Naht kreisförmig angeordnet.
3. Nun kleben die Kinder Knöpfe, Stoffreste, Federn u.Ä. auf den Stoff, um der Fingerpuppe die Gestalt eines Tieres oder einer Person zu verleihen. Mit Filzstiften können sie Gesichtszüge oder andere Merkmale aufmalen.
4. Trocknen lassen.
5. Die Kinder erfinden Geschichten, Theaterstücke oder Tänze, in denen die Fingerpuppen als Hauptpersonen auftreten.

Varianten

- Die Kinder trennen die Spitzen von einem alten Handschuh ab und verwandeln die abgeschnittenen Stoffteile in Fingerpuppen.
- Sie können auch Fingerpuppen nach den Figuren ihres Lieblingsbuches gestalten und mit ihnen anschließend die Geschichte nachspielen.
- Die Kinder lassen ihre Fingerpuppen ein Lied singen.

Hinweise

- Manche Kinder können die beiden Filzstücke auch schon selbst unter Aufsicht zusammennähen.
- Solange das Größenverhältnis beibehalten wird, können auch größere oder kleinere Filzstücke verwendet werden.

ab 8

Skulptur aus Papierstreifen

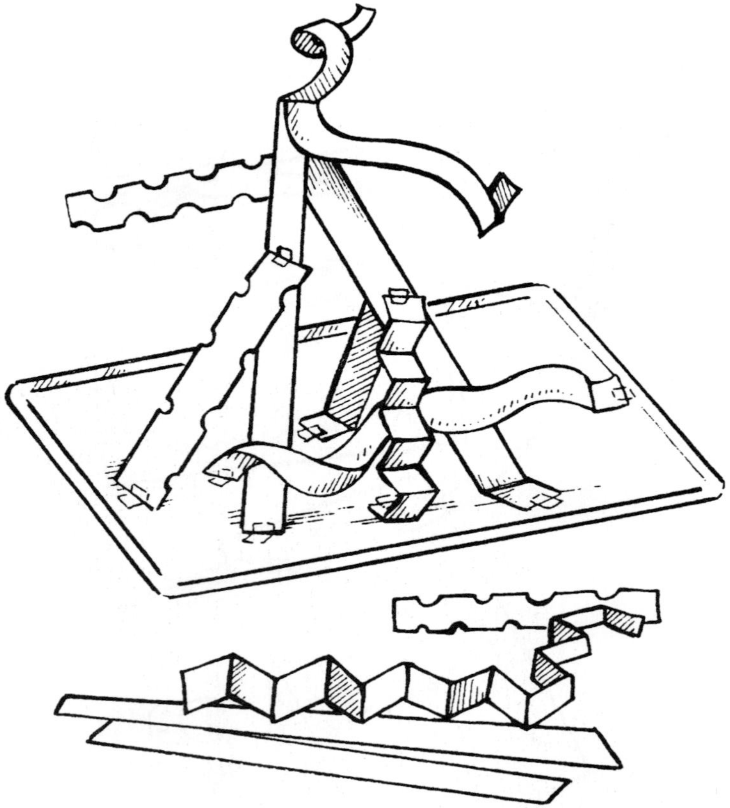

Benötigtes Material

- Styroporplatte oder -schale als Untergrund (sie dienen oft als Unterlage für tiefgefrorenes Fleisch)
- Streifen aus Zeichenpapier
- Klebeband, Bastelkleber und Heftmaschine
- Locher
- Scheren

So geht es

1. Das Ende eines Papierstreifens wird auf die Styroporplatte geheftet oder geklebt.
2. Ein zweiter Papierstreifen wird mit Klebeband, Klebstoff oder der Heftmaschine auf dem ersten Streifen befestigt.
3. Die Kinder bringen immer mehr Papierstreifen auf dem Untergrund oder auf den anderen Streifen an. Sie können sie falten, miteinander verbinden, zerschneiden, lochen oder mit der Schere ausfransen. Hauptsache, sie gebrauchen ihre Fantasie!
4. Das Ziel besteht darin, eine dreidimensionale Figur aus Papier zu bauen. Wenn die Kinder das geschafft haben und mit ihrem Kunstwerk zufrieden sind, ist das Projekt fertig.
5. Falls Bastelkleber benutzt wurde, muss die Skulptur trocknen.

Varianten

- Die Kinder können die Skulptur mit Papierformen, Glimmer, Konfetti, Bilder aus Zeitschriften oder mit Papierstreifen verzieren. Vielleicht wollen sie auch nähen und die Skulptur mit Garnstücken schmücken.
- Um das Projekt fertigzustellen, können auch andere Materialien zu Hilfe genommen werden. Dabei kann der Untergrund auch aus Fotokarton oder Holz bestehen. Außerdem können die Kinder andere Arten von Papier verwenden, wie z.B. Computer- oder Geschenkpapier, um daraus die Skulptur zu basteln. Das Papier kann mit Büroklammern oder Aufklebern zusammengefügt werden.

!

Hinweis

- Eine Skulptur aus Papierstreifen ist deshalb für Kinder interessant, weil die Papierstreifen zwar miteinander verbunden sind, aber sich dennoch leicht bewegen können, z.B. in einem Luftzug. Dabei ist es völlig belanglos, ob die Skulptur etwas Konkretes darstellt oder ein abstraktes Fantasiegebilde ist.

Bunt auf Schwarz

ab 5

Benötigtes Material

- bunte Kreide
- schwarzes Papier oder Fotokarton
- $\frac{1}{3}$ Tasse Zucker (70 g) in 1 Tasse Wasser (230 ml) aufgelöst
- Wattebäusche (nach Wahl)

So geht es

1. Die Kreidestücke werden 5–10 Minuten in Zuckerwasser eingeweicht. Dadurch leuchten die Farben stärker und verschmieren weniger.
2. Die Kinder zeichnen mit der Zuckerkreide auf das schwarze Papier. Die Linien können klar und deutlich oder schwach und verschwommen sein.
3. Zuletzt können sie zusätzlich die Kreidelinien mit einem Wattebausch verwischen.

Varianten

- Wenn sie wollen, können die Kinder auch eine herbstlich-gespenstische Zeichnung anfertigen. Der schwarze Hintergrund sorgt dafür, dass die Farben zu leuchten scheinen.
- Die Künstler verwenden andere Farben und Papier mit anderer Oberflächenstruktur.
- Das Papier wird mit einer Mischung aus Dosenmilch und Wäschesteife bestrichen. Wenn die Kinder auf das nasse Papier zeichnen, erhalten sie einen besonderen Effekt: die Kreidefarben scheinen zu glitzern.

! **Hinweis**

- Kreide schmiert von Natur aus, aber die Zuckerwasserlösung bewirkt, dass sie weniger stark verwischt.

Eine Handvoll Stifte

Benötigtes Material

- eine Hand voll Wachsmalstifte von gleicher Länge
- Gummiringe
- Papier
- Kreppband
- Musik nach Wunsch

So geht es

1. Ein Blatt Papier wird mit Kreppband auf dem Tisch festgeklebt, damit es nicht wegrutschen kann.
2. Die Kinder nehmen mehrere Wachsmalstifte in eine Hand und schlingen einen Gummi um das Bündel. Zuvor klopfen sie die Stifte mit dem spitzen Ende auf den Tisch, damit sich diese alle auf derselben Höhe befinden.
3. Die Kinder bekritzeln das Papier und gestalten es bunt. Beim Zeichnen beobachten sie den Regenbogeneffekt, der sich ergibt, wenn man mit mehreren Farben gleichzeitig zeichnet.
4. Lassen Sie die Kinder zu Musik zeichnen: Sie können mit Linien und Strichen ausdrücken, welche Empfindungen die Musik bei ihnen auslöst. Ziehen die Kinder das Kreppband ab und drehen das Papier um, können sie auf der Rückseite weiter frei zeichnen.

Varianten

- Die Kinder übermalen ihre Wachsmalzeichnungen mit blauer, schwarzer oder lila Farbe, die dünn aufgetragen wird: die Stellen, die mit Wachs behandelt wurden, nehmen keine andere Farbe an, d.h. sie widerstehen der Farbe.
- Das Wachskritzelbild lässt sich gut als Geschenkpapier verwenden.
- Die Künstler können das bekritzelte Papier auch als Hintergrund für ein anderes Bild benutzen und es z.B. mit Fingerfarben bemalen.

! **Hinweis**

- Die kleinen Künstler fühlen sich manchmal sehr von der Musik angeregt. Wenn Sie den Fußboden mit einem großen Bogen Papier bedecken, können die Kinder ihre Hände über das Papier „tanzen" lassen und dabei große Armbewegungen ausführen.

Kreideschwamm

Benötigtes Material

- großer, flacher, nasser Schwamm
- bunte Kreide
- Papier

So geht es

1. Die Kinder zeichnen nach Belieben mit Kreide auf den nassen Schwamm.
2. Dann drücken sie den Schwamm auf ein Papier, damit dort der Abdruck der Schwammzeichnung sichtbar wird.

Variante

- Die Kinder zermahlen die Kreide, zerstoßen sie oder reiben sie in eine Schüssel. Dann dippen sie eine Seite des angefeuchteten Schwamms in die Kreide und betupfen damit das Papier.

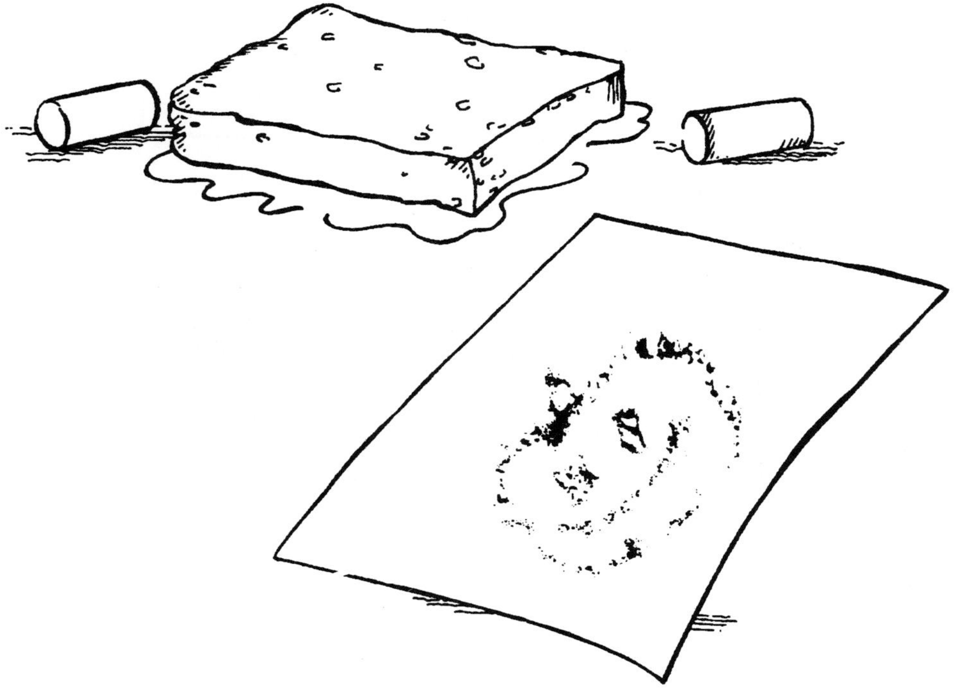

Hinweis

- Eine typische Eigenschaft von Kreide ist, dass sie leicht zerbricht. Die Kinder können auch kleine Kreidestücke so lange benutzen, bis sie zu kurz sind, um sie in der Hand zu halten. Bewahren Sie diese Kreidestummel auf, um sie später zu Pulver zu verreiben oder zu zerstoßen. Das Kreidepulver können Sie dann für andere Projekte verwenden.

Spinnennetz

Benötigtes Material

- ein quadratisches Stück Sperrholz, ca. 1 m^2
- ein festes Stück Schnur
- Bleistifte, Wachsmaler und Filzstifte
- Kreide
- ein paar Nägel
- Papier
- Hammer
- Kreppband

So geht es

1. Die Kinder schlagen einen Nagel in den oberen Rand der Sperrholzplatte. Achten Sie darauf, dass die Kinder den Nagel nicht durch das Holz hindurch in den Boden oder in die Tischplatte schlagen.
2. Dann befestigen sie ein Stück Schnur von 6–90 cm Länge an dem Nagel.
3. Als Nächstes legen sie ein Blatt Papier in die Mitte des Bretts.
4. Mit einem Stück Kreide reiben sie jetzt über die Schnur, bis diese ganz mit Kreide bedeckt ist.
5. Mit einer Hand halten sie das lose Ende der Schnur fest und ziehen sie über dem Papier stramm. Mit der anderen Hand ziehen sie die Schnur in der Mitte etwas hoch und lassen sie dann los, sodass sie gegen das Papier schlägt. Eine Wolke von Kreidestaub wird sich über das Papier legen und eine feine Linie hinterlassen.
6. Danach verändern die Kinder die Position des Papiers, indem sie es ein wenig drehen. Anschließend reiben sie wieder mit Kreide über die Schnur und lassen sie gegen das Papier schnelzen. Die zweite Kreidelinie sollte die erste kreuzen.
7. Immer wieder drehen sie das Papier ein wenig, bedecken die Schnur mit Kreide und lassen sie gegen das Papier schnelzen. Sie wiederholen diesen Vorgang so lange, bis sie ein Muster erhalten, das einem Spinnennetz ähnelt. Um ein Spinnennetz zu erkennen, brauchen die Kinder etwas Fantasie, da sie bis jetzt nur die sich in der Mitte kreuzenden Längslinien des Netzes hergestellt haben. Der äußere Rahmen fehlt noch.
8. Wenn sie fertig sind, legen sie das Papier auf einen Tisch und zeichnen mit Kreide, Blei-, Filz- oder Wachsmalstift die quer verlaufenden Verbindungslinien zwischen den Längslinien ein. Sie bilden die äußere Begrenzung des Spinnennetzes und haben meist die Form eines Sechs- oder Achtecks. Wenn sie wollen, können die Kinder auch eine Spinne in ihr Netz setzen.

Hinweise

- Auf schwarzem Papier hinterlässt weiße Kreide eine tolle Wirkung, aber auch verschiedene bunte Farben machen sich gut auf weißem oder schwarzem Papier.
- Wenn die Kreidestücke auf der Schnur verrieben werden, schneidet die Schnur sie ein, und sie zerbrechen leicht. Mit den abgebrochenen Kreidestückchen können die Kinder dennoch weiter über die Schnur rubbeln. Sind die Kreidereste zu klein, heben Sie sie auf für andere Projekte, bei denen Kreide zerstoßen oder zerrieben wird.
- Denken Sie daran, dass einige Kinder eventuell ein anderes Muster als ein Spinnennetz auf diese Weise erstellen werden.

Buttermilch-Kreide-Spritzbilder

ab 7

Benötigtes Material

- ein altes Drahtnetz oder -gitter (auf die Oberseite eines alten Bilderrahmens genagelt)
- Kreide
- Schale mit Buttermilch
- Pinsel
- Papier
- abgedeckte Arbeitsfläche

So geht es

1. Die Kinder legen ein Blatt Papier auf die Arbeitsfläche und bestreichen es mit Buttermilch.
2. Dann legen sie den Bilderrahmen mit Drahtnetz, der als Sieb dient, auf das Papier. Der Draht sollte auf der Oberseite des Bilderrahmens befestigt sein, damit das Netz nicht direkt auf dem Papier liegt und zwischen Blatt und Netz einige Zentimeter Abstand sind.
3. Nun reiben die Kinder mit bunter Kreide über das Sieb. Dabei werden kleine Kreidestückchen durch das Gitter auf das mit Buttermilch bepinselte Papier fallen und daran kleben bleiben.
4. Sie probieren verschiedene Farben aus und verreiben die Kreide so, dass jede Stelle des Siebs mindestens einmal benutzt wurde.
5. Danach nehmen sie den Rahmen ab und sehen sich an, welcher Effekt mit dieser Zeichentechnik erzielt wurde. Die entstandene Zeichnung scheint zu glitzern, was darauf zurückzuführen ist, dass die Buttermilch die Kreide aufgesogen hat und die Farben nun leuchtender erscheinen.
6. Das Kreidekunstwerk wird gründlich getrocknet.

Varianten

- Die Kinder können dieses Projekt auch mit Farben durchführen: Sie tauchen einfach eine Nagel- oder Zahnbürste in Farbe und reiben damit über das Sieb.
- Einen ähnlichen „Buttermilch-Effekt" erhalten die Kinder, wenn sie statt Buttermilch eine Kombination aus Wäschesteife und Dosenmilch auf das Papier streichen.
- Die Kinder legen Papierformen oder Schablonen auf das Papier, bevor sie mit der Kreide über das Sieb reiben. Hinterher nehmen sie die Schablonen weg und betrachten das entstandene Muster.

!

Hinweise

- Vergewissern Sie sich, dass das Drahtgitter fest auf der Oberseite des Bilderrahmens befestigt ist. Falls nötig, verstärken Sie es mit Isolierband. Junge Künstler neigen dazu, den Rahmen fest auf das Papier zu drücken, während sie die Kreide verreiben, sodass sich das Gitter vom Rahmen lösen könnte, wenn es nicht fest genug fixiert wurde.
- Haben Sie keine Buttermilch vorrätig, geben Sie einfach ½ Teelöffel Essig in normale Milch und lassen Sie sie ungefähr 5 Minuten stehen. Vorsicht, nicht trinken!!!

Geheimnisvolle Farbe

ab 6

Benötigtes Material

- 4 Esslöffel Natron
- 4 Esslöffel Wasser
- Behälter zum Mischen von Natron und Wasser
- Wattestäbchen
- Blatt weißes Papier
- Wasserfarben
- Pinsel

So geht es

1. Das Natron wird in Wasser aufgelöst.
2. Die Kinder tauchen das Wattestäbchen in die Lösung und malen ein unsichtbares Bild auf das weiße Papier.
3. Gründlich trocknen lassen.
4. Zuletzt malen sie mit Wasserfarbe über das Papier, um das geheimnisvolle Bild sichtbar zu machen.

Varianten

- Die Kinder malen ein Überraschungsbild für einen Freund, der es mit Wasserfarbe sichtbar macht.
- Sie können einander auch geheime Nachrichten schreiben.
- Die Künstler malen mit Wachsmalstiften auf das unsichtbare Bild und übermalen das Ganze hinterher mit Wasserfarbe: Nur ein Teil des Bildes wird sichtbar, denn dort, wo mit Wachs gemalt wurde, bleibt keine Farbe haften.

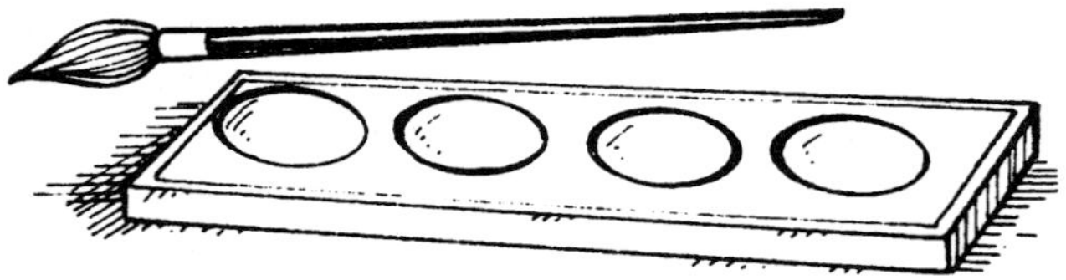

Hinweis

- Sehr junge Künstler sind manchmal äußerst skeptisch, wenn sie etwas malen sollen, was sie nicht sehen können. Trotzdem werden ihre Zweifel bald verfliegen und sie werden großen Spaß an diesem Projekt haben.

Fingerabdrücke

ab 5

Benötigtes Material

- Wählen Sie aus der Liste eine Farbe aus:
  - Lebensmittelfarbe (die Kinder tauchen ihre Finger in eine kleine Schale mit flüssiger Farbe)
  - Filzstifte (die Kinder bemalen ihre Fingerspitzen mit Filzstift)
  - Stempelkissen (die Kinder drücken ihre Fingerkuppen auf das Stempelkissen)
  - Temperafarben (die Kinder pressen ihre Fingerspitzen zunächst auf eine Lage feuchter Papiertücher und hinterher in die Farbe)
- Papier
- dünne Filzstifte für Details
- Eimer mit Seifenwasser und Handtuch zum Saubermachen

So geht es

1. Zuerst entscheiden sich die Kinder, auf welche Art sie ihre Fingerspitzen einfärben wollen.
2. Dann färben sie den Daumen oder den Finger, der ihnen am liebsten ist, mit der gewählten Farbe.
3. Anschließend drücken sie den Farbfinger auf das Papier. Sie können mehrere Abdrücke damit machen, bevor sie den Finger neu einfärben müssen.
4. Das fertige Bild wird getrocknet.
5. Danach können die Kinder die Fingerabdrücke mit feinen Filzstiften verzieren und Gesichter daraus machen oder Hüte, Autos oder Füße dazumalen.

Variante

- Die Kinder malen mit Wachsmalstiften ein Bild und schmücken es mit Fingerabdrücken aus. Hier einige Vorschläge: Blüten aus Fingerabdrücken, die einen Baum oder Blumentopf zieren; Haare aus Fingerabdrücken, die zu einem lustigen Gesicht gehören; Käfer aus Fingerabdrücken, die auf einem mit Wachsmalstiften gemalten Ast sitzen.

!

Hinweis

- Es gibt Kinder, die es lieben, sich die Hände und Finger schmutzig machen zu dürfen; andere dagegen finden das unerträglich. Manchmal ist die Abneigung einiger Kinder darauf zurückzuführen, dass sie einen Zusammenhang sehen zwischen schmutzigen Händen und der Entwicklungsphase, in der sie sauber werden mussten. Normalerweise verschwindet die Abneigung wieder, wenn die Kinder älter werden und sie fühlen sich wohl mit schmutzigen Händen und Fingern.

Kippdrucke

Benötigtes Material

- alle Gegenstände, die sich leicht bewegen lassen und interessante Abdrücke ermöglichen: kleine Kugeln, Schraubenmuttern und Schrauben, Murmeln, Teile von kleinen Spielzeugfiguren oder andere kleine, runde Gegenstände
- Becher mit verschiedenen Temperafarben und Löffel
- flache Backform
- Papier in Größe des Bodens der Backform
- Schüssel mit Seifenwasser sowie Handtücher

So geht es

1. Als Erstes wird das Papier auf den Boden der Backform gelegt.
2. Dann suchen sich die Kinder einige Gegenstände aus.
3. Mit einem Löffel tragen sie etwas Farbe auf das Papier auf.
4. Danach lassen sie die ausgewählten Gegenstände in die Backform fallen und kippen diese nach rechts und links, sodass sie über den Boden der Form rollen und dabei die Farbe verteilen. Hierbei entstehen tolle Muster auf dem Papier.
5. Das Kunstwerk muss gründlich trocknen.
6. Hinterher waschen die Kinder sowohl die benutzten Gegenstände als auch ihre Hände in der Schüssel mit Seifenwasser ab.

Varianten

- Die Kinder können auch eine Napfkuchen- oder Springform benutzen und einen Pappteller hineinlegen.
- Kleben Sie ein Blatt Papier auf ein Brett, geben Sie etwas Farbe darauf und stellen Sie es anschließend schräg. Sie können z.B. einen Rand auf der Tischplatte aufsetzen, während Sie den anderen mit einer Hand hochhalten; die Kinder können dann Gegenstände das Brett hinabrollen lassen und erhalten so Farbspuren auf dem Papier.
- Die Kinder können mit dieser Methode auch Eier färben bzw. mit lustigen Mustern versehen: Sie geben etwas Farbe in eine Plastikschüssel und lassen hart gekochte Eier darin hin und her rollen.

!

Hinweise

- Lassen Sie die Kinder mit verschiedenen kugelförmigen Sachen experimentieren. Manche Gegenstände hinterlassen überraschende Spuren, die jeden begeistern.
- Es könnte passieren, dass die Gegenstände, die für die Kippdrucke verwendet werden, nie mehr ganz sauber werden.

Kürbiskopfgesicht aus Käseteig

ab 7

Benötigtes Material

- 2 Tassen geriebener Cheddar-Käse oder anderer Hartkäse (400 g)
- ¼ Tasse Mehl (50 g)
- 2 Esslöffel Majonäse
- Schüssel
- saubere Arbeitsfläche
- quadratisches Blatt Wachspapier
- saubere Hände
- Plastikmesser, Zahnstocher und anderes Küchenzubehör

So geht es

1. Die Kinder vermengen in einer Schüssel den Käse, das Mehl und die Majonäse, wobei darauf zu achten ist, dass sie sich zuvor die Hände gewaschen haben. Sie verkneten die Zutaten so lange, bis sie eine teigähnliche Masse erhalten. Falls der Teig matschig ist und anklebt, fügen sie noch etwas Mehl hinzu; ist er dagegen zu trocken oder wenig geschmeidig, geben sie Käse oder Majonäse zu.
2. Dann legen sie das Wachspapier auf die saubere Arbeitsfläche und platzieren darauf eine kleine Kugel Käseteig.
3. Dann klopfen, drücken und formen sie den Käseteig, sodass daraus eine flache, ovale oder kreisförmige Teigplatte entsteht, die Ähnlichkeit mit der Form eines Kürbisses haben sollte.
4. Mit einem Plastikmesser oder anderen Küchenwerkzeugen bearbeiten sie den Teig so, dass daraus ein Gesicht entsteht, d.h. sie schneiden Löcher für die Augen, die Nase und den Mund aus.
5. Die Kinder können das Kürbiskopfgesicht auf dem Wachspapier liegen lassen und es im Kühlschrank aufbewahren, um es später zu essen.
6. Sie machen so viele Figuren oder Gesichter aus Käseteig, wie sie wollen.

Variante

- Die Kinder benutzen weißen Käse und formen daraus kleine Käsegeister mit Gesichtern.

! **Hinweis**

- Wenn Sie Lebensmittel für künstlerische Zwecke einsetzen, sollte das Projekt Teil einer Mahlzeit oder eine gehaltvolle Zwischenmahlzeit sein.

Überraschungsgesichter

Benötigtes Material

- Reste von schwarzem Papier
- Schachtel oder Eimer
- orangefarbenes Papier
- Bastelkleber oder Klebeband
- Scheren

So geht es

1. Die Kinder schneiden aus schwarzem Papier fantasievolle oder gegenständliche Formen aus, die einem Mund, einer Nase, Augen oder anderen Gesichtsteilen ähneln sollten. Die Formen dürfen sehr groß oder auch sehr klein sein. Eventuell müssen Sie den Kindern beim Ausschneiden helfen.
2. Sie bewahren die ausgeschnittenen Teile in einer Schachtel oder in einem Eimer auf.
3. Mit Ihrer Hilfe schneiden sie Kreise und Ellipsen in jeder Größe – von sehr groß bis winzig klein – aus dem orangefarbenen Papier aus.
4. Nun legen sie ein paar Kreise und Ellipsen auf den Boden.
5. Dann greifen sie in die Schachtel oder den Eimer und ziehen eine schwarze Form heraus. Die Kinder sollen damit anfangen, aus dem Kreis oder aus der Ellipse ein Gesicht zu machen, indem sie die Formen aus schwarzem Papier so darauf anordnen, dass Gesichtszüge erkennbar werden. Sie können diese albern, realistisch, furchterregend oder nach ihren eigenen Vorstellungen gestalten. Das Lustige an diesem Projekt ist, dass die Kinder vorher nicht wissen, wie das Gesicht am Ende aussehen wird, weil dies davon abhängt, welche Formen sie ziehen. So entsteht ein toller Überraschungseffekt.
6. Die Künstler gestalten verschiedene Gesichter. Sie spielen mit den Formen aus Papier, indem sie diese immer wieder anders auf dem Untergrund anordnen. Sie vertauschen die Formen untereinander, um auszuprobieren, welche verschiedenen Gesichtsausdrücke und Persönlichkeiten dargestellt werden können.
7. Wenn die Kinder wollen, können sie die Gesichtszüge auf dem Untergrund festkleben und das fertiggestellte Gesicht zur Dekoration ans Fenster, an eine Wand oder in den Eingang hängen.

> **!** **Hinweis**
> - Es könnte Kinder geben, die lieber Fantasiemuster und -gebilde herstellen als Gesichter. Geben Sie ihnen den nötigen Freiraum, damit sie ihre Fantasie ausleben und künstlerisch umsetzen können.

Wanddekoration aus Salzteig

VORSICHT ab 7

Benötigtes Material

- Salz, Mehl und Wasser für den Salzteig (siehe Rezept unten)
- Messbecher
- Nudelholz
- andere Küchenwerkzeuge wie z.B. Spachtel oder Messer
- Gegenstände, von denen ein Teigabdruck gemacht werden kann: Spielzeugteile, Knöpfe, Gabeln, Schraubenmuttern, Schrauben oder Bleistift
- Kuchenblech
- vorgeheizter Ofen (auf ca. 150 °C)
- Garn
- verschiedene getrocknete Gräser und Kräuter von draußen

So geht es

1. Der Salzteig wird von Hand angerührt. Dazu werden 1 Tasse Salz, 4 Tassen Mehl und 1½ Tassen Wasser in einer Schüssel vermischt. Die Masse wird 5 Minuten geknetet, bis sie weich und geschmeidig ist.
2. Die Kinder legen zwei Teigkugeln auf den Tisch und rollen sie mit dem Nudelholz flach aus; die entstehenden Teigplatten sollten kreisförmig sein. Dann legen sie eine Teigplatte auf das Kuchenblech.
3. Nun verzieren sie den Salzteig, indem sie Knöpfe oder andere Dinge in den Teig pressen.
4. Anschließend legen sie die verzierte Teigplatte vorsichtig auf die andere. Mit der Hand ziehen sie den oberen Rand der obenliegenden Teigplatte leicht nach oben, sodass eine umschlagähnliche Öffnung entsteht. Dann drücken sie die restlichen Ränder mit einer Gabel oder mit den Fingern fest. Dabei ist wichtig, dass die beiden Teigplatten gewissermaßen zu einem Gefäß „verschmelzen", d.h. die Teigränder müssen so verstrichen werden, dass keine sichtbare Naht oder Löcher im Teig entstehen. Zuletzt machen die Kinder zwei kleine Löcher in den oberen Rand des Teigumschlags, damit sie ihr Kunstwerk aus Salzteig später aufhängen können.
5. Das fertiggeformte Gefäß wird 1 Stunde lang im Ofen bei 150 °C gebacken oder so lange, bis es eine schöne Braunfärbung angenommen hat und vollständig durchgehärtet ist.

6. **Sie** holen die Gefäße aus dem Ofen.
7. Sobald das Salzteiggefäß abgekühlt ist, stecken die Kinder Gräser, Kräuter oder getrocknete Blumen in die Öffnung.
8. Zum Schluss ziehen sie einen Faden durch die Löcher am oberen Rand und hängen es zur Dekoration an die Wand.

> **!** **Hinweis**
>
> - Bevor Sie dieses Projekt mit den Kindern angehen, sollten sie schon verschiedene andere Teigarten und Modelliermassen kennengelernt und damit herumexperimentiert haben. Viele Kinder tun sich beim Modellieren von Skulpturen leichter, wenn sie vorher wissen, wie der Teig beschaffen ist und was sie damit machen können.

Selbstgebastelter Webrahmen

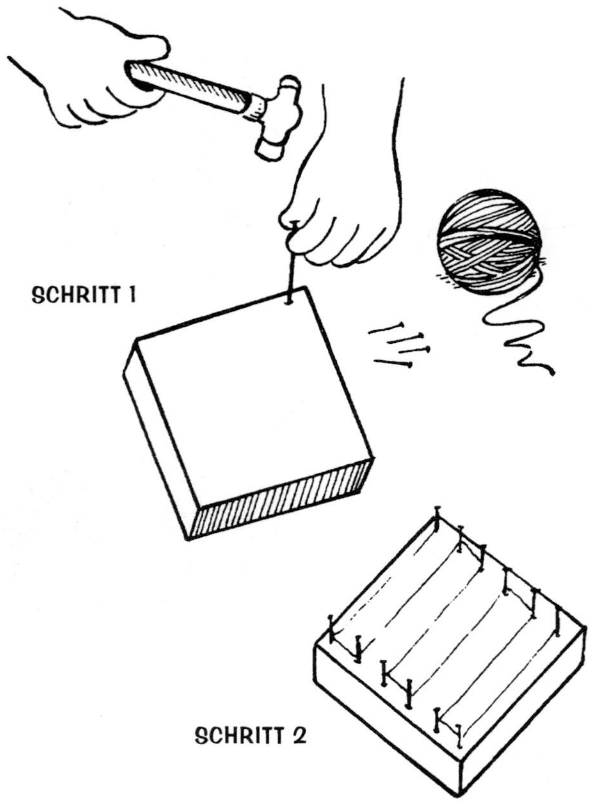

Benötigtes Material

- flaches Holzstück (etwa 2 cm dick, 20 cm lang und 20 cm breit)
- Nägel (ohne Köpfe)
- Hammer
- feste Schnur
- Garn
- Scheren
- Materialien, die verwoben werden können, z.B. Stoffstreifen, Bänder, trockenes Gras, Ziergarn, Krepppapier oder Bast

So geht es

1. Die Kinder hämmern Nägel im Abstand zwischen $\frac{1}{2}$–$2\frac{1}{2}$ cm in das Holzbrett. Dabei sollten **Sie** ihnen helfen, damit die Nägel fest und gerade im Holz stecken und nicht durchgeschlagen werden.
2. Dann wickeln sie eine Schnur so um die Nägel, als wollten sie eine Slalomstrecke abstecken. Sie verknoten das Ende der Schnur am ersten Nagel und führen sie quer über die ganze Brettbreite zum zweiten Nagel; dann lassen sie die Schnur parallel zum Längsrand des Brettes verlaufen und wickeln sie um den dritten Nagel. Von dort aus wird die Schnur wieder quer über das Brett geführt und anschließend um den vierten Nagel geschlungen. Die Kinder führen die Schnur auf diese Weise über das ganze Brett bis zum letzten Nagel, wo sie sie fest verknoten. Die festen Schnüre werden auch Kettenfäden genannt.
3. Nun nehmen die Kinder einen Webfaden – er kann aus buntem Garn bestehen, aus Stoffstreifen oder aus anderen langen Materialien – und führen ihn abwechselnd über und unter den Kettenfäden hindurch. Beim Weben machen sie also eine wellenartige Bewegung; das entstehende Muster ist beliebig, die Kinder müssen dafür keine spezielle Webtechnik erlernen.
4. Nach Wunsch verwenden sie unterschiedliche Farben und Materialien. Die losen Enden werden entweder in den entstehenden Webteppich gesteckt oder mit dem Anfang des nächsten Webfadens verknotet.
5. Sie weben so lange, bis die Kettenfäden nicht mehr unter dem Webteppich zu sehen sind.
6. Zuletzt entfernen sie das entstandene Webstück: dazu ziehen sie die Kettenfäden nach oben über die Nägelköpfe. Sie können ihre Weberei aber auch auf dem Holzstück befestigt lassen und sie ausstellen.

Hinweis

- Lassen Sie die Kinder zunächst selbst verschiedene Webmaterialien und -techniken ausprobieren. Zeigen Sie ihnen dann die Oben-drüber-Unten-durch-Technik sowie die Entstehung eines anderen Musters, wenn der Webfaden immer über zwei Kettenfäden und anschließend unter einem hindurch geführt wird. Ihre Erklärungen erweisen sich vor allem dann als sinnvoll, wenn die Künstler selbst schon etwas Erfahrung mit dem Weben gesammelt haben.

Witzige Strumpfmasken

ab 8

Benötigtes Material

- Nylonstrumpfhose oder Kinderstrumpfhose
- Drahtbügel
- Band oder Gummiringe
- Alles, woraus lustige Gesichter gebastelt werden können, z.B. Stoffreste, Knöpfe, Garn, Büroklammern, Perlen, alter Schmuck oder Ohrringe, Teppichstücke
- Bastelkleber oder Nadel und Faden

So geht es

1. Die Kinder biegen einen alten Drahtbügel so zurecht, dass er die Form eines runden Handspiegels annimmt. Dabei benötigen sie **Ihre** Hilfe. Der Haken sollte nach unten zeigen und den Halsansatz des entstehenden Strumpfgesichtes bilden.
2. Sie schneiden die Strumpfhose so zurecht, wie es die Abbildung zeigt. Aus jedem Bein können zwei Strumpfmasken gebastelt werden.
3. Dann ziehen sie den Fußteil der Strumpfhose über den Drahtbügel; das offene Ende wird über den Haken gezogen und dort mit einem Gummiring oder Band festgeknotet. Wird das „Schenkelstück" der Strumpfhose benutzt, müssen beide Enden oben und unten am Bügel zugebunden werden.
4. Nun kleben oder nähen die Kinder Stoffreste, Knöpfe, Garn oder andere schmückende Dinge auf die straff gespannte Strumpfmaske, sodass sie wie ein Gesicht aussieht.
5. Wenn die Strumpfmaske trocken ist, halten die Kinder sie vor das Gesicht und verstecken sich dahinter, während sie sprechen oder schauspielern.

Variante

- Wenn Sie keinen Drahtbügel haben, können Sie einen Kreis aus fester Pappe ausschneiden und danach die Mitte heraustrennen, sodass Sie einen Pappring erhalten, der den äußeren Rand der Strumpfmaske bildet. Da das Material natürlich nicht so stabil ist wie der Drahtbügel, ist es ratsam, nur ein Stück aus der Strumpfhose auszuschneiden (nicht doppellagig!), es über den Pappring zu ziehen und auf der Rückseite anzuheften bzw. aufzukleben.

Hinweise

- Machen Sie sich bewusst, dass sehr junge Kinder Angst vor Masken haben könnten, weil sie noch nicht gelernt haben, zwischen Fantasie und Realität zu unterscheiden.
- Wenn Kinder mit Masken spielen, verstecken sie sich dahinter und probieren andere Rollen aus. So kann aus einem schüchternen Kind plötzlich ein mutiges, aus einem sanften ein dreistes, aus einem vorlauten ein ruhiges oder aus einem frechen ein zurückhaltendes Kind werden. Dieser Rollentausch verrät viel über die verborgenen Seiten eines Kindes und sorgt deshalb für eine Menge Überraschungen.

Gespensterbaum

Benötigtes Material

- Zweige
- Wattebäusche (nach Wunsch)
- Kaffeebüchse, mit Sand gefüllt
- farbiges Papier
- schwarzer Filzstift
- feste Papiertücher
- Faden
- Scheren
- Klebeband
- Bastelkleber

So geht es

1. Die Kinder stecken das Ende eines Zweiges in eine Kaffeebüchse, die sie mit Sand füllen, damit der Geisterbaum nicht umkippt.
2. Mit Klebstoff zeichnen sie den Umriss eines Gespenstes auf das Papiertuch.
3. Dann drücken sie ein zweites Papiertuch auf das erste, damit sie aneinanderkleben. Wenn die Kinder wollen, bestreichen sie den unteren Rand der „gespenstischen" Figur nicht mit Klebstoff, sondern lassen eine Öffnung, die sie später mit Watte ausstopfen und dann zukleben können. Nun warten sie, bis der Klebstoff getrocknet ist.
4. Als Nächstes zeichnen sie mit schwarzem Filzstift ein Gesicht auf das Gespenst.
5. Danach schneiden sie das Gespenst aus. Falls die Figur am unteren Rand offen ist, wird sie mit Wattebäuschen ausgestopft und anschließend zugeklebt.
6. Damit die Kinder ihr Gespenst auch an ihren Geisterbaum hängen können, kleben oder nähen sie einen Faden am Kopf des Gespenstes an.
7. Sie basteln mehrere Gespenster und hängen sie an den Zweig, bis ihre Skulptur fertig ist.

Varianten

- Statt Gespenster können die Kinder auch ausgestopfte Schneeflocken, Bären, Herzen oder geometrische Formen herstellen. Dabei können sie verschiedene Papierarten ausprobieren.
- Die Künstler legen ihre Hand auf ein doppelte Lage Papiertücher, umfahren sie mit einem Stift und schneiden die Form entlang der Umrisslinie aus. Nun basteln sie daraus einen Gespensterhandschuh oder eine Gespensterpuppe.

! **Hinweis**

- Papier kann auch mit einer Nähmaschine genäht werden, dann brauchen die Kinder es nicht zu kleben. Machen Sie große Stiche oder Zickzackstiche.

Erntekunstwerke

Benötigtes Material

- Verschiedene Dinge aus Feld, Obst- oder Gemüsegarten, z.B. Maishülsen, Blätter, dünne Zweige, Beeren oder Nüsse
- Zahnstocher, Streichhölzer, Fleischspieße aus Holz, Nadeln oder Draht
- Papierreste, Modelliermasse zum Spielen, Federn, getrocknete Blumen
- wasserfeste Filzstifte

So geht es

1. Machen Sie mit den Kindern einen Spaziergang durch Felder, Wiesen und Gärten und sammeln Sie übrig gebliebene Ernteerzeugnisse oder andere Dinge, die Sie in der Natur finden.
2. Die Kinder basteln z.B. einen Königshof samt Dienerschaft aus Mais, Nusspüppchen, Marionetten aus Spießen, Vögel aus Federn, Blättermasken oder andere fantasievolle Figuren und Dinge.
3. Zum Zusammenstecken der Fundstücke benutzen sie Draht, Holzspieße, Zahnstocher oder alles, was sich dafür eignet.
4. Sie können Beeren als Augen verwenden, aus Papierresten Umhänge und Hüte basteln und mit Filzstiftstrichen Gesichtszüge aufmalen. Es gibt kein Richtig oder Falsch, wenn die Kinder Erntekunstwerke herstellen. Vielmehr sollen sie Spaß daran haben, an einem klaren Herbsttag draußen nach Dingen zu suchen, die uns die Natur schenkt, und daraus etwas zu basteln.
5. Nehmen Sie ein paar Feld- oder andere Früchte mit nach Hause und kochen Sie zusammen mit den Kindern etwas daraus.
6. Die Kinder nehmen ihre Basteleien mit nach Hause oder lassen sie übrig für Tiere, die sie dann auffressen.

Variante

- Die Kinder bauen aus Farnen, Moos, Stöcken und Erdlöchern kleine Häuser für die Lebewesen auf dem Feld. Dann bauen sie Straßen, Plätze usw.

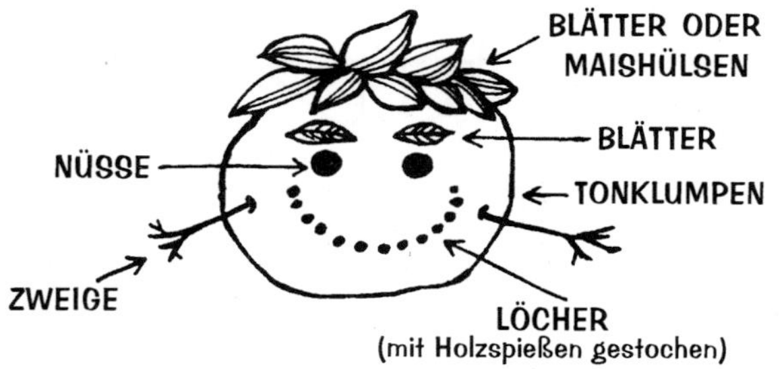

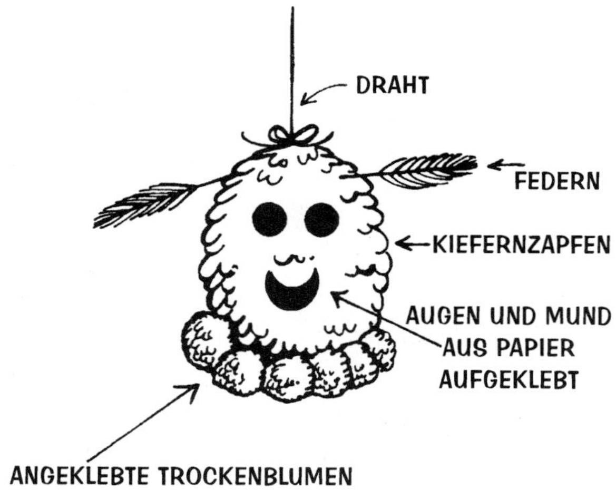

Hinweis

- Die meisten Basteleien aus Feldfrüchten werden ausgelassenen Spielen nicht standhalten können. Die Kinder sollen Spaß daran haben, etwas zu bauen und am selben Tag damit zu spielen. Bereiten Sie sie darauf vor, dass sie bald darauf von ihrem Spielzeug Abschied nehmen müssen.

Ein riesiges Spukhaus

Benötigtes Material

- sehr großer Pappkarton
- Papier
- Messer und Scheren
- Wachsmalstifte
- Temperafarben und Pinsel
- Kreppband

So geht es

1. **Sie** helfen den Kindern dabei, aus Pappkarton die Form eines großen Hauses mit Dach auszuschneiden. Die Künstler bestimmen, wie viele Türen und Fenster ausgeschnitten werden sollen. Sollen die Fenster und Türen aufgeklappt werden können, darf die rechte oder linke Seite des Tür- bzw. Fensterrahmens nicht eingeschnitten, sondern nur leicht gefalzt werden. Wollen die Kinder ein Fenster in der Mitte öffnen, wird ein auf der Seite liegendes großes „H" mit dem Messer in die Pappe geritzt.
2. Die Kinder legen den Pappkarton flach auf den Boden und malen Bretter, Backsteine, Rolläden, Dachziegel und weitere Details auf. Hinterher muss die Bemalung vollständig trocknen.
3. Dann zeichnen sie Gespenster und gespenstische Figuren auf ein Papier, die etwas größer als die Tür- und Fensteröffnungen sein sollten. Lassen Sie die Künstler auch Fledermäuse, Geister, Kürbisgesichter und andere gruselige Motive zeichnen.
4. Jetzt kleben sie die Figuren mit Klebeband auf der Rückseite der Pappe fest und zwar so, dass sie die Tür- und Fensteröffnungen ausfüllen, d.h. die Gespenster sind für den Betrachter unsichtbar auf der Pappe befestigt, sie schweben gewissermaßen in den Türen und Fenstern.
5. Danach lehnen sie das Spukhaus aus Pappe gegen eine Wand oder eine Tür, wo es z.B. mit Kreppband befestigt wird, damit es nicht umfällt.
6. Nun können die Kinder mit dem Haus spielen und die Fenster und Türen öffnen und schließen, sooft sie wollen.

Variante

- Die Kinder können statt eines Spukhauses auch ein anderes Haus, einen Baum oder ein Fahrzeug mit anderen Figuren entwerfen. Hier einige Vorschläge: Waldbewohner, Personen aus einer Geschichte oder einem Märchen oder Außerirdische von einem anderen Planeten.

Hinweise

- Stellen Sie sich darauf ein, dass die Kinder vor Entzücken kreischen könnten.
- Die Kinder können aus festem Papier oder aus kleineren Pappstücken kleinere Spukhäuser bauen.

Lustige Pappverkleidung

VORSICHT ab 8

Benötigtes Material

- großer Pappkarton, etwa von der Größe eines Kindes, z. B. Verpackungskartons von Kühlschränken oder technischen Geräten
- Messer und Scheren
- große, flache Pinsel
- kleine, schmale Pinsel
- weiße Kreide
- Temperafarben
- große, freie Bodenfläche

So geht es

1. Die Pappe wird so zurechtgeschnitten, dass sie, wenn sie auf den Boden gestellt wird, bis zum Kinn des jeweiligen Künstlers reicht; dafür wird eventuell **Ihre** Hilfe benötigt. Als Nächstes wird aus der Mitte des oberen Randes ein Halbkreis ausgeschnitten: das ist der Halsausschnitt. Die Löcher für die Hände werden später ausgeschnitten.
2. Die Pappe wird auf den Boden gelegt. Dann zeichnen die Kinder mit Kreide eine comicartige oder realistische menschliche Figur auf. Wenn sie sich vermalen, können sie die Kreide leicht abreiben.
3. Sobald der Entwurf fertig ist, können **Sie** die zwei Kreise für die Hände oder Arme aus der Pappe herausschneiden.
4. Danach wird die Pappe wieder auf den Boden gelegt und die abgebildete Figur angemalt. Für große Flächen benutzen die Kinder einen großen Pinsel, für Linien und Details einen kleinen Pinsel. Bevor sie diese auftragen, muss der farbige Untergrund gründlich trocknen.
5. Die Kinder können Details aufmalen wie z.B. einen Schirm oder einen Hund an der Leine. Zusätzlich können sie noch einen Hintergrund gestalten. Anschließend muss die bemalte Pappe gut trocknen.
6. Wenn die Pappe trocken ist, stellt sich der Künstler dahinter und streckt die Hände oder Arme durch die Löcher. Er trägt die Pappe wie ein Kleidungsstück und betrachtet sich dann im Spiegel oder lässt sich von einem Freund in seiner lustigen Verkleidung fotografieren.

Variante

- Aus einem kleinen Stück Pappe lässt sich ganz leicht eine Gesichtsmaske herstellen. Dazu schneiden die Kinder die Form eines Gesichtes aus und verzieren die Pappe mit Ohren, Haaren, Schmuck, einem Hut, oder malen andere Merkmale auf.

! Hinweis

- Jüngere Kinder werden von diesem Projekt begeistert sein, weil es ihnen ermöglicht, ihre komischen Seiten auszuleben. Nebenbei wird auch noch die bewusste Wahrnehmung des menschlichen Körpers geschult.

Fantasievolle Wachshände

Benötigtes Material

- Wachsmalstifte
- Bleistifte
- buntes Papier sowie Papierreste
- Scheren
- Bastelkleber, Klebeband, Heftmaschine oder Nägel (ohne Köpfe)

So geht es

1. Die Kinder legen ihre Hand auf das Papier und umfahren sie mit einem Wachsmalstift oder einem Bleistift. Sie können auch die Hand eines Freundes nehmen.
2. Dann schneiden sie die Form aus. Sie zeichnen und schneiden so viele Umrisse von Händen aus, wie sie für das gewählte Projekt brauchen. Entweder werden Ideen, was man aus den Formen machen könnte, vor Beginn des Projekts gesammelt, oder sie werden erst entwickelt, wenn die Kinder schon begonnen haben.
3. Die Kinder überlegen sich, was sie aus den Papierhänden machen könnten. Hier ein paar Anregungen: ein Truthahn, ein Gespenst, ein Rentiergeweih, eine Katze, ein Huhn, eine Ente, ein Kaninchen, Engelsflügel, Tulpen, ein Schmetterling oder abstrakte Formen und Figuren.
4. Sie kleben die Handformen auf Papier und fügen Papierreste oder Zeichnungen hinzu. Vielen Kindern macht es auch Spaß, die Formen einfach nur originell auf dem Papier anzuordnen und aufzukleben.
5. Trocknen lassen.

Varianten

- Lassen Sie die Kinder ihre nackten Füße abzeichnen und ausschneiden und daraus fantasievolle Zeichnungen machen.
- Wenn Sie einzelne Teile mit Nägeln oder Stecknadeln auf der Grundform aus Papier befestigen, können die Kinder sie bewegen.

Hinweis

- Wenn die Kinder einmal begriffen haben, dass alltägliche Gegenstände in ihrer Fantasie zu anderen Dingen und Figuren werden können, z.B. Hände zu Rentiergeweihen, dann werden sie ihre Welt mit ganz neuen Augen sehen und viele fantastische Dinge entdecken.

Kerzenstifte

ab 5

Benötigtes Material:

- Kerzen in allen möglichen Größen, Farben und Formen
- weißes Papier
- Wasserfarben und Pinsel
- Becher Wasser
- Wachsmalstifte (nach Wahl)
- abgedeckte Arbeitsfläche

So geht es

1. Ein Blatt Papier wird auf die abgedeckte Arbeitsfläche gelegt.
2. Die Kinder zeichnen mit den Kerzen auf das Papier, wobei sie ihre „Kerzenstifte" beim Malen fest auf das Blatt drücken, damit sie Farbspuren von möglichst vielen Kerzen erhalten.
3. Wenn sie wollen, können sie ihre Kerzenzeichnung bereichern, indem sie zusätzlich mit Wachsmalstiften zeichnen und malen.
4. Um die Kerzenzeichnung sichtbar zu machen, malen sie mit Wasserfarbe über das Bild. Das Wachs widersteht den Farben, deshalb bleiben die Wachsmalspuren farblos, während das übrige Blatt bunt wird.
5. Trocknen lassen. Falls das Papier sehr wellig ist, kann es auf der Rückseite mit einem warmen Bügeleisen geglättet werden.

Varianten

- Die Kinder schreiben geheime Botschaften mit den Kerzen oder legen weißes Pergamentpapier auf einen Tisch und bemalen es, sodass es wie eine festlich gedeckte Tafel aussieht. Jeder Gast bekommt eine Wasserfarbe und einen Pinsel, um damit die verborgenen Geheimnisse auf dem Tischtuch sichtbar zu machen.
- Anstelle von Wasserfarbe können die Kinder auch verdünnte Temperafarbe oder Tinte verwenden.
- Wenn die Kinder die Kerzen bzw. Wachsmalstifte beim Malen sehr stark aufdrücken, helle Farben benutzen und die Zeichnung anschließend mit schwarzer oder dunkelblauer Temperafarbe übermalen, erhalten sie ein dramatisch wirkendes Wachsbild.

! **Hinweise**

- Bevor die Kinder eine andere Farbe nehmen, waschen sie den Pinsel gründlich mit Wasser aus. Wechseln Sie das Wasser häufig, damit die Farben rein bleiben und ihre Leuchtkraft behalten.
- Die Kinder müssen die Kerzen beim Malen fest aufdrücken, wenn sie sie hinterher mit Wasserfarbe überpinseln wollen.

Lustige Fadenklebebilder

Benötigtes Material

- Scheren
- Garn, das sich farblich vom gewählten Untergrund abhebt
- Plastiktüte oder Plastikbecher mit Deckel für die Garnstücke
- Schale mit Tapetenkleister (für farbigen Kleister vermischen Sie ihn mit Lebensmittel- oder Temperafarbe)
- Pinsel für den Kleister
- Pappteller oder Fotokarton als Untergrund
- abgedeckte Arbeitsfläche

So geht es

1. Die Kinder wickeln etwas Garn ca. 15-mal um ihre Finger und schneiden die Enden durch.
2. Dann legen sie die Garnstücke von 1,5 cm oder kürzer in die Plastiktüte oder in den Plastikbehälter. Wenn sie möchten, können sie unterschiedliche Längen zurechtschneiden oder verschiedene Farben nehmen.
3. Die Kinder malen mit Kleister auf dem Untergrund.
4. Sie suchen sich einen Faden aus und drücken ihn auf die mit Kleister bestrichene Fläche.
5. Danach bestreichen sie noch andere Stellen des Untergrundes mit Kleister und kleben weitere Garnstücke darauf. Die Künstler arbeiten so lange sie wollen an ihrem Kleister-Garn-Bild weiter oder bis der Untergrund vollständig bedeckt ist.

Variante

- Die Kinder schneiden Garn in unterschiedlichen Farben zurecht und malen mit der Leimflasche auf die Pappe oder den Karton, um witzige Fadenbilder herzustellen. Damit der Kleister nicht trocknet, bevor die Fäden aufgeklebt werden, bestreichen die Kinder besser kleinere Flächen mit Kleister als große.

Hinweise

- Ein Trick, damit das Projekt gelingt: Der Kleister wird auf dem Untergrund verteilt und das Garn hinterher fest angedrückt. Die Kinder tauchen die Fäden also nicht in die Schale mit Kleister.
- Die Kinder sollen ihr Klebebild alleine entwerfen und mit Garn bekleben, Sie helfen ihnen höchstens beim Händeabwischen und Fädenschneiden.

Durchscheinende Wachsmalbilder

ab 5

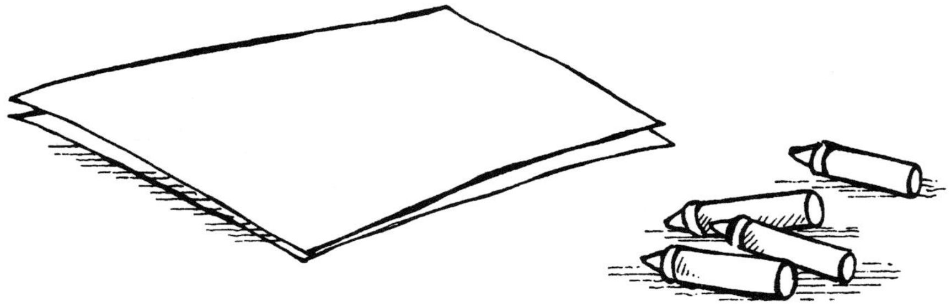

Benötigtes Material

- weißes Papier
- Wachsmalstifte
- Pflanzenöl
- Wattebäusche
- Zeitungen zum Abdecken des Tisches

So geht es

1. Die Kinder legen das weiße Papier auf die Zeitung.
2. Dann bemalen sie das Blatt nach Belieben mit Wachsmalstiften. Beim Malen drücken sie die Wachsmalstifte fest auf das Papier auf.
3. Anschließend verteilen sie mit einem Wattebausch etwas Speiseöl auf der Rückseite der Zeichnung.
4. Zuletzt lassen sie ihr Öl- und Wachsmalbild auf einer anderen Zeitung trocknen.

Varianten

- Anstelle von Speiseöl können die Kinder auch Baby- oder Mineralöl verwenden.
- Sie können das Öl auch mit einem Pinsel statt mit einem Wattebausch verteilen.
- Sie probieren diese Zeichentechnik auf verschiedenen Papiersorten aus.

Hinweise

- Halten Sie einen Eimer mit warmem Seifenwasser bereit, damit sich die Kinder darin die ölverschmierten Hände waschen können.
- Es gibt Kinder, die nicht gerne mit Öl arbeiten oder die unzufrieden mit dem Ergebnis sind. Bedenken Sie, dass das bei jüngeren Kindern normal ist.

ab 7

Punkt für Punkt

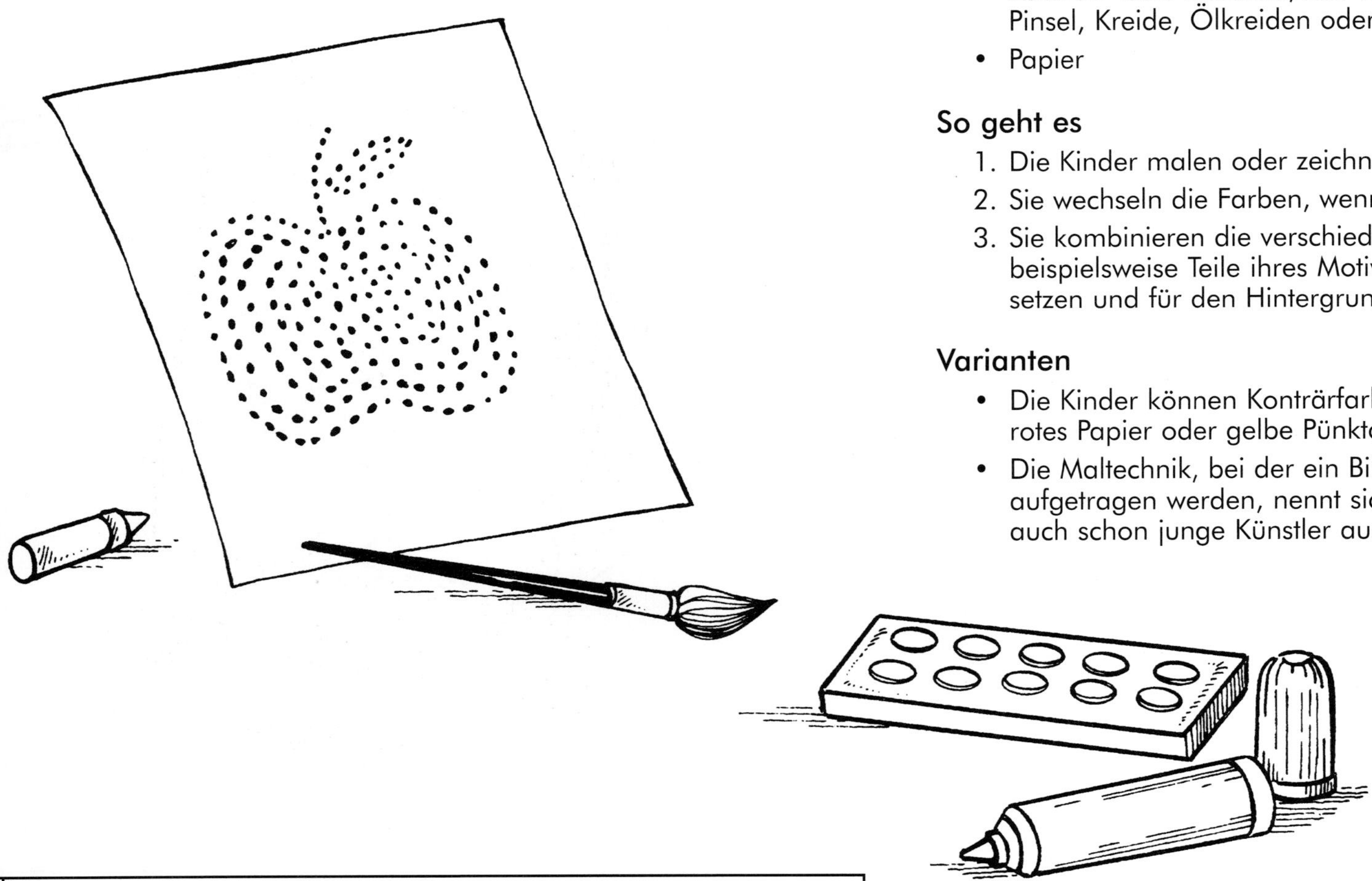

Benötigtes Material

- Zeichen- oder Malstifte, z.B. Wachsmalstifte, Filzstifte, Farben und Pinsel, Kreide, Ölkreiden oder Buntstifte
- Papier

So geht es

1. Die Kinder malen oder zeichnen ein ganzes Bild nur aus Pünktchen.
2. Sie wechseln die Farben, wenn sie wollen.
3. Sie kombinieren die verschiedenen Stifte miteinander. So können sie beispielsweise Teile ihres Motivs aus Wachsstiftpünktchen zusammensetzen und für den Hintergrund Farbtupfen auftragen.

Varianten

- Die Kinder können Konträrfarben nehmen und z.B. grüne Tupfen auf rotes Papier oder gelbe Pünktchen auf lilafarbenes Papier malen.
- Die Maltechnik, bei der ein Bild dadurch entsteht, dass nur Farbtupfen aufgetragen werden, nennt sich Punktmalerei. Diese Technik können auch schon junge Künstler ausprobieren.

Hinweis

- Geben Sie den Kindern eine Lupe und lassen sie sie farbige Abbildungen in Comics, Büchern usw. anschauen. Sie werden feststellen, dass alle Bilder aus feinen Farbtupfen bestehen. Nachdem sie selbst durch ein Vergrößerungsglas geschaut oder Bilder von Pointilisten wie z.B. Seurat betrachtet haben, können die meisten jungen Künstler die Pünktchentechnik verstehen.

Lochbilder

ab 7

Benötigtes Material

- großer Bogen Papier
- Schere
- Malerstaffelei
- Farben und Pinsel
- Gestell zum Trocknen

So geht es

1. Die Kinder schneiden ein Loch oder eine Form aus der Zeitung heraus und klemmen die Zeitung dann auf die Staffelei, um darauf zu malen.
2. Sie malen auf das Zeitungspapier und beziehen die ausgeschnittene Form in das entstehende Bild mit ein.
3. Dann entfernen sie das Gemälde von der Staffelei und legen es zum Trocknen auf ein Gestell.

Varianten

- Die Kinder schneiden Papier in Formen und Figuren, übertragen sie auf das an der Staffelei befestigte Blatt und malen daraus ein Bild.
- Sie können eine ausgeschnittene Form anmalen, auf das Zeitungspapier kleben und sie in das Gemälde integrieren.
- Die Kinder verwenden die ausgeschnittenen Formen oder deren Negative und beziehen sie in ein Bild mit ein, das mit Wachsmalstiften oder anderen Stiften gemalt wird.

! **Hinweis**

- Vielleicht sind einige Kinder unzufrieden, wenn mitten in ihrem Papier ein Loch ist. Ermutigen Sie sie, das Papier trotzdem zu bemalen. Schon bald werden sie Spaß an ihren ungewöhnlichen Bildern haben.

Einfacher Fingerfarbendruck

Benötigtes Material

- Reste von Transparentpapier
- Scheren
- Kreppbandschlaufe
- Fingerfarbe (aus Temperafarbe und Wäschesteife)
- Kuchenblech oder Tischplatte
- große Papierbögen
- Zeitung zum Trocknen der Bilder
- Eimer mit Seifenwasser und Handtuch zum Saubermachen

So geht es

1. Die Kinder schneiden irgendeine Form, Figur oder ein Muster aus dem Transparentpapier aus, z.B. einen Kreis oder ein Blatt.
2. Dann befestigen sie eine Schlaufe aus Kreppband auf der Rückseite der ausgeschnittenen Form und kleben sie in die Mitte des Papierbogens. Anschließend legen sie das Papier beiseite.
3. Nun gießen sie etwas Wäschesteife in die Mitte des Kuchenblechs und geben einen Löffel flüssige oder pulverförmige Temperafarbe dazu.
4. Sie vermischen die Wäschesteife und die Farbe mit den Händen und bemalen das Blech mit ihren Fingern. Falls die Fingerfarbe zäh ist und sich schlecht verteilen lässt, geben sie einfach etwas flüssiges Waschmittel hinzu.
5. Wenn die Kinder ihre Fingermalerei auf dem Blech fertiggestellt haben, legen sie das Blatt mit der aufgeklebten Papierform so auf das Blech, dass sich die Form unten befindet. Dann drücken sie das Blatt leicht auf das Fingerfarbenbild und streichen es glatt, um einen Abdruck zu erhalten.
6. Als Nächstes ziehen sie das bedruckte Papier vom Kuchenblech ab und legen es zum Trocknen auf Zeitungspapier.
7. Zuletzt ziehen sie die Papierform vorsichtig von dem bedruckten Papier ab; darunter wird das weiße Papier sichtbar, das von dem Fingerfarbendruck eingerahmt wird.

Hinweise

- Sorgen Sie für feuchte Lappen, mit denen sich die Künstler die Finger und Hände abwischen können.
- Die Kinder sollten ihre Drucke an einem Ort trocknen können, der nicht allzu weit von dem Ort entfernt ist, wo sie drucken.

Wisch- und Drehmuster

ab 5

Benötigtes Material

- zusammendrückbare Plastikflaschen, z.B. leere Ketschup- oder Shampooflaschen, gefüllt mit Temperafarbe
- festes Papier
- mit Zeitungen bedeckter Fußboden
- großes Stück Kunststofffolie
- Schwämme und Seifenwasser zum Saubermachen

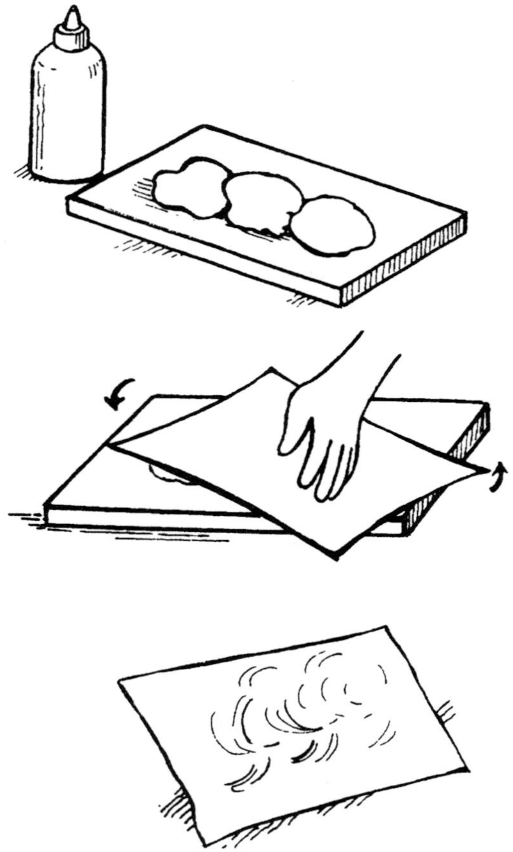

So geht es

1. Die Kinder legen die Kunststofffolie auf den Boden und drücken drei bis vier dicke Farbtropfen aus den Plastikflaschen darauf.
2. Nun legen sie Papier darüber.
3. Dann drehen sie das Blatt mit dem Handballen um 180°.
4. Wenn sie das Blatt umdrehen, sehen sie, welches Wischmuster durch die Drehung entstanden ist.
5. Die Kinder probieren sowohl andere Farben als auch andere Möglichkeiten aus, wie sie das Blatt drehen können, um neue Muster zu schaffen.
6. Wenn die Kinder andere Ideen für Drehbilder ausprobieren möchten oder ein anderes Kind an die Reihe kommt, wird die Folie kurz mit einem Schwamm und etwas Seifenwasser abgewischt.

Varianten

- Die Kinder können auch mit ihren nackten Füßen Drehmuster herstellen, entweder mit oder ohne Papier.
- Anstelle von festem Papier können sie Pappteller oder andere Arten von Papier benutzen.
- Sie können die Farbe statt auf die Kunststofffolie auch auf eine Tischplatte geben.
- Oder Sie lassen die Farben auf ein Kuchenblech auftragen.

Hinweis

- Wenn die Kinder nacheinander Drehmuster herstellen oder neue Farbkreationen ausprobieren wollen, sollten Sie zwischendurch die Folie kurz sauber machen. Aus diesem Grund bietet es sich an, das Projekt im Freien durchzuführen, wo Sie die Folie einfach mit einem Eimer Wasser abspülen oder mit einem Schlauch abspritzen können.

Schnurgebilde

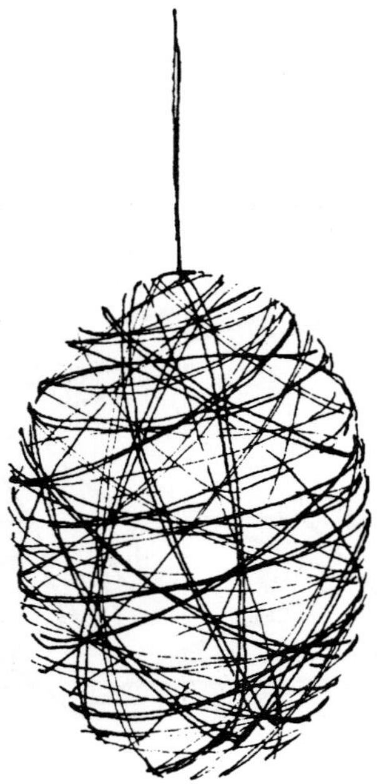

Benötigtes Material

- Feinstärkepulver
- Schüssel
- Wasser
- Fäden aus buntem Garn oder Stickgarn, ca. 1 m lang
- Topf
- Herd
- Löffel
- Ballon (gute Qualität)
- mit Zeitungen abgedeckter Tisch

So geht es

1. Rühren **Sie** die besonders dickflüssige Wäschestärke wie folgt an: 1 Esslöffel Feinstärkepulver wird in der auf der Verpackung angegebenen Menge Wasser aufgelöst. Folgen Sie den weiteren Anweisungen zur Herstellung von Wäschesteife. Zuletzt füllen Sie sie in eine Schüssel und stellen sie kühl.
2. Dann wird ein Ballon aufgeblasen und am Ende fest verknotet.
3. Nun dippen die Kinder eine Schnur oder einen Faden in die Mischung aus Wäschesteife. Er sollte zwar ganz mit Wäschesteife bedeckt, jedoch nicht zu schwer sein, um ihn um den Ballon zu wickeln.
4. Die Kinder umwickeln den Ballon mit Fäden und kleben die Enden mit Wäschesteife fest.
5. Wenn der Luftballon rundum mit dem Faden umwickelt ist (der Ballon sollte aber trotzdem noch durchschimmern!), wird er über Nacht getrocknet.
6. Sobald der Ballon vollständig getrocknet ist, wird er mit einer Nadel zum Platzen gebracht und entfernt.
7. Die Kinder befestigen einen Faden an dem Schnurgebilde und hängen es an die Decke, einen Ast oder andere geeignete Stellen.

Hinweise

- Kinder neigen dazu, den Ballon mit zu viel Schnur zu umwickeln. Dann kann es passieren, dass die Schnur von der glatten Oberfläche rutscht und als Knäuel auf den Tisch fällt. Die Kinder fangen dann einfach noch mal von vorne an und verwenden weniger Schnur.
- Sie können den mit Wäschesteife bedeckten Faden zwischen den Fingern durchziehen und so die überflüssige Wäschesteife abstreifen. Der Faden ist dann zwar klebrig, aber nicht zu schwer, um aufgeklebt zu werden.

Bestickte Styroporschale

VORSICHT ab 6

Benötigtes Material

- Styroporschale (dient meist als Auflage für verpacktes Fleisch)
- Werkzeuge zum Löchermachen, z.B. Bleistift oder die Spitze einer Schere
- eine Lage Zeitungspapier
- eine Auswahl an vorgeschnittenen bunten Fäden, ca. 60 cm lang
- Kreppband

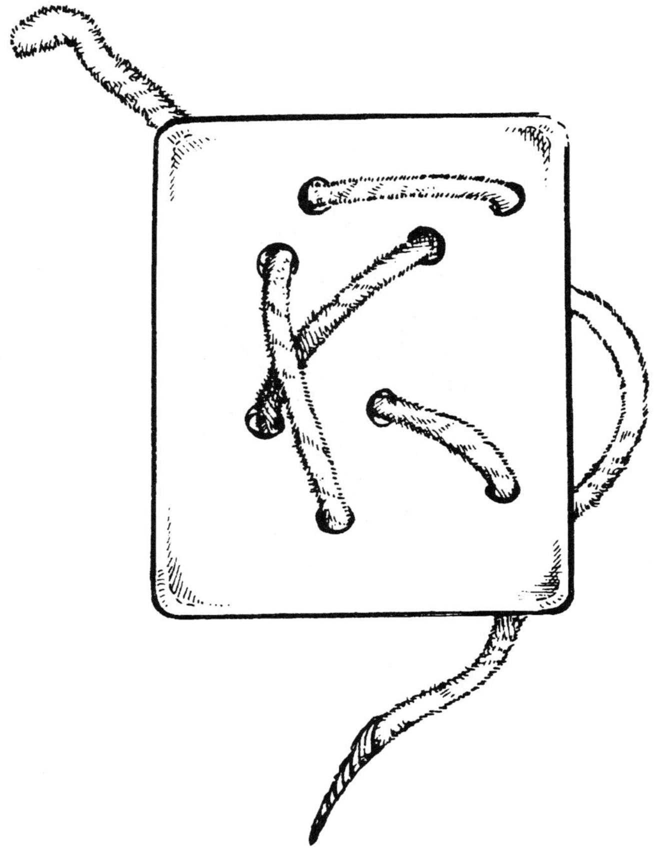

So geht es

1. Die Styroporschale wird auf den Stapel Zeitungspapier gelegt.
2. Dann wird sie durchlöchert. Insgesamt sollten es nicht zu viele Löcher sein. Der Künstler bestimmt ihre Zahl.
3. Die Löcher können willkürlich platziert oder so gesetzt werden, dass ein Bild oder eine Form entsteht. Während der Durchführung des Projekts oder hinterher können gegebenenfalls immer noch mehr Löcher gemacht werden.
4. Anschließend wird das Ende eines Fadens mit Kreppband umwickelt, sodass es wie eine Nadel benutzt werden kann. Der Faden wird dann durch ein Loch in der Styroporunterlage gezogen.
5. Der Faden wird ganz durchgezogen und sein Ende mit Kreppband auf der Rückseite der Styroporschale festgeklebt.
6. Die Kinder nähen auf der Schale, indem sie Fäden durch die vorgestanzten Löcher ziehen und so ein Muster herstellen. Sie wechseln den Faden – und damit die Farben –, sooft sie wollen.
7. Sind sie mit ihrem Nähbild fertig, kleben sie das letzte Fadenende auf der Rückseite der Schale fest.

Varianten

- Die Kinder nähen mit einer großen, stumpfen Nadel.
- Sie können mit der Nadel auf der Styroporschale nähen, ohne sie vorher zu lochen. Dabei tun sie so, als würden sie sticken.

! **Hinweis**

- Junge Künstler brauchen Hilfe, wenn sie den Faden einfädeln, das Fadenende umkleben sollen, um es als Nadel verwenden zu können oder wenn sie den Faden entknoten müssen, was ab und zu vorkommt, wenn sich das Garn verheddert.

Sammeln von Meisterstücken

Benötigtes Material

- Bilder und Zeichnungen oder andere eindimensionale Kunstwerke der Kinder
- Klebstoff und Klebeband
- Sammelbuch/-album mit leeren Seiten
- Filzstifte

So geht es

1. Wenn die Kinder ihre Lieblingsbilder und -basteleien aufbewahren wollen, kleben sie sie mit Klebstoff oder durchsichtigem Klebeband in das Sammelalbum. Sie können das Album in verschiedene Abschnitte unterteilen und die Kunstwerke entsprechend zuordnen oder sie so einkleben, wie sie das Jahr über nach und nach entstehen.
2. Nun können Sie oder die Kinder selbst die Anmerkungen der Kinder zu ihrem jeweiligen Bild im Album festhalten. Das Kunstwerk selbst sollte nicht beschrieben werden; es ist besser, wenn es eine Legende erhält. Die Kinder können z.B. berichten, was ihnen an ihrem Bild gefallen hat oder etwas darüber erzählen bzw. über die Farben, die sie gewählt haben.
3. Das Album sollte weitergeführt werden, bis es voll ist.

Varianten

- Einige Kinder malen lieber gleich in das Album statt ihre Bilder hinterher einzukleben.
- Sie können selbst ein Album basteln, indem sie große Bögen Papier stapeln und Löcher am seitlichen Rand stanzen. Dann lochen sie einen Umschlag aus Pappe und ziehen einen Faden durch den Umschlag und den Stapel Blätter, um das Album zusammenzubinden. Jetzt können sie ihre Kunstwerke oder Bilder darin sammeln.

Hinweis

- Die Kinder wählen aus ihren gesamten Kunstwerken diejenigen aus, die sie sammeln möchten.

Fingerpuppen aus Hosensäumen

ab 7

Benötigtes Material

- alte Hose mit breitem Saum oder hohem Aufschlag (für wenig Geld auf Flohmärkten erhältlich)
- Nähmaschine
- Scheren
- zäher Klebstoff oder Nadel und Faden
- Materialien zum Verzieren der Puppen, z.B. Stoffreste, Garn, Knöpfe, Plastikaugen oder Filzstoff

So geht es

1. Drehen Sie die Hose nach links und schneiden Sie den Saum gerade ab.
2. Mit Ihrer Unterstützung nähen die Kinder zwei „U"-Formen auf den Saum jedes Hosenbeines, d.h. sie erhalten insgesamt vier u-förmig genähte Stoffteile. Dabei müssen sie beachten, dass die untere Saumkante nachher die Öffnung der Fingerpuppe darstellt. Deshalb schneiden sie den Stoff etwa 1 cm oberhalb der Saumkante ab und drehen ihn entweder wieder nach rechts oder lassen ihn auf links.
3. Danach schmücken sie die entstandenen Fingerpuppen mit allem, was sich annähen oder auf den Stoff kleben lässt. Sie können aus den Puppen Tiere, Personen, Figuren aus einer Geschichte gestalten oder andere seltsame Figuren, die Erwachsene nicht verstehen werden.
4. Nun können sie sich Spiele und Lieder mit den Puppen ausdenken oder sich einfach so mit ihnen beschäftigen und Spaß damit haben.

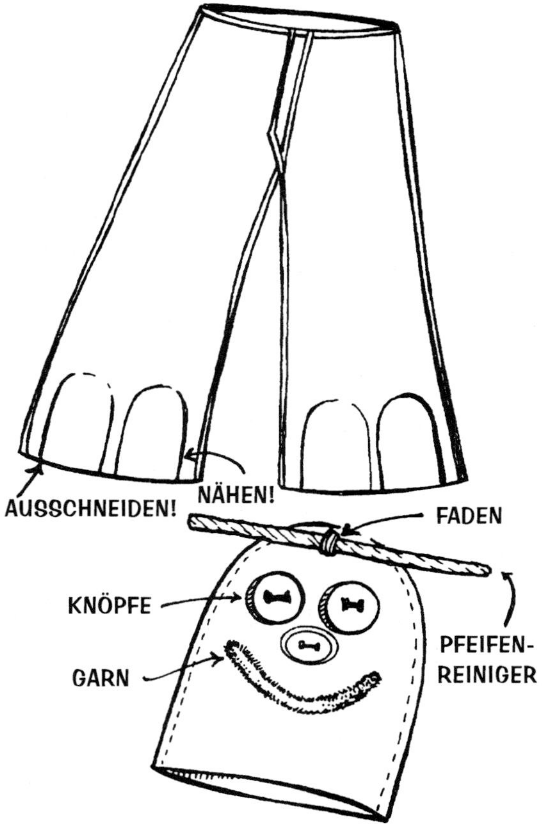

Variante

- Die Kinder verzieren eine Schachtel, in der sie ihre stetig anwachsende Sammlung von Puppen aus Hosensäumen aufbewahren. Sie basteln eine Gruppe von Puppen, die zusammengehören. Das können z.B. der Wolf und die sieben Geißlein sein, die alle aus alten Hosensäumen entstanden sind.

Hinweis

- Aus jeder Hose erhält man ungefähr vier Saumpuppen.

Puppentheater

Benötigtes Material

- Gardinenstange mit Springfeder, die in einem Türrahmen befestigt werden kann
- altes Laken
- Stoffmalstifte
- Klebefarben (zäher Kleister, vermischt mit Temperafarben)
- Schalen für die Farben
- Pinsel
- Nähmaschine (nach Wahl)

So geht es

1. Klemmen Sie die Gardinenstange in angemessener Höhe für die Puppenspieler in einen Türrahmen.
2. Die Kinder bemalen ein altes Betttuch mit Stofffarben oder mit Klebefarben und lassen es gut trocknen. Das Laken dient als Vorhang, hinter dem sich die Puppenspieler verstecken.
3. Dann wird das bemalte Tuch über die Gardinenstange gehängt. Die Kinder können nun ein Puppenspiel aufführen, bei dem sie hinter dem Vorhang hocken.
4. Sie können aber auch das verzierte Laken am oberen Rand säumen, die Gardinenstange anschließend durchziehen und dann im Türrahmen festklemmen. Sie sollten allerdings darauf achten, dass das Laken von der Breite her in den Türrahmen passt und lang genug ist, damit es auch nach dem Einsäumen bis zum Boden reicht.
5. Zum Aufbewahren wird die Puppenbühne aus Stoff einfach um die Gardinenstange gerollt und in eine Ecke oder einen Schrank gestellt.

Variante

- Die Kinder verleihen dem Vorhang Glanz, indem sie Glimmer mit der Klebefarbe vermischen.

! **Hinweis**

- Kinder, die ein Puppenspiel aufführen, schmücken die Geschichte gerne aus, sodass sie immer länger wird. Erinnern Sie sie zwischendurch daran, dass das Puppenspiel zu einer bestimmten Zeit enden wird ...

Kreisweberei

ab 7

Benötigtes Material

- Foto- oder Pappkarton
- Scheren
- Garnfäden in vielen bunten Farben, etwa 70 cm lang
- Kreppband

So geht es

1. Mit **Ihrer** Hilfe schneiden die Kinder aus Foto- oder Pappkarton Kreise in beliebiger Größe aus. Die Kartonscheiben sollten höchstens einen Durchmesser von 12 cm haben, damit die Kinder sie noch gut greifen können.
2. Danach schneiden sie Schlitze in die Kreisränder; insgesamt sollte jede Pappscheibe fünf bis sechs Schlitze haben. Es könnte sein, dass die Künstler beim Einschneiden des Kartons Ihre Hilfe benötigen.
3. Dann weben sie auf der Scheibe, indem sie Garn rund um die Scheibe wickeln. Wenn sie den Faden einmal quer über die Scheibe führen, ziehen sie ihn auch einmal durch die entsprechenden Schlitze durch. Die Kinder dürfen natürlich verschiedene Netzmuster ausprobieren.
4. Zuletzt kleben oder klemmen sie das Fadenende auf der Rückseite der Kartonscheibe fest. Wenn sie möchten, können sie die Ränder zwischen den Schlitzen nach innen falten.

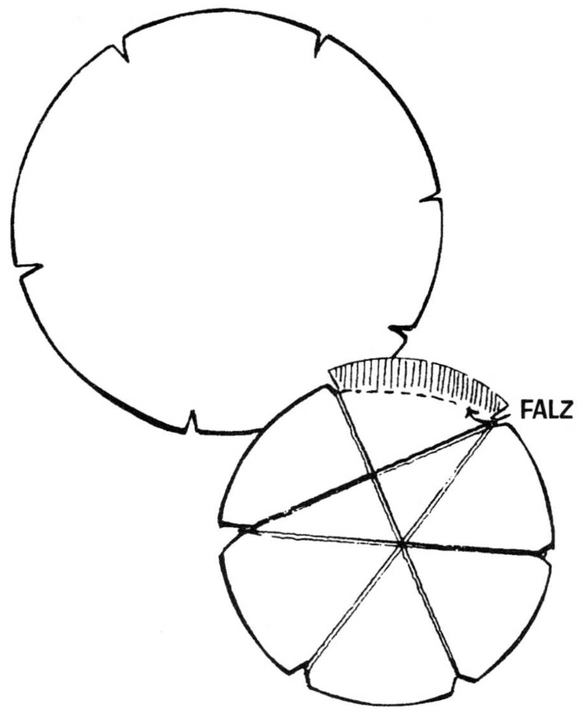

Varianten

- Die Kinder schneiden andere Formen aus Fotokarton oder Pappe aus wie z.B. einen Baum, ein Quadrat oder ein Herz.
- Sie können anstelle von normalem Garn Stickgarn benutzen.

Hinweis

- Wenn Sie Garn abwickeln wollen, ohne dass es sich dabei verknotet, legen Sie das Garnknäuel am besten in einen Margarinebecher o.Ä. und schneiden Sie ein Loch in den Deckel. Anschließend ziehen Sie das Fadenende durch das Loch und verschließen den Becher mit dem Deckel.

Gemusterte Gipsanhänger

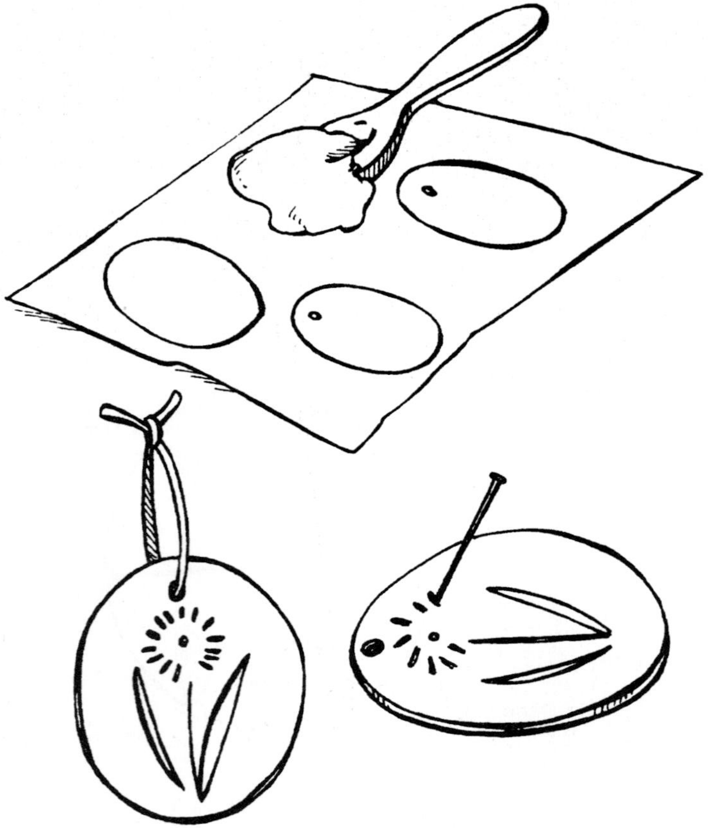

Benötigtes Material

- 1/3 Tasse Gipspulver (70 g)
- 2/3 Tasse Wasser (150 ml)
- Nagel oder Stecknadel
- Filzstifte
- Messbecher
- Lederriemen
- Löffel
- Schellack (nach Wahl)
- Wachspapier
- Stofflappen

So geht es

1. Vermischen Sie in einem Messbecher mit einem Löffel 1/3 Tasse Gipspulver mit 2/3 Tassen Wasser, bis die Masse fest und geschmeidig ist. Denken Sie daran, rasch zu arbeiten, weil Gips schnell hart wird.
2. Die Kinder tropfen nun mit einem Löffel Gips auf das Wachspapier und lassen ihn fünf bis zehn Minuten trocknen, damit er hart wird. Falls nötig, glätten sie den Gips mit der Rückseite des Löffels.
3. Wenn die Kinder eine Halskette machen wollen, stechen sie oben in den Gipstropfen ein Loch, so lange der Gips noch weich ist.
4. Sobald der Gips hart ist, ritzen sie mit einem Nagel oder einer Nadel Muster ein, so wie Walfänger einst Haifischzähne, Walknochen und Walrosszähne verziert haben.
5. Dann bemalen sie die eingeritzen Muster mit Filzstiften. Die Farbe dringt in die Ritzen ein und füllt sie aus. Überstehende Farbränder werden einfach abgekratzt.
6. Die Künstler können weitere Muster und Bilder auf den Gips malen, wenn sie wollen.
7. Nun kann der Gipsanhänger mit Schellack überzogen werden, um das Muster zu schützen.
8. Zuletzt wird ein Lederband durch das Loch gezogen, damit die Schnitzerei aus Gips als Anhänger oder Halskette getragen werden kann.

Hinweis

- Junge Künstler machen gerne wirklich riesige Anhänger und tragen sie dann aber auch mit Begeisterung.

Winter

Zimtmalerei

Benötigtes Material

- Zimtstangen
- Sandpapier
- Scheren

So geht es

1. Die Kinder schneiden das Papier in die gewünschte Form oder lassen es, wie es ist.
2. Dann zeichnen sie mit einer Zimtstange auf dem Sandpapier.

Varianten

- Die Kinder können weihnachtliche Motive aus dem Sandpapier schneiden und sie so auf einen Faden aufziehen, dass auf jedes Motiv ein anderes Dekorationsstück folgt. Dafür können sie Erdnüsse aus Styropor benutzen, Stücke aus Folie, buntem Papier oder Geschenkpapier, Perlen aus Modellierteig oder andere interessante Sachen. Die Girlande kann dann an die Zimmerdecke gehängt werden. Mmmmm, das riecht auch gut!
- Die Kinder schneiden kleine Vierecke aus dem bemalten Sandpapier aus. Mit einem Locher stanzen sie anschließend Löcher in die Zimtvierecke und reihen sie auf einem Faden auf. So erhalten sie eine gut riechende Halskette.
- Lassen Sie die Kinder ihre Zimtbilder am Rand mit Garn oder Glimmer verzieren.

Hinweise

- Sandpapier ist schwierig zu schneiden und kann Scheren stumpf machen.
- Junge Künstler kritzeln gerne auf Sandpapier und verreiben dabei die Zimtstange. Allerdings tun sie das eher deshalb, weil es gut riecht, als um ein schönes Bild zu malen.

Gebilde aus Leim

ab 7

Benötigtes Material

- Leim in der Flasche
- Wachspapier
- Filzstifte
- Faden oder Garn
- Zeitungen zum Abdecken des Tisches

So geht es

1. Die Kinder tröpfeln mit dem Leim ein Muster auf das Wachspapier. Das können Leimklumpen, Formen oder Figuren sein.
2. Dann wird das Ganze getrocknet, bis der Leim fest und durchsichtig ist.
3. Danach verzieren die Kinder die getrockneten Leimspuren mit Filzstiften.
4. Nun ziehen sie die trockenen, verzierten Leimgebilde von dem Wachspapier ab.
5. Sie können die Leimgebilde mit Garn oder Faden umwickeln und an die Decke hängen, als Schmuck tragen oder als Dekoration für festliche Anlässe benutzen.

Varianten

- Wenn die Kinder Temperafarbe mit dem Leim vermischen, erhalten sie farbigen Leim.
- Sie können Glimmer oder Salz auf den Leim träufeln, bevor er trocknet, das ergibt einen schönen Glanzeffekt.

> **Hinweise**
> - Wenn die Kinder den Leim abziehen, brauchen sie ein wenig Geduld und die Unterstützung anderer, sodass es günstig ist, wenn Sie ihnen bei diesem Schritt helfen.
> - Es kann einige Tage dauern, bis der Leim trocknet und fest und hart wird. Das hängt vom Wetter ab.

ab 5

Betropftes Papier

Benötigtes Material

- viele verschiedene Papierarten, z.B. Reispapier, Kaffeefilterpapier, Löschpapier oder Papiertücher
- verschiedene Schälchen mit Lebensmittelfarbe
- Augentropfpipetten
- Zeitung zum Abdecken des Tisches

So geht es

1. Der Tisch wird mit Zeitungspapier abgedeckt.
2. Dann legen die Kinder ein Stück saugfähiges Papier darauf.
3. Anschließend füllen sie eine Augentropfpipette mit Farbe aus einem Schälchen und lassen einen Farbtropfen auf das Papier fallen.
4. Wenn sie eine neue Farbe auftropfen, benutzen sie eine andere Pipette. Die Farben werden ineinander fließen und dabei Muster bilden.
5. Zuletzt entfernen sie das Papier von der Unterlage und lassen es auf einem sauberen Stück Zeitung trocknen.

Varianten

- Wenn die Farben getrocknet sind, können die Kinder das Papier in die Form einer Schneeflocke schneiden, es als Geschenkpapier verwenden oder an ein Fenster hängen, um sich an den strahlenden Farben zu erfreuen.
- Sie können die Papiere auch falten und in die Schälchen mit Farbe dippen, dann müssen sie keine Tropfpipetten benutzen.
- Verwenden Sie statt Lebensmittelfarbe pulverförmige Farbe oder Stofffarbe, wie sie in Kaufhäusern oder Bastelgeschäften erhältlich sind. Sie sind zwar etwas teurer, dafür aber recht lange haltbar, überdauern viele Färbevorgänge und es gibt sie in sehr vielen unterschiedlichen, strahlenden Farben.

Hinweise

- Manchmal verlieren sich Kinder darin, die Farben zu vermischen. Das kann damit enden, dass ihr Blatt Papier völlig durchnässt ist und sich nur schwer transportieren lässt. Lassen Sie die Künstler auf einem Bogen Zeitungspapier arbeiten, der fest genug ist, damit sie ihr fertiggestelltes Kunstwerk darauf zu einem anderen Ort tragen können, wo es trocknet.
- Finger und Hände der Kinder werden verfärbt sein. Es kann mehrere Tage dauern, bis die Farbe verschwindet. Schützen Sie die Kleidung der Kinder mit einem alten Hemd oder Kittel.

Malen mit Leuchtfarbe

ab 8

Benötigtes Material

- Farbmischung: 4 Esslöffel heller Sirup (kein Zuckerrübensirup, als Ersatz ist z.B. Agavendicksaft (Reformhaus) geeignet), Temperafarbe zum Färben, 1–1½ Teelöffel flüssiges Geschirrspülmittel
- Foto- oder Pappkarton
- Pinsel
- Rührlöffel
- kleine Behälter

So geht es

1. Rühren Sie die Farbmischung aus der Temperafarbe, dem Sirup und dem Geschirrspülmittel an und verteilen Sie sie auf kleine Behälter.
2. Die Kinder malen frei mit der Farbmischung. Als feste Unterlage für ihre Malexperimente dient Foto- oder Pappkarton.

Varianten

- Die Kinder tauchen einen Faden oder Garn in die Leuchtfarbe und legen ihn zwischen zwei Blätter Papier, die sie dann aufeinanderdrücken. So erhalten sie ein leuchtendes Fadenbild. Anschließend ziehen sie den Faden heraus.
- Die Kinder legen Papier in eine Kuchenform, geben etwas Leuchtfarbe darauf und rollen Murmeln durch die Farbe.
- Sie malen mit der Leuchtfarbe auf weißes oder buntes Seidenpapier und machen daraus Geschenkpapier.

! **Hinweise**

- Diese Farbe ist schön und glänzt, weshalb sie sich für das Malen von Bildern anbietet, die thematisch mit Urlaub zu tun haben.
- Diese Farbe klebt und trocknet langsamer als normale Farbe.

Stempel aus Einlegesohlen

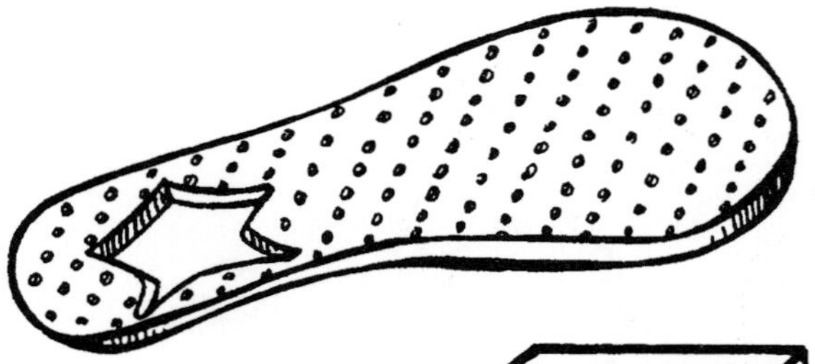

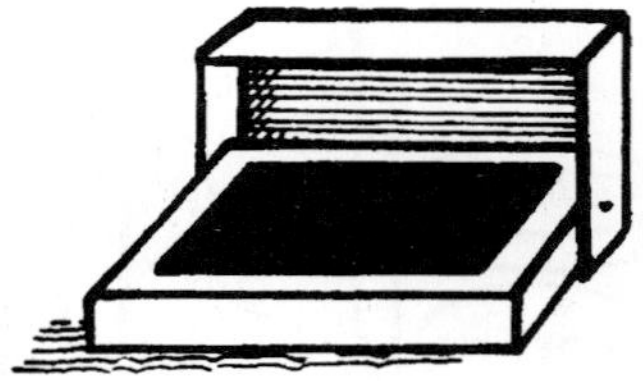

Benötigtes Material

- Einlegesohlen für Schuhe
- Stift
- Scheren
- Klebstoff
- Holzklotz
- Stempelkissen oder Farbe auf Papiertüchern

So geht es

1. Die Kinder zeichnen ein Muster auf die Gummiseite der Einlegesohle (also nicht auf die stoffüberzogene!).
2. Sie schneiden das Muster aus.
3. Dann kleben sie die ausgeschnittene Form auf den Holzklotz.
4. Wenn der Klebstoff getrocknet ist, drücken sie den Holzstempel auf ein Stempelkissen. Falls Sie keine Stempelkissen zur Hand haben, legen Sie einfach eine Lage Küchenpapier in eine Styroporschale, verteilen etwas Farbe oder Lebensmittelfarbe darauf und benutzen das als Stempelkissen.

Varianten

- Die Kinder können die Sohlenform auch auf einen Marmeladenglasdeckel oder auf ein Stück feste Pappe kleben.
- Sie können mit dem Stempel Geschenkpapier mit Urlaubsmotiven verzieren oder Grußkarten entwerfen.

! Hinweis

- Manche Kinder denken, dass der Stempelabdruck umso besser wird, je fester sie den Stempel auf das Stempelkissen pressen. Zeigen Sie ihnen, dass sie den schönsten Stempelabdruck dann erhalten, wenn sie den Stempel kurz, aber kräftig auf das Stempelkissen drücken.

Schneebild

ab 8

Benötigtes Material

- dunkles Tonpapier, z.B. in Lila oder Blau
- Wachsmalstifte
- Pinsel
- 4 Esslöffel Epsomer Bittersalz oder einfaches Bittersalz (in Apotheken erhältlich)
- $^1/_4$ Tasse heißes Wasser (60 ml)
- kleine Becher oder Schüsseln
- Löffel
- abgedeckter Tisch

So geht es

1. $^1/_4$ Tasse Wasser wird mit 4 Esslöffeln Epsomer Bittersalz vermischt. Dann wird die Lösung umgerührt, bis sich das Salz vollständig aufgelöst hat.
2. Die Kinder malen mit den Wachsmalstiften frei auf das dunkle Tonpapier.
3. Als Nächstes überpinseln sie ihre Zeichnung mit der Salzlösung.
4. Gut trocknen lassen.

Variante

- Die Kinder schneiden winterliche Motive – z.B. alles, was mit Schnee zu tun hat – aus dem Papier aus und hängen sie an einem Faden auf.

!

Hinweise

- Wenn das Salz trocknet, hinterlässt es einen schnee- und kristallartigen Effekt.
- Die Kinder rühren die Salzlösung jedes Mal um, wenn sie den Pinsel eintauchen, damit er schön mit Salzwasser getränkt ist.
- Bürsten Sie die Salzkristalle vom Papier, wenn die Zeichnung trocken ist.
- Anstelle von Epsomer Bittersalz kann auch Tafel- oder Mineralsalz verwendet werden.

ab 8

Fenstermalerei

Benötigtes Material

- Pinsel
- Zeitungen
- Klebeband
- Behälter mit Temperafarbe

So geht es

1. Bekleben Sie den unteren Fensterrahmen mit Zeitungspapier, um den Fenstersims und den Boden vor Farbspritzern zu schützen.
2. Die Kinder bemalen nur die Fensterinnenseite mit Temperafarbe, damit die Farben nicht vom Regen abgewaschen werden.
3. Der Fensterschmuck kann das Fenster mehrere Tage oder Wochen verschönern.
4. Die Fenstermalerei kann mit Seifenwasser und einem Schwamm abgewaschen werden. (Das ist eine undankbare Arbeit, bei der man sich nicht nur die Hände schmutzig macht!)

Varianten

- Die Kinder malen weihnachtliche Motive oder Bilder auf oder benutzen typisch weihnachtliche Farben, um etwas nach ihrer Fantasie zu malen.
- Sie können auch Cellophanfolie auf die Fensterscheibe kleben und die Kinder darauf malen lassen.
- Lassen Sie die Künstler mit weißer Schuhcreme (in Flaschen, mit Applikator) malen. Sie ist leicht zu entfernen und macht sich besonders gut bei winterlichen Motiven.

Hinweise

- Vermischen Sie pulverförmige Temperafarbe mit flüssigem Geschirrspülmittel und Wasser, dann lässt sich die Farbe hinterher leichter abwaschen.
- Eine andere Möglichkeit, die Temperafarbe leicht zu entfernen, ist, sie mit weißer Schuhcreme zu vermischen.
- Je länger die Farbe am Fenster bleibt, desto schwieriger ist sie zu entfernen.

Brotskulpturen

ab 8

Benötigtes Material

- 1 Esslöffel Trockenhefe (= 1 Päckchen)
- 1 Tasse Wasser (230 ml)
- 1 Teelöffel Zucker
- 2 Tassen Mehl (400 g)
- 1 Esslöffel Öl
- 1 Teelöffel Salz
- Rührschüssel
- Holzlöffel
- sauberes Handtuch
- Backofen, auf 200 °C vorgeheizt
- Kuchengitter zum Auskühlen
- Küchenwerkzeuge zum Modellieren, z.B. Messer, Gabel, Zahnstocher

So geht es

1. Die Kinder waschen sich die Hände, bevor sie anfangen. Dann vermischen sie Wasser, Zucker und Hefe in einer Schüssel, bis die Hefe weich wird (ca. 2 bis 3 Minuten).
2. Dann geben sie 1 Tasse Mehl hinzu und verrühren das Ganze kräftig mit einem Holzlöffel, bis die Teigmasse geschmeidig ist. Als Nächstes fügen sie zuerst 1 Esslöffel Öl und 1 Teelöffel Salz hinzu, danach die zweite Tasse Mehl.
3. Nun geben sie die Teigmasse auf ein mit Mehl bestäubtes Brett und kneten den Teig, wobei sie immer etwas Mehl hinzufügen. Damit der Teig nicht anklebt, sollte die Arbeitsfläche immer mit Mehl bedeckt sein.
4. Die Kinder kneten das Ganze ungefähr 5 Minuten. Der Teig sollte weich, geschmeidig und seidig glänzend sein. Wenn man ihn mit dem Finger anstubst, sollte er hinterher wieder seine ursprüngliche Form annehmen. Sie legen den Teig in eine mit Öl ausgestrichene Schüssel und decken sie mit einem sauberen Tuch zu. Dann stellen sie sie an einen warmen Ort, wo der Teig etwa 45 Minuten gehen soll.
5. Danach kneten sie den Teig noch einmal kräftig durch und formen daraus eine geschmeidige Kugel. Sie teilen den Teig in kleine Portionen, aus denen entweder die verschiedenen Teile der Brotskulptur geformt werden oder jedes Kind eigene Skulpturen ganz nach seiner Fantasie daraus formt.
6. Zuletzt werden die Skulpturen auf dem untersten Blech im Backofen bei 200 °C 15 bis 20 Minuten gebacken. Große Skulpturen brauchen etwas länger. Sie werden gebacken, bis sie durch und goldbraun sind. Anschließend kühlen sie auf einem Kuchengitter aus. Dann können die Kinder ihre Skulpturen essen und genießen.

Hinweise

- Backen Sie die Brotskulpturen mit den Kindern vor den Feiertagen.
- Manche Kinder haben gerne eine kleine Schüssel mit Mehl neben sich stehen, damit sie ihre Hände immer wieder mit Mehl bestäuben können, während sie mit dem Teig arbeiten. Es kann vorkommen, dass sie mehr Spaß an dem weichen Teig haben als an den Skulpturen.

Fantasiefrüchte aus Marzipan

Benötigtes Material

- Marzipanrohmasse
- Lebensmittelfarbe
- Gewürznelken
- halbierte Mandeln
- saubere Arbeitsfläche
- luftdicht verschließbarer Behälter oder Plastikfolie

So geht es

1. Die Kinder waschen sich die Hände, bevor sie anfangen. Zuerst teilen sie die Marzipanrohmasse in kleinere Portionen – eine Marzipankugel pro Farbe oder pro Fantasiefrucht.
2. Sie geben etwas Lebensmittelfarbe auf jede Marzipankugel und kneten sie mit den Händen in das Marzipan ein.
3. Dann stellen sie aus dem farbigen Marzipan echte oder Fantasiefrüchte her oder formen daraus andere Figuren oder Formen.
4. Sie können die Früchte mit halbierten Mandeln verzieren, die dann die Blätter darstellen und Nelken für die Fruchtstiele nehmen.
5. Die Marzipanfrüchte können in luftdicht verschlossenen Behältern oder in Plastikfolie eingewickelt aufbewahrt werden.
6. Die Früchte sind zwar essbar, dennoch mögen die meisten Kinder den Marzipangeschmack anscheinend nicht.

Varianten

- Die Kinder stellen andere Dinge aus dem Marzipan her wie z.B. Ballons, Clowns, Tiere, Blumen oder abstrakte Gegenstände.
- Sie können aus Marzipan Geschenke für die Feiertage basteln.

!

Hinweis

- Marzipanrohmasse ist in Bäckereien, Lebensmittelläden, Kaufhäusern usw. erhältlich.

Prächtige Kunstwerke aus Zuckerguss

ab 7

Benötigtes Material

- 1–1¼ Tassen Puderzucker (250 g)
- 1 Eiweiß (Raumtemperatur)
- ½ Teelöffel Zitronensaft
- elektrisches Rührgerät
- kleine Schüssel
- süße Leckereien für die Dekoration wie z.B. alle Arten von Süßigkeiten, Kekse, Bonbons, Marshmallows (süßer Speck), Kokosnussflocken usw.
- Pfeifenputzer
- Messer zum Verstreichen der Masse
- ein mit Aluminiumfolie umwickelter Pappkarton oder eine kreisförmige Pappunterlage (wie z.B. für Pizza)

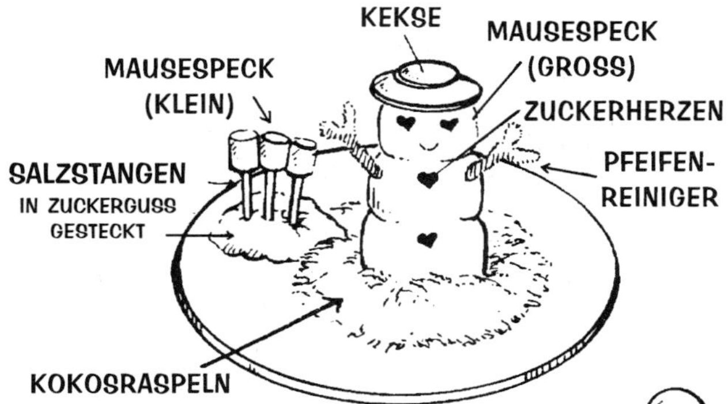

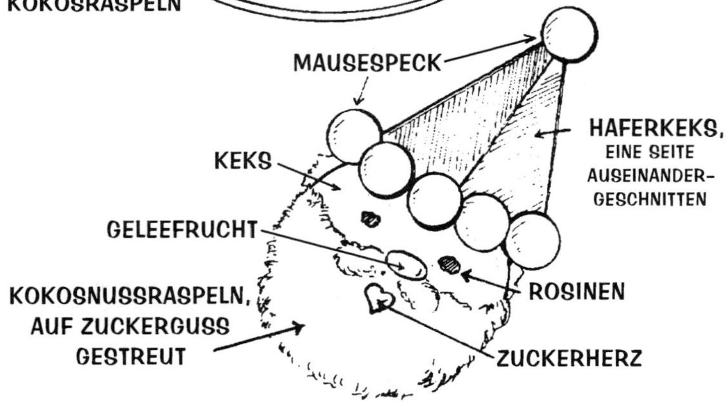

So geht es

1. Schlagen **Sie** das Eiweiß steif.
2. Dann wird der Puderzucker esslöffelweise gesiebt und dazugegeben und die Masse nach jedem Mal durchgeschlagen.
3. Wenn der Zuckerguss so fest ist, dass er leicht verteilt werden kann, wird der Zitronensaft hinzugefügt, damit der Guss schneller trocknet.
4. Die mit Alufolie überzogene Pappe dient als Untergrund, auf dem gearbeitet wird. Der Zuckerguss wird als Zement oder Klebstoff verwendet, mit dem Kekse und Süßigkeiten zusammengeklebt werden, um daraus Tiere, Spielzeugfiguren oder weihnachtliche Motive zu machen.
5. Die Kinder können ihre Zuckergusskreationen entweder sofort aufessen oder ausstellen, damit sie alle sehen und ihre Freude daran haben können.

Variante

- Die Kinder können kleine Kekshäuser bauen. Hier noch einige Ideen: eine Scheune mit einem Schwein aus Mausespeck und einem Zaun aus Keksen; ein Nikolausgesicht mit einem Bart aus Zuckerguss und einer Nase aus Geleefrüchten; eine Ski-Szene, bei der Spielzeugfiguren mit Skiern Hänge aus Zuckerguss hinunterfahren usw... Der Fantasie der Kinder sind keine Grenzen gesetzt!

Hinweise

- Wie bei jedem Projekt, bei dem essbare Dinge hergestellt werden, waschen die Kinder ihre Hände, bevor sie zu arbeiten anfangen.
- Das Zuckergussrezept kann verdoppelt oder verdreifacht werden bzw. in jeder gewünschten Menge hergestellt werden. Wenn Sie jedoch eine größere Teigmenge verwenden, legen Sie einfach ein feuchtes Tuch über die Schüssel, damit der Zuckerguss nicht austrocknet.

Insekten aus Süßigkeiten

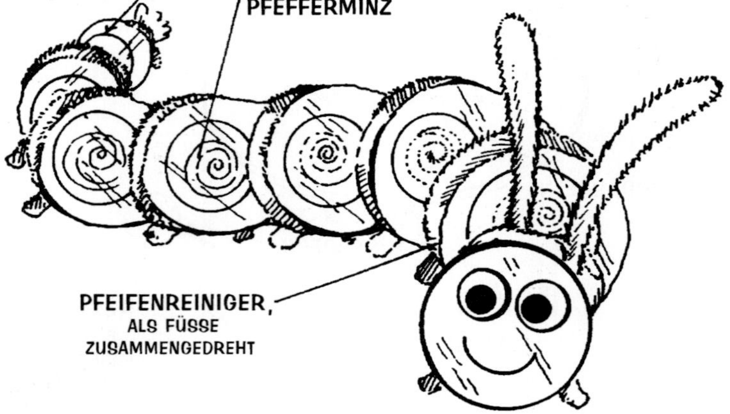

Benötigtes Material

- Klarsichtfolie
- bunte Pfeifenputzer
- Bänder, Gummiringe und Draht
- kleine Süßigkeiten aus Zuckermasse, z.B. in Scheiben geschnittene Zuckerstangen
- getrocknete Früchte (Aprikosen u.Ä.)
- Zahnstocher

So geht es

1. Die Kinder schneiden einen Streifen Klarsichtfolie zurecht und legen die Süßigkeiten aus Zuckermasse darauf. Dann umwickeln sie diese mit Folie, um daraus eine Raupe oder andere Insekten zu formen.
2. Sie klemmen die Pfeifenputzer entweder zwischen jeweils zwei Süßigkeiten oder umwickeln den Insektenkörper in anderen Abständen mit ihnen, damit das Insekt Kopf, Körper und Füße erhält. Sie können dazu auch Gummis, Draht oder Bänder benutzen.
3. Insekten aus Süßigkeiten sind leckere Kleinigkeiten für die Kinder, z.B. zu Weihnachten, und sehr beliebt als Mitbringsel zu Geburtstagspartys.

Variante

- Die Kinder können Zahnstocher verwenden, um daraus die Wirbel oder das Rückgrat des Insekts oder die Fühler, Stachel oder Zähne herzustellen.

Hinweise

- Wann immer Sie die Kinder mit Süßigkeiten arbeiten lassen, sollten Sie ein paar zurücklegen, die die Kinder nebenher essen dürfen.
- Die Hände der Kinder werden ziemlich kleben, deshalb sollten Sie einen Eimer Wasser bereitstellen. Es ist wichtig, dass die Kinder saubere Hände haben, bevor sie mit Lebensmitteln arbeiten.
- Die Kinder könnten Schwierigkeiten im Umgang mit der Klarsichtfolie haben: deshalb sollten **Sie** ihnen dabei helfen oder ihnen nur kleine Stücke geben.

Fadenschmuck

Benötigtes Material

- Faden oder Stickgarn in unterschiedlichen Längen
- Bastelklebstoff, mit Wasser in einer Schüssel verdünnt
- Wachspapier
- Glimmer
- Scheren
- nasses Handtuch zum Saubermachen

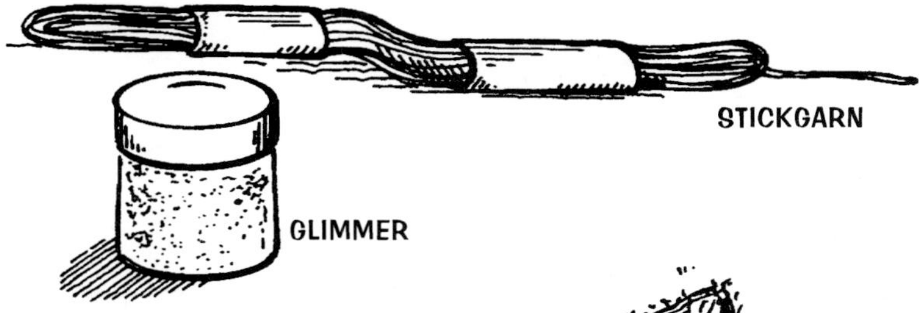

So geht es

1. Die Kinder tauchen den Faden in den verdünnten Klebstoff.
2. Dann streifen sie überflüssigen Klebstoff ab, indem sie den Faden zwischen Daumen und Zeigefinger oder über den Rand der Schüssel ziehen. (Halten Sie das nasse Handtuch bereit, um die Finger der Kinder zu säubern.)
3. Als Nächstes legen sie die Fäden auf dem Wachspapier zu einem Muster, einer Figur oder zu einer beliebigen anderen Form zurecht.
4. Anschließend sprenkeln sie etwas Glimmer über den Faden.
5. Danach wird der Fadenschmuck gründlich getrocknet.
6. Die Kinder ziehen den Faden vorsichtig vom Wachspapier ab.
7. Sie können das Fadengebilde als Schmuck aufhängen, wenn sie möchten.

Varianten

- Die Kinder legen mit den Fäden bestimmte Formen wie z.B. Kreise, Sterne, Rauten usw.
- Sie vermischen den verdünnten Bastelkleber mit Temperafarbe, um bunten Klebstoff zu erhalten.
- Sie können den fertigen Schmuck auch mit gefärbtem Sand, Konfetti oder Zuckerstreuseln bestreuen.

Hinweise

- Die Fadenkreationen müssen mindestens eine Nacht trocknen.
- Die Kinder sollten die Fäden ganz vorsichtig vom Wachspapier ablösen, was schwierig ist.

Bemalte Kacheln

Benötigtes Material

- weiße Keramikkacheln
- wasserfeste Filzstifte
- Schürzen

So geht es

1. Die Kinder zeichnen mit wasserfesten Filzstiften auf die weißen Keramikkacheln.
2. Die Bemalung trocknet ziemlich schnell.

Varianten

- Die bemalten Kacheln können als Untersetzer für Töpfe und Pfannen verwendet werden.
- Sie sind hübsche Geschenke.
- Die Kinder bemalen die Kacheln mit weihnachtlichen Motiven und verschenken sie zum Fest oder verwenden sie zur Dekoration.

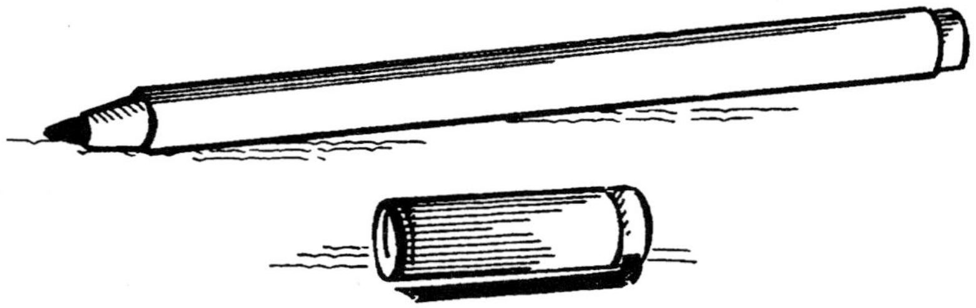

!

Hinweise

- Sie erhalten übrig gebliebene Kacheln meist kostenlos bei Großlieferanten für Küchen- oder Bäderbedarf. Sie können sich aber auch an ortsansässige Möbel- und Einrichtungshäuser wenden, um Musterstücke oder Restposten zu bekommen.
- Wasserfeste Stifte können Flecken hinterlassen. Deshalb sollten die Kinder Schutzkleidung tragen und die Tische sowie alles andere, das keine Farbspuren abbekommen soll, abgedeckt werden.

Lichtbilder

VORSICHT · ab 6

Benötigtes Material

- schwarzes Papier
- feste Pappe als Untergrund
- Gegenstände, mit denen man Löcher machen kann: Bleistift, Nagel, Stecknadel, Bambusspieß oder Schere
- Klebeband
- Klebstoff
- Schnipsel von buntem Seidenpapier, Cellophan und buntem Papier

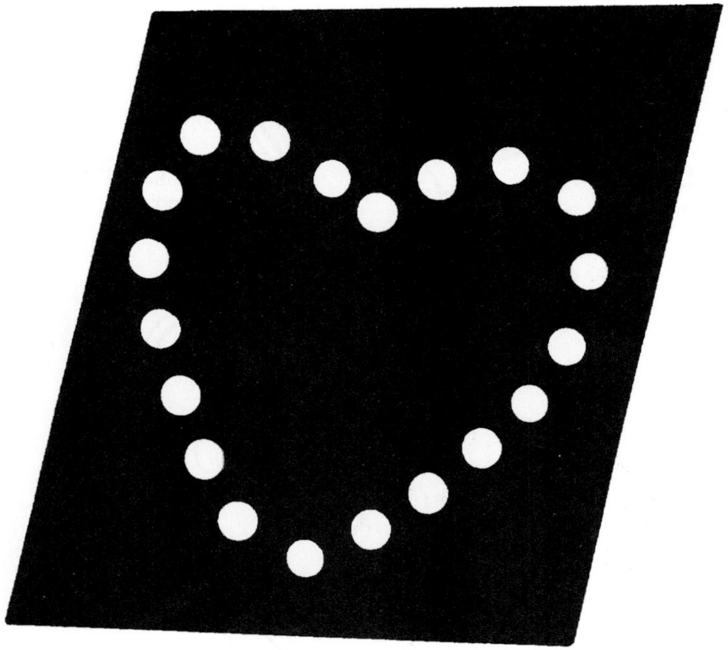

So geht es

1. Ein viereckiges, schwarzes Papier wird mit Klebeband auf der Pappunterlage festgeklebt.
2. Die Kinder durchlöchern das schwarze Papier mit geeigneten Gegenständen. Sie machen so viele und so große Löcher, wie sie wollen.
3. Dann wird das Klebeband entfernt.
4. Nun hinterkleben sie die Löcher auf der Rückseite mit irgendeinem bunten Papier. Es sieht hübsch aus, wenn jedes Loch bzw. mehrere auf einmal mit kleinen Stücken aus Seidenpapier oder Cellophan hinterklebt wird.
5. Die Kinder hängen ihre Lichtbilder ins Fenster oder halten sie hoch, um das bunt durchscheinende Licht zu sehen.

Varianten

- Sie platzieren die Löcher so, dass sich ein Muster oder ein Bild ergibt.
- Die Kinder können das schwarze Papier auch vorher zurechtgeschnitten haben, z.B. in Form eines Baumes, Sterns oder Kreises.
- Sie durchlöchern buntes Papier und kleben es auf einen Bogen schwarzes Papier. Das wirkt so, als würden die Löcher auf den Betrachter zukommen.
- Eine andere Möglichkeit ist, das durchlöcherte Papier auf ein Stück Folie zu kleben, sodass es aussieht, als würden die Löcher leuchten.
- Geben Sie den Kindern ein Stück Sperrholz und lassen sie sie die Löcher mit Hammer und Nägeln machen.

Hinweise

- Beaufsichtigen Sie die Kinder sorgfältig, wenn sie mit spitzen Gegenständen arbeiten. Lassen Sie viel Platz zwischen den einzelnen Künstlern und führen sie als Regel ein, dass alle spitzen Gegenstände auf dem Tisch liegen bleiben müssen, wenn jemand aus irgendeinem Grund seinen Arbeitsplatz verlässt.
- Manche Kinder wissen nicht, wie Papier gelocht werden kann, sodass es eher reißt als dass Löcher entstehen. Ist das der Fall, können sie Papierschnipsel in passender Größe von der Rückseite über das ausgefranste Loch kleben oder den Ausschnitt in das Bild integrieren.

Fotoskulptur

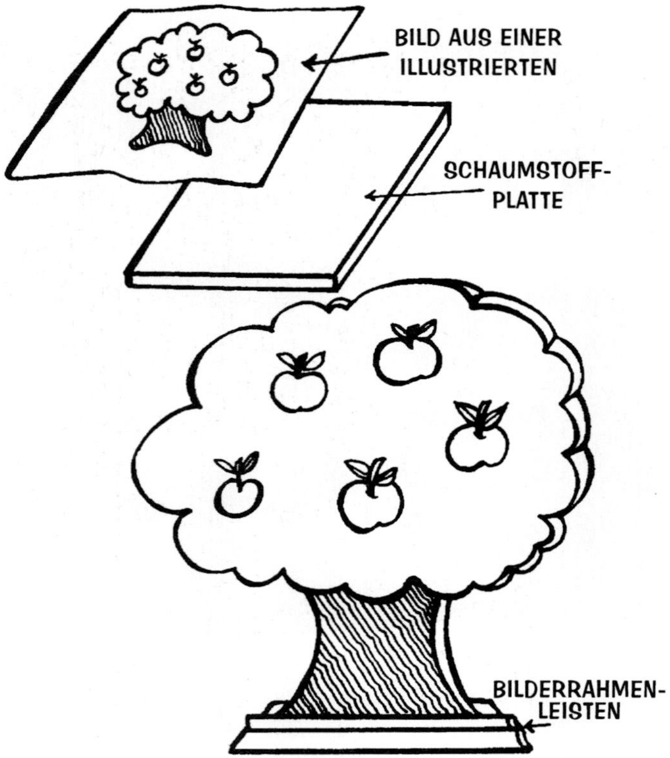

Benötigtes Material

- Bild aus einer Illustrierten oder ein Foto
- Schaumstoffplatte (Geschäft für Künstlerbedarf)
- Bleistifte
- Kleister, mit Wasser in einer Schale verdünnt
- Bürste zum Verteilen des Kleisters
- Scheren
- 2 gleichlange Bilderrahmenleisten
- Klebeband oder Gummiringe
- Klebepistole (nach Wahl)

So geht es

1. Die Kinder schneiden eine mittelgroße Fotografie oder ein Bild aus einer Illustrierten aus.
2. Dann legen sie es auf die Schaumstoffplatte und umfahren den Umriss mit einem Bleistift. Anschließend nehmen sie das Bild weg. Schneiden **Sie** die Form entlang der Umrisslinie aus der Schaumstoffplatte aus.
3. Als Nächstes wird das Bild so auf die ausgeschnittene Schaumstoffform geklebt, dass die Ecken des Bildes nicht abstehen und sich das Papier beim Aufkleben nicht wellt.
4. Gründlich trocknen lassen.
5. Falls nötig, schneiden die Kinder überstehende Ecken vom Papier oder Schaumstoff ab.
6. Damit die Skulptur aufrecht stehen kann, verstreichen die Kinder etwas Kleister auf den Innenseiten der Bilderrahmenleisten. Dann stellen sie die Fotoskulptur aufrecht zwischen die beiden Leisten und pressen sie aneinander. Sie müssen die Holzleisten mit Klebeband oder Gummis so lange aneinanderdrücken, bis der Kleister vollständig getrocknet ist.
7. Wenn die Kinder Zeitschriftenbilder für ihre Skulptur verwenden, bestreichen sie die ganze Skulptur einschließlich des Ständers aus Holzleisten und alle Ränder der Schaumstoffplatte dünn mit Kleister.

! Hinweise

- Es kann passieren, dass Kleister zwischen die Holzleisten tropft und die Fotoskulptur dann am Tisch festklebt. Um das zu verhindern, sollten die Kinder die Skulptur öfter verrücken oder sie auf einem Kuchengitter bzw. Netz aus Maschendraht trocknen lassen. Sie stellen die Skulpturen erst dann aufrecht hin, wenn sie trocken sind.
- Die Fotoskulptur wirkt sehr echt, wenn sie aufgestellt wird.

Adventspäckchen

ab 8

Benötigtes Material

- 24 kleine Schachteln (Streichholzschachteln oder Schmuckkästchen)
- Weihnachtsgeschenkpapier
- Geschenkbänder
- Klebeband
- Süßigkeiten, Nüsse oder Spielzeug
- 24 Aufkleber (Klebeetiketten)
- Stifte
- Scheren

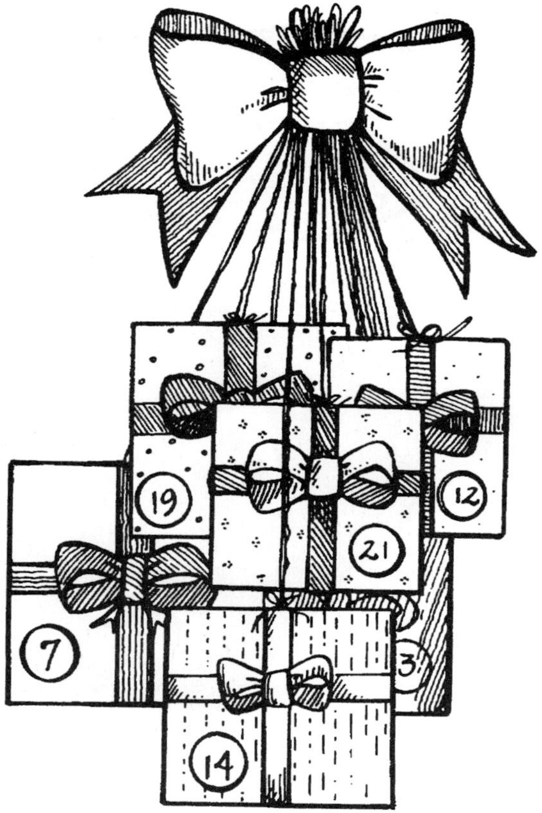

So geht es

1. Die Kinder füllen die Schächtelchen mit Süßigkeiten, Nüssen oder Spielzeug.
2. Dann packen sie jede Schachtel mit Weihnachtsgeschenkpapier ein.
3. Sie verschnüren jede Schachtel mit Geschenkband. Wenn sie wollen, ziehen sie die Enden mit der Schere straff, sodass sie sich spiralförmig ringeln.
4. Sie nummerieren die Schachteln von 1 bis 24 durch.
5. Als Nächstes schneiden die Kinder 24 lange Geschenkbänder ab und befestigen sie an den Schachteln.
6. Nun halten sie die Päckchen an den Geschenkbändern in einer Hand fest und ordnen sie so an, dass sich die Schachteln in unterschiedlichen Höhen befinden.
7. Sie halten das Bündel von Geschenkbändern oben in einer Hand fest und teilen es in zwei Stränge, die sie anschließend miteinander verknoten. Entweder verbinden sie sie mit einem Knoten oder einer Schleife. Wenn die Kinder möchten, können sie oben an dem Gehänge eine größere Schleife anbringen.
8. Sie hängen die Adventsschächtelchen auf und öffnen ab dem 1.12. täglich eine. An Heiligabend öffnen sie die letzte.

Variante

- Was man sonst noch in die Adventsschächtelchen packen könnte: nette Wünsche für andere, kleine Zeichnungen oder Bilder mit weihnachtlichen Motiven oder Grüße von Grußkarten.

Hinweis

- Die meisten Aktivitäten erfordern Ihre Mitarbeit. Die Kinder haben bestimmt Spaß daran, jeden Tag eine Schachtel öffnen zu dürfen. Natürlich könnten auch Sie die Schachteln einpacken, aber denken Sie daran, dass Kinder das anders machen als Erwachsene.

Kreidedip

Benötigtes Material

- bunte Kreide
- 1 Esslöffel dickflüssige, weiße Temperafarbe
- Deckel von einer Dose oder einem Marmeladenglas
- schwarzes oder dunkles Papier

So geht es

1. Die Kinder geben etwas Temperafarbe auf einen Deckel und dippen das Ende einer bunten Kreide ein.
2. Dann zeichnen sie mit der geweißten, feuchten Kreide. Die Zeichenlinien, die die Kreidefarben unter der Schicht der weißen Temperafarbe deutlich erkennen lassen, heben sich gut von dem dunklen Papieruntergrund ab.

Varianten

- Die Kinder probieren aus, auf welche verschiedenen Arten sich Linien zeichnen lassen: sie malen Zickzacklinien, Spiralen, Kurven, gerade Linien etc. auf das dunkle Papier.
- Lassen Sie die Kinder die Kreide in schwarze Farbe tauchen und danach auf weißes Papier malen.

Hinweise

- Wenn die Kinder mit der in Temperafarbe getauchten Kreide über das Papier reiben, ergibt sich eine verschwommene Mischfarbe statt weiß überzogener Farblinien.
- Kreide kann verschmieren und Flecken an Händen, Kleidern und auf dem Papier hinterlassen. Das ist ganz normal, wenn Kinder mit Kreide hantieren.

Zickzackgalerie

ab 8

Benötigtes Material

- 2 Pappstücke für den Umschlag, 20 cm x 25 cm groß
- Foto- oder Plakatkarton, in Stücke von 20 cm x 25 cm geschnitten (für die Seiten)
- Kreppband
- Wachsmalstifte
- Stifte

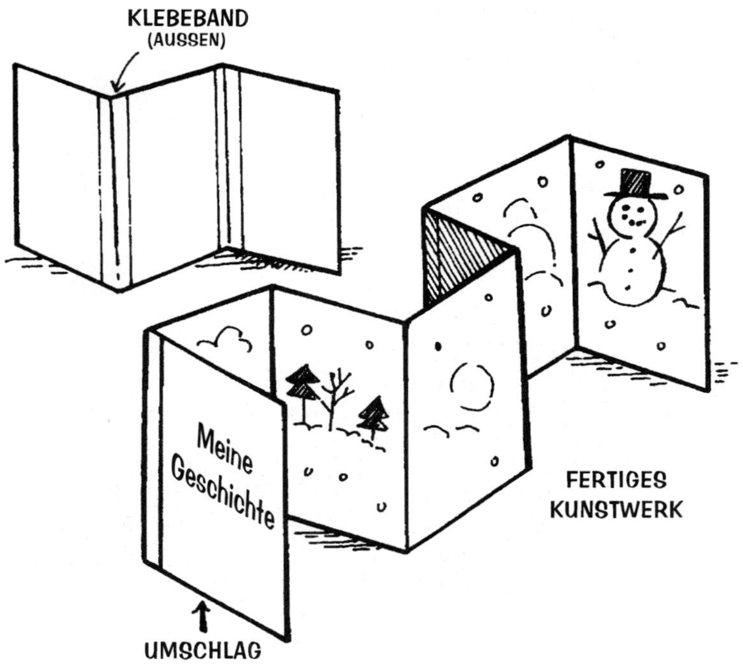

So geht es

1. Die Kinder malen mehrere Bilder auf Foto- oder Plakatkarton, die eine Geschichte erzählen. Die Bilder können auch eine Sammlung von Gedanken oder Skizzen zu einem Thema darstellen. Vielleicht möchten die Kinder auch ihre Lieblingsbilder verwenden.
2. Dann verknüpfen Sie die Fotokartonstücke so mit Kreppband, dass sich die einzelnen Seiten wie eine Ziehharmonika falten lassen.
3. Danach werden die Pappstücke für den Umschlag festgeklebt.
4. Die Kinder falten das Zickzackbuch wie ein Buch zusammen oder stellen es wie eine Zickzackgalerie auf einem Tisch oder Regal auf.

Varianten

- Die Kinder können Formen aus Papier oder Tapetenresten ausschneiden und sie auf den Fotokarton kleben, anstatt ihn zu bemalen.
- Sie zeichnen die Handlung eines bekannten Märchens.
- Sie stellen ein Zickzackbuch her, das keine Folge oder Sammlung von Gedanken darstellt, sondern einfach eine Sammlung von Kunstwerken, Bildern und Skizzen ist.

Hinweise

- Das Zusammenkleben der Seiten sollte auf jeden Fall von Ihnen übernommen werden.
- Der Begriff „Folge" ist für sehr junge Künstler wahrscheinlich ein bisschen abstrakt; dieses Projekt kann ihnen dabei helfen, inhaltlich etwas damit zu verbinden.
- Am besten schneiden Sie den Karton und die Pappe in Quadrate von 30 cm x 30 cm, um das Problem von hoch- und querformatigen Zeichnungen zu umgehen.

Winterliche Radierungen

Benötigtes Material

- Wachsmalstifte
- weißes Zeichenpapier in beliebiger Größe
- Gegenstände, mit denen man Papier einritzen kann: stumpfer Bleistift, Scherenspitze, Büroklammer oder Löffel

So geht es

1. Die Kinder bemalen kräftig ein Blatt weißes Zeichenpapier – oder einen Teil davon – mit Wachsmalstiften. Sie drücken die Stifte beim Malen fest auf das Papier auf und verwenden zahlreiche Blau-, Weiß- und Grautöne.
2. Als Nächstes übermalen sie die erste Farbschicht mit schwarzen oder dunkelblauen Wachsmalstiften.
3. Danach ritzen sie einen Schneemann, einen Wintertag mit Schnee, Schneeflocken oder andere Formen in die oberste Wachsschicht. Darunter kommt die erste Farbschicht zum Vorschein.

Varianten

- Die Kinder können die erste Farbschicht auch mit weißer oder schwarzer Farbe statt mit Wachsmalstiften übermalen. Dann malen sie mit den Fingern ein Bild. Dabei verhält sich der glatte, glänzende Farbhintergrund aus Wachs wie beschichtetes Papier.
- Sie zeichnen ein Viereck, einen Kreis oder eine andere geometrische Form in die Mitte des Papiers und malen sie aus, sodass sie nicht das ganze Papier mit Wachsmalstiften bemalen müssen.

Hinweise

- Verwenden Sie für dieses Projekt Fotokarton anstelle von Papier; das funktioniert fast noch besser, denn Papier kann wellig werden und reißen, wenn die Kinder kräftig mit den Stiften darüberreiben.
- Die Kinder, die genügend Geduld und Kraft aufbringen, werden es schaffen, das ganze Blatt mit einer kräftigen Wachsfarbschicht zu überziehen. Denken Sie daran, dass Sie nicht von allen Künstlern erwarten können, dass sie ebenso schnell und intensiv arbeiten.

Fünf Holzstempel

ab 8

Benötigtes Material

- Fünf Druckmaterialien:
  1. Isolierband (doppelseitig klebend)
  2. Schale aus Styropor (meist Unterlage für abgepacktes Fleisch)
  3. Filzreste
  4. Streifen aus Pappkarton
  5. Faden
- Holzklötze
- Bastelkleber in der Flasche
- Scheren
- Temperafarbe
- alter Waschlappen
- Wasser
- Kuchenblech
- Papier

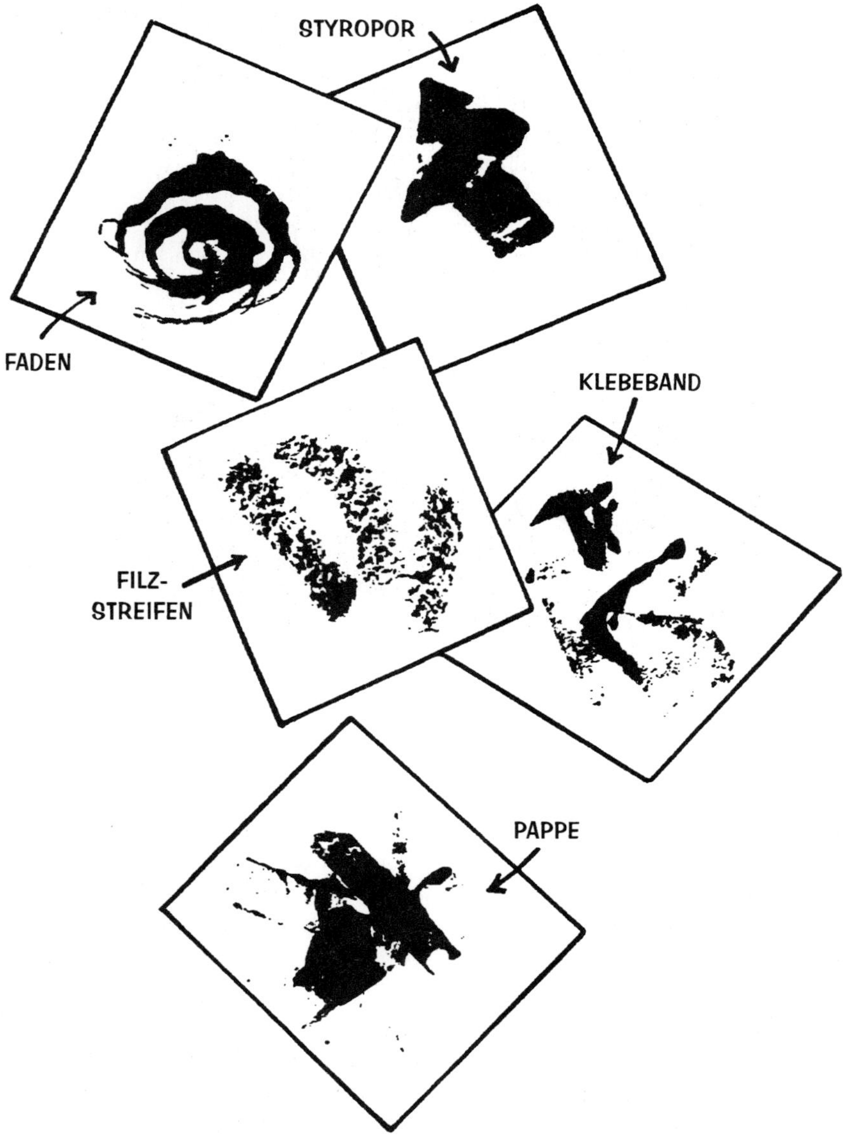

So geht es

1. Die Kinder schneiden aus jedem Material Formen oder Figuren aus und kleben jeweils eine auf einen Holzklotz. Gründlich trocknen lassen.
2. Währenddessen befeuchten sie einen alten Waschlappen mit Wasser und wringen ihn aus.
3. Sie legen den Waschlappen auf das Kuchenblech.
4. Als Nächstes geben sie Temperafarbe auf den feuchten Waschlappen, damit sie ihn als Stempelkissen benutzen können.
5. Danach drücken die Kinder einen trockenen Holzstempel in die Farbe und anschließend auf das Papier.
6. Sie kombinieren verschiedene Stempelmotive oder verzieren ein ganzes Blatt mit einem Muster, das sich aus zahlreichen Abdrücken eines einzigen Motivs zusammensetzt.

Varianten

- Lassen Sie die Kinder anstelle der Temperafarben Lebensmittelfarbe, Tinte oder ein Stempelkissen zum Drucken benutzen.
- Sie bedrucken einen großen Bogen weißes Seidenpapier und verwenden es als Geschenkpapier.

ab 7

Streichfarbe

Benötigtes Material

- dicke Fingerfarbe in vielen verschiedenen Farben (auf Schalen oder Jogurtbecher verteilt)
- Streichmesser, Plastikmesser, Holzspachtel oder flaches Holzstäbchen
- Foto- oder Pappkarton
- abgedeckter Tisch

So geht es

1. Die Kinder verteilen mit dem Streichmesser oder einem geeigneten Spachtelersatz die Farbe auf der Oberfläche des Fotokartons so, als würden sie eine Toastscheibe mit Butter bestreichen.
2. Sie verstreichen die Farbe mit dem Messerende oder der Seitenfläche des Spachtels, um andere Wirkungen zu erzielen.
3. Über Nacht trocknen lassen.

Variante

- Sie verwenden andere Hilfsmittel, um die Farbe zu verteilen, zu mischen und damit zu malen; dazu bieten sich Wattestäbchen, Bleistifte, Holzstäbchen und -stiele, Spachtel oder Löffel an.

!

Hinweis

- Das Malen mit Streichmessern bietet den Kindern die Möglichkeit zu sehen, wie sich Farben vermischen lassen, und gibt ihnen Gelegenheit auszuprobieren, wie sie verstrichen werden können und welche Muster sich mit ihnen herstellen lassen. Außerdem machen sie Bekanntschaft mit der Streichfähigkeit von Farbe und lernen, wie sie beeinflusst werden kann. Manchmal sieht das fertige Kunstwerk auf dem Fotokarton eher aus, als hätten die Kinder Schokoladenmasse darauf verstrichen; auf der anderen Seite zeigt das, wie gerne sie mit den Farben gearbeitet und sie vermischt haben. Geben Sie ihnen einen neuen Fotokarton. Jeder neue Versuch wird die Kinder in ihrem Kunstverständnis weiterbringen und für immer schönere Ergebnisse sorgen.

Schwungvolle Farbkompositionen

ab 6

Benötigtes Material

- Kreppband
- große Papierbögen
- Pinsel in allen möglichen Größen
- Faden
- Temperafarbe in verschiedenen Farben, in Schalen oder Bechern

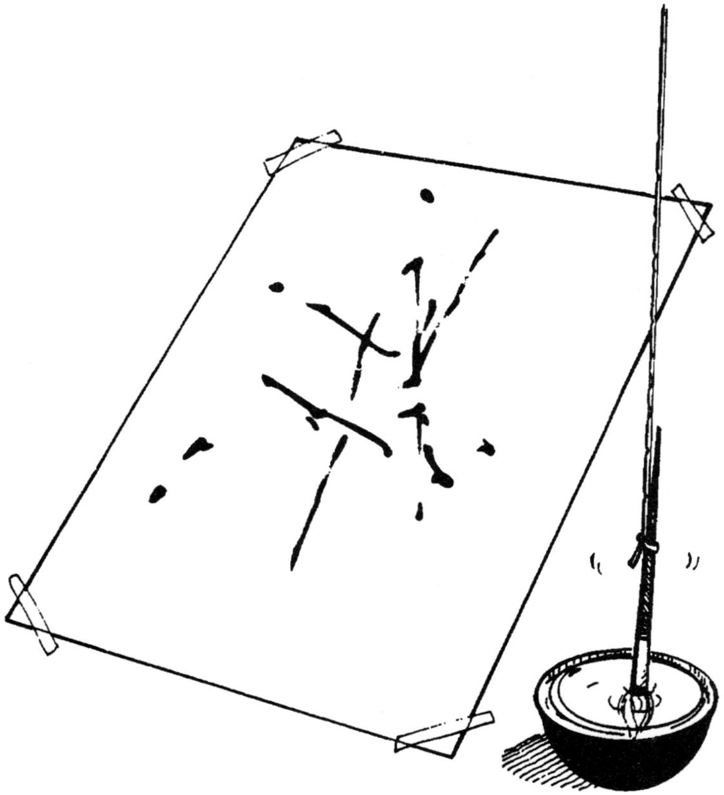

So geht es

1. Die Kinder kleben ein großes Blatt Papier auf dem Boden fest.
2. Als Nächstes befestigen sie Fäden an den Pinselgriffen.
3. Dann tauchen sie einen Pinsel in die Farbe.
4. Sie stehen so, dass das Papier direkt unter ihnen liegt und halten den Pinsel am Faden fest. Sie lassen den Pinsel so herunterhängen, dass die Pinselspitze das Papier berührt. Dann stoßen sie den Pinsel an; beim Hin- und Herschwingen streicht er über das Papier und hinterlässt dort interessante Farbmuster.
5. Die Kinder tauchen die Pinsel hin und wieder in Farbe, wenn sie verbraucht wurde.

Variante

- Die Kinder lassen andere Gegenstände an einem Faden baumeln wie z.B. Wattestäbchen, Bleistifte, Nüsse, Bolzen oder Radiergummis. Sie tauchen sie in Farbe und lassen sie hin- und herpendeln, um schöne Farbmuster zu erhalten.

Hinweis

- Da es kaum zu vermeiden ist, dass Farbe von den Pinseln tropft, sollten Sie den Boden mit Plastikfolie oder Zeitungen abdecken.

Originelle Pendelmalerei

Benötigtes Material

- kleiner Plastiktrichter
- fester Faden
- Klebeband
- großes Blatt Papier
- Farbpigmente
- Wäschesteife
- Scheren
- kleiner Krug

So geht es

1. Befestigen Sie einen Faden unterhalb der Trichteröffnung. Dann knoten oder kleben Sie an dem Trichter drei Fäden von ca. 35 cm Länge fest, sodass der Trichter wie ein Pendel an den drei Schnüren hängt. Die drei Fäden werden oberhalb des Trichtermittelpunktes miteinander verknotet.
2. Als Nächstes werden in einem kleinen Krug etwas Wäschesteife und Farbpigmente vermischt. Die Farbmischung sollte gegossen werden können, dabei aber nicht zu dünnflüssig sein.
3. Nun halten die Kinder den Trichter am Faden über das Papier.
4. Sie verschließen das Trichterloch mit einem Finger der anderen Hand.
5. Gießen **Sie** etwas Farbe in den Trichter.
6. Sobald der Trichter mit Farbe gefüllt ist, nehmen die Kinder ihren Finger weg und stoßen den Trichter an.
7. Sie lassen den Trichter hin- und herpendeln, bis alle Farbe herausgelaufen ist.
8. Wenn sie möchten, geben sie eine neue Farbe in den Trichter und fahren mit dem Malen fort.

Varianten

- Klemmen Sie ein Rundholz zwischen zwei Stühle und hängen Sie den Pendeltrichter daran. Die Kinder gehen wie oben beschrieben vor, geben Farbe in den Trichter und nehmen dann den Finger von der Öffnung weg, um die Farbe herausfließen zu lassen.
- Sie können den Trichter mit gefärbtem oder normalem Sand füllen oder mit Salz, das mit Farbpigmenten vermischt wurde. Dabei gehen sie wie oben beschrieben vor.

!

Hinweis

- Dieses Projekt erfordert ein bestimmtes Maß an Abstimmung zwischen den Künstlern und Ihnen als Helfer wie auch eine gute zeitliche Planung. Dennoch macht es den Kindern viel Spaß und sorgt für sehr interessante Bilder.

Batiken mit Lebensmittelfarbe

Benötigtes Material

- ½ Tasse Mehl (100 g)
- ½ Tasse Wasser (100 ml)
- 2 Teelöffel Alaun
- Rührgerät
- kleines Stück Baumwollstoff (100 % Baumwolle, ungewaschen!)
- Wellpappe
- einige quetschbare Plastikflaschen (z.B. leere Ketschupflaschen)
- Lebensmittelfarbe (in Lebensmittelabteilungen von Kaufhäusern erhältlich)
- ein paar flache, saubere Dosen, Schalen oder kleine Jogurtbecher
- Pinsel
- Klebeband
- Wasser
- Scheren
- Bügeleisen

So geht es

1. Zuerst werden Mehl, Wasser und Alaun mit einem Rührgerät zu einer breiigen Masse verrührt. Die Teigmasse wird auf die verschiedenen Plastikflaschen verteilt.
2. Dann wird der Baumwollstoff mit Klebeband auf ein viereckiges Stück Wellpappe geklebt. Die Kinder zeichnen mit dem Teig auf den Baumwollstoff. Dabei versuchen sie, die Teigmasse gleichmäßig aus der Plastikflasche herauszudrücken, damit die entstehenden Muster möglichst eben sind. Sie können Pünktchen oder Linien machen oder größere Flächen bestreichen. Danach wird die Teigzeichnung über Nacht getrocknet.
3. Die Lebensmittelfarben werden in flache Schalen oder kleine Jogurtbecher gegeben und mit etwas Wasser vermischt. Schon kleine Farbmengen ergeben einen intensiven Farbton.
4. Nun tauchen die Kinder einen Pinsel in die Farbmischung und bestreichen den Baumwollstoff mit ihrer trockenen Teigzeichnung damit. Gründlich trocknen lassen.
5. Anschließend rubbeln und kratzen sie die trockene Teigmasse mit den Fingern von dem Baumwollstoff ab. Die zum Vorschein kommenden Linien und Muster der Zeichnung sind weiß.

Variante

- Die Kinder kleben ihre Batik auf ein Stück buntes Papier und machen eine Grußkarte daraus.

! **Hinweise**

- Flache Tunfisch- oder Ananasdosen sind stabiler als große Gefäße und deshalb besser als Farbbehälter geeignet.
- Für die Gruppenarbeit eignet sich ein Stück Baumwolle, das mindestens 1 m x 1,50 m groß ist.

Figuren aus Salzteig

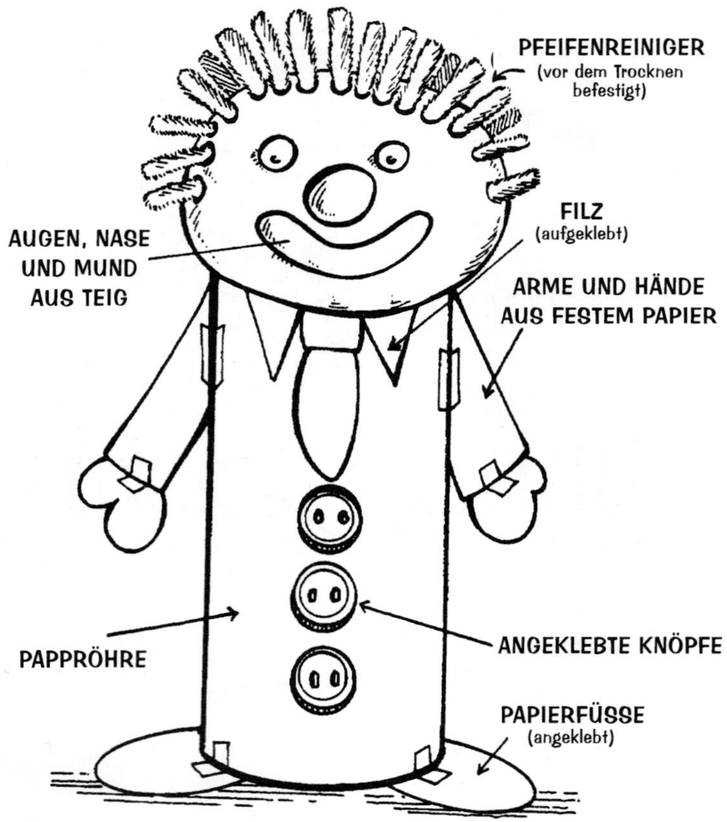

Hinweise

- Salzkeramikteig muss oft nochmals durchgeknetet werden, damit er wieder weich und geschmeidig wird.
- Die Teigmasse kann in einem luftdicht verschlossenen Plastikbehälter aufbewahrt werden, bis sie benutzt wird.
- Salzkeramik trocknet und wird ohne Backen steinhart.

Benötigtes Material

- Salzkeramikteig, hergestellt nach folgendem Rezept: 1 Tasse Salz (200 g), ½ Tasse Stärkemehl (100 g) und ¾ Tasse Wasser (150 g)
- Kochtopf und Holzlöffel
- Herd
- Pappröhre oder -dose, wie z.B. von Kaffeeextrakt
- große Kugel Salzkeramikteig
- kleine Kugeln Salzkeramikteig, mit Lebensmittelfarbe gefärbt
- Zahnstocher
- Material zum Verzieren von Figuren: Garn, Baumwolle, Filz, buntes Papier, Stoffreste, Federn, abgeschnittene Stofffetzen oder Stoffspitze
- Klebstoff oder Klebeband

So geht es

1. **Sie** geben die Teigzutaten in einen Kochtopf und kochen sie bei mittlerer Hitze auf. Die Mischung wird mit einem Holzlöffel umgerührt, bis sie eine Kugel bildet. Dann wird der Topf vom Herd genommen und auf einen Untersetzer gestellt, bis die Teigmasse abkühlt. Anschließend wird der Teig gründlich geknetet.
2. Die Kinder teilen den Teig in verschiedene Teile, die sie ganz nach Wunsch mit Lebensmittelfarben färben können.
3. Nun füllen die Kinder die Pappröhre mit Teig oder mit anderem Material, das schwer genug ist, damit die Röhre nicht umkippt.
4. Sie formen eine Teigkugel als Kopf und setzen sie auf das obere Ende der Röhre. Anschließend befestigen sie die anderen Körperteile aus gefärbter Teigmasse ebenfalls an der Pappröhre. Falls der Teig nicht kleben bleibt, befeuchten ihn die Kinder mit etwas Wasser und befestigen ihn dann. Sie können auch Zahnstocher zum Befestigen der Körperteile nehmen.
5. Die Figur wird einige Tage getrocknet, bis der Kopf und die Teigmasse in der Röhre ganz trocken sind.
6. Zum Schluss verzieren die Kinder ihre Salzfigur und verleihen ihr Kleider, Haare, eine Brille, einen Bart, Arme oder schmücken sie mit Borte. Dazu können sie Klebstoff oder Klebeband benutzen.

Drahtskulptur

Benötigtes Material

- Gipspulver
- Wasser
- Messbecher
- Schüssel
- Löffel
- kleine Milch- oder Saftpackung (½ l)
- Telefonkabel (mit bunten Drähten im Innern), in Stücke von ca. 30 cm Länge oder in eine ähnlich handliche Länge geschnitten
- Wasserfarben (nach Wahl)
- Gegenstände zur Verzierung wie z.B. Perlen oder Bänder (nach Wahl)

So geht es

1. **Sie** vermischen in einer Schüssel 1 Tasse Gipspulver mit ½ Tasse Wasser. (Beachten Sie bitte: Gießen Sie das angerührte Gipspulver nicht in den Ausguss, da es in den Rohren hart werden und sie verstopfen könnte!)
2. Der Gips wird in eine Milchpackung gegeben; insgesamt können mit der vorbereiteten Menge Gips drei Milchpackungen gefüllt werden.
3. Während der Gips hart wird, stecken die Kinder Drähte in den Gips. Sie können beliebig viele Drähte verwenden, sie können sie verdrehen oder so anordnen, wie es ihnen gefällt. Dann lassen sie den Gips trocknen, bis er hart ist.
4. Sobald der Gips ausgehärtet ist, reißen die Kinder die Milchpackung ab. Nun können sie die Drähte noch einmal verbiegen und zu Formen oder Skulpturen formen.
5. Wenn sie wollen, können sie ihre Drahtskulpturen noch mit anderen Gegenständen wie z.B. mit Perlen, Bändern oder Ähnlichem verschönern.
6. Der Gipssockel der Drahtskulptur kann weiß belassen oder mit Wasserfarben angemalt werden.

Hinweise

- Fragen Sie bei der örtlichen Telefongesellschaft nach, wo Sie Reststücke von Telefonkabeln bekommen können. Wenn Sie die äußere Kabelhülle entfernen, kommen Drähte in allen Farben zum Vorschein, die mit der Schere bearbeitet und für viele künstlerische Projekte verwendet werden können.
- Lassen Sie den Gips in der Rührschüssel hart werden und drücken Sie ihn heraus, wenn er trocken ist. Reiben Sie die Schüssel mit einem feuchten Tuch aus und spülen Sie sie dann im Waschbecken. Dagegen sollten die Kinder ihre Hände lieber in einem Eimer mit Seifenwasser waschen als am Waschbecken. Gießen Sie das Wasser draußen im Freien aus. Gießen Sie niemals Gips oder Gipsreste in den Ausguss, er könnte die Wasserrohre verstopfen und für ernste Schwierigkeiten sorgen.

Sammelcollage

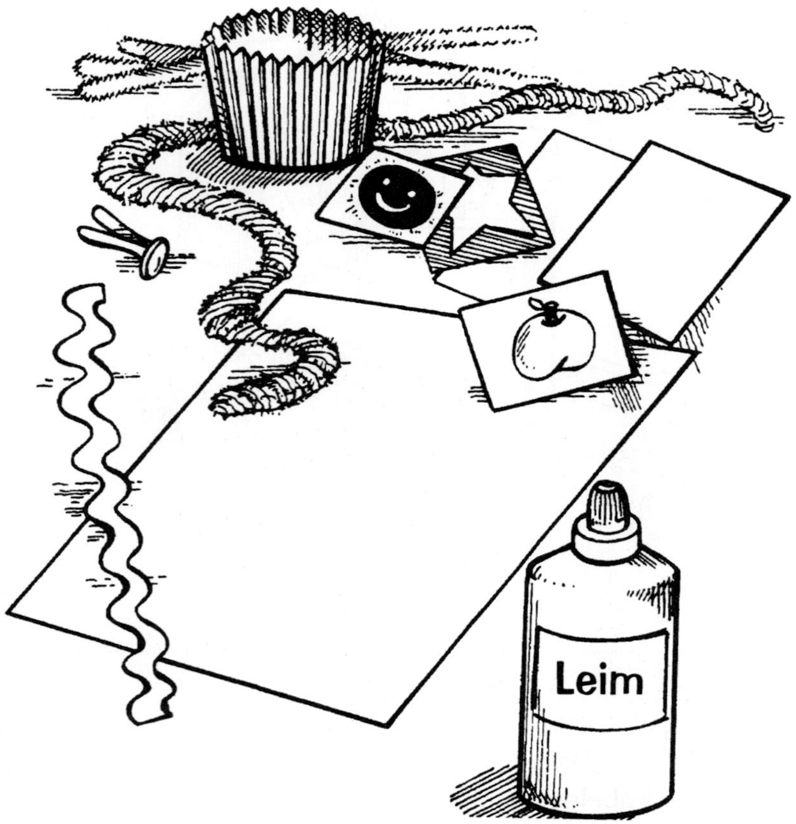

Benötigtes Material

- Gegenstände, die sich für die Herstellung einer Collage eignen: Pfeifenreiniger, Krepppapier, Papierförmchen (für Plätzchen), Aufkleber, Folie, Seiten aus Illustrierten, Stoff, Kurzwaren, Nägel, Stecknadeln, Federn, Garn etc.
- Leim in Tassen und Pinsel
- Material für den Untergrund wie z.B.: Fotokarton, Pappkarton, Holz oder festes Papier

So geht es

1. Die Kinder kleben alle möglichen Dinge auf einen Untergrund, z.B. Federn auf Fotokarton, Bilder aus Zeitschriften auf Holz usw. Die Collage wirkt hinterher umso interessanter, wenn sie die ausgewählten Materialien auf unterschiedliche Unterlagen kleben.
2. Dann tauchen sie einen Pinsel in die Tasse mit Leim und bestreichen damit das Material, das als Hintergrund für die Collage dient. Danach kleben sie die Gegenstände auf dem Untergrund fest, wobei sie – wenn nötig – noch mehr Leim hinzufügen.
3. Sie ordnen die Gegenstände zu einem gegenständlichen Bild oder einem fantasievollen Muster an.

Variante

- Begrenzen Sie die Auswahl an Material. Die Kinder können sich z.B. einen Gegenstand zum Verzieren aussuchen und einen interessanten Untergrund. Hier ein paar Anregungen: Federn auf Strukturtapete, Pompons auf buntem Stoff oder Garnreste auf hell glänzendem Fotokarton.

! Hinweis

- Ziehen Sie sich bei diesem Projekt zurück und beobachten Sie, wie ausgesprochen kreativ die jungen Künstler tätig sind.

Gefüllte Stoffformen

ab 7

Benötigtes Material

- Bleistifte oder Wachsmalstifte
- quadratische Stoffstücke (uni oder gemustert), Größe etwa 20 cm x 20 cm
- Scheren
- Stoffmalstifte
- Alleskleber
- Heftmaschine
- Füllwatte oder Stoffreste zum Ausstopfen
- Zickzackschere

So geht es

1. Die Kinder zeichnen eine Form oder ein Muster auf ein Blatt Papier, schneiden es aus und legen es auf den Stoff. Dann übertragen sie die Umrisse insgesamt zweimal sorgfältig auf den Stoff.
2. Als Nächstes schneiden sie die beiden deckungsgleichen Formen aus.
3. Wenn sie wollen, können sie die Stoffstücke mit Stoffmalstiften bemalen.
4. Dann legen sie die beiden Stoffstücke mit den linken Seiten aufeinander, also so, dass sich die Bemalung außen befindet.
5. Sie bestreichen die Ränder der Stoffstücke mit Alleskleber aus der Flasche und kleben sie aufeinander, wobei sie ein kleines Stück zum Ausstopfen freilassen.
6. Nun stopfen sie die Stoffform mit Stoffresten oder Füllwatte aus.
7. Sobald die Form fertig ausgestopft ist, kleben sie das offene Stoffstück an den Rändern zusammen. Falls das nicht hält, heften sie die Ränder aufeinander und entfernen die Heftnadeln, sobald der Klebstoff getrocknet ist.
8. Nachdem sie die Stoffform ausgestopft und mit Klebstoff verschlossen haben, schneiden sie die Stoffränder mit einer Zickzack- oder Rundschere in Form.

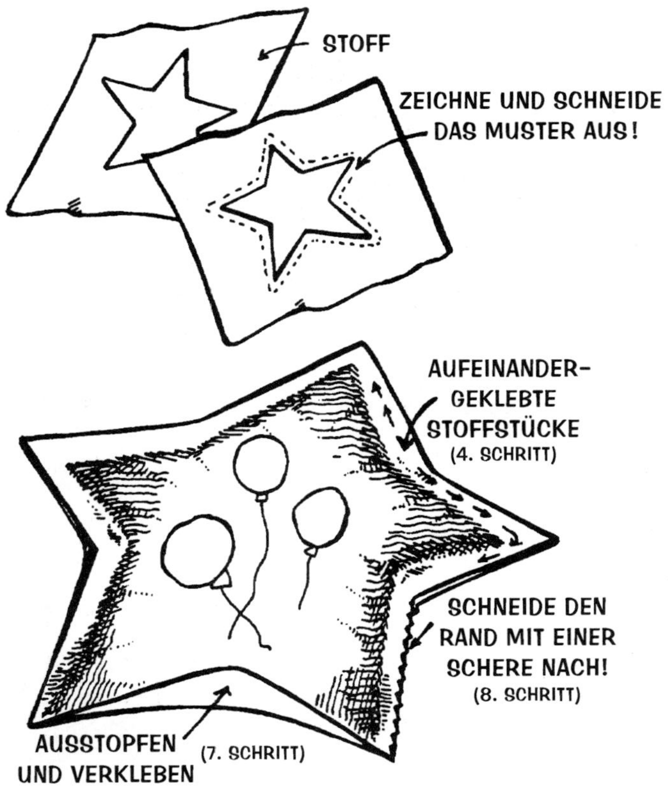

!

Hinweise

- Die Kinder entwerfen ausgestopftes Spielzeug, Baumdekorationen oder kleine Püppchen, mit denen ihre Puppen spielen können.
- Sie können die Stoffformen mit der Hand oder der Nähmaschine zusammennähen, dann brauchen sie die Kinder nicht festzukleben.

Niedliche Stopffiguren

Benötigtes Material

- Packpapierstücke, etwa 1 m x 1 m groß
- Zeitungspapier oder anderes großes Schmierpapier
- Stifte, Wachsmalstifte, Farbe und Pinsel
- Heftmaschine
- Scheren
- Garn

So geht es

1. Die Kinder überlegen sich eine Form oder eine Figur; das kann ein Fisch, ein Kürbis, ein Tier oder eine abstrakte Form sein.
2. Sie malen diese Form ganz groß auf einen Bogen Packpapier.
3. Sie schneiden die Form entlang der Umrisslinie aus; eventuell können auch Sie das für sie übernehmen. Um eine Form gleich zweimal zu erhalten, heften sie zwei Bögen Packpapier aufeinander und schneiden sie gleichzeitig aus. So bekommen sie zwei einzelne, aber völlig identische Formen.
4. Nun bemalen sie jede der beiden Formen oder verzieren sie mit allen möglichen anderen Dingen, die sie aufkleben.
5. Als Nächstes heften sie beide Formen entlang des äußeren Randes zusammen. Dabei lassen sie an einer Stelle eine kleine Öffnung.
6. Danach stopfen sie die Form mit zusammengeknülltem Zeitungspapier oder anderen Papierresten aus und heften die Öffnung zu.
7. Um die Stopffigur an der Decke aufhängen zu können, bringen die Kinder oben an der Figur einen Faden an.

Varianten

- Sie können die Stopffigur auch mit kleinen Geschenken, Preisen, Süßigkeiten, Belohnungen oder anderen witzigen Gegenständen füllen und sie jemandem schenken.
- Sie können einen ganzen Zoo basteln, eine Unterwasserwelt oder einen verrückten Garten.

Hinweis

- Junge Künstler machen gerne riesige Kunstwerke. Vielleicht fällt ihnen das Zusammenheften schwer, dennoch sollten sie so viel wie möglich selbst tun.

Tiere in Lebensgröße

ab 7

Benötigtes Material

- viele Pappschachteln in mittlerer und großer Größe
- zylindrisch geformte Pappschachteln, z.B.: Eisverpackungen, Hutschachteln etc.
- andere Gegenstände aus Pappkarton
- breites Kreppband oder Isolierband
- Stärkemehlmischung, Tapetenkleister oder selbst angerührter Kleister (vergl. S. 57) in einer breiten Wanne oder in einem Eimer
- halbierte Zeitungsseiten
- Stoffreste, Nähabfälle oder buntes Papier
- Temperafarben und Pinsel

So geht es

1. Die Kinder stellen Pappschachteln aufeinander und versuchen, ein Tier aus Pappe daraus zu bauen. Sie kleben die Schachteln weder fest noch benutzen sie Klebeband oder Ähnliches, um sie zu fixieren. Die Schachteln werden deshalb lose übereinandergesetzt, um auszuprobieren, welche Form die Figur haben könnte.
2. Wenn sie mit der Anordnung der Schachteln und der Größe der Tierfigur zufrieden sind, kleben sie die Schachteln mit breitem Krepp- oder Isolierband zusammen.
3. Dann tauchen sie eine Zeitungsseite in die Wanne mit der Stärkemehlmischung, bis sie sich vollgesogen hat. Überflüssiger Kleister wird ausgedrückt.
4. Als Nächstes drücken sie die Zeitungsseiten mit bloßen Händen auf die Tierfigur. Dabei streichen sie die Zeitung mit den Händen glatt oder benutzen dazu ein kleines feuchtes Tuch.
5. Die Kinder umwickeln die Figur so lange mit einer Schicht aus Zeitungspapier, bis der Untergrund vollständig bedeckt ist. Sie können Rundungen, Kurven und andere Strukturen hinzufügen, wenn sie aus dem eingeweichten Zeitungspapier Bälle, Klumpen o.Ä. formen.
6. Die Tierskulptur wird mehrere Tage lang getrocknet, bis sich die Oberfläche hart anfühlt und die Figur beim Dagegenklopfen hohl klingt.
7. Die Kinder malen ihr Tier mit Temperafarben an oder schmücken es mit Stoff- und Papierresten.

!

Hinweise

- Kindern bereitet das Bauen von großen Sachen unheimliches Vergnügen. Der Eifer, mit dem sie bei der Sache sind und ihr Einfallsreichtum machen die Unordnung, die beim Bauen der lebensgroßen Skulpturen entsteht, mehr als wett.
- Stellen Sie einen Eimer mit Seifenwasser bereit, damit sich die Künstler die Hände waschen können.

Collage aus Nägeln

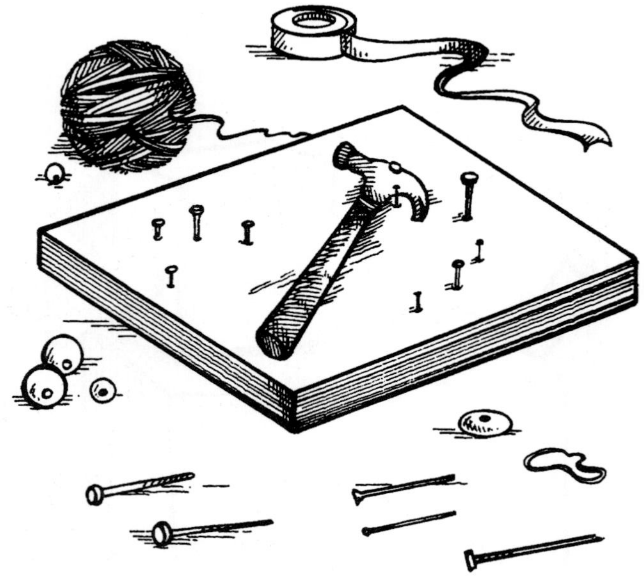

Hinweise

- Eine besonders tolle Wirkung wird erzielt, wenn die Nägel unterschiedlich tief eingeschlagen werden, sodass sie auf Besonderheiten des aufgezeichneten Musters oder der Form aufmerksam machen: so können Unterschiede in der Oberflächenbeschaffenheit oder besondere Formen der vorgezeichneten Figur plastisch veranschaulicht werden. Hier ein Beispiel zum besseren Verständnis: Wenn die Kinder einen tropischen Fisch darstellen möchten, können sie seine äußere Form mit Nägeln „nachzeichnen", die tief ins Holz eingeschlagen werden. Seine Schuppen können aus Nägeln mit dicken, seine Flossen aus Nägeln mit dünnen Köpfen bestehen und um seine Farbenpracht darzustellen, können die Künstler die Nägel mit buntem Faden oder Garn umwickeln.
- Jüngere Künstler schlagen die Nägel in der Regel lieber willkürlich ins Holz, statt gegenständliche Bilder wie z.B. einen Fisch o.Ä. zu entwerfen.

Benötigtes Material

- Nägel mit und ohne Kopf, in allen Größen und Variationen
- Hammer
- quadratisches Stück dickes Sperrholz
- Werkraum oder Werkbank
- Gegenstände zum Verzieren, z.B. Garn, Perlen, Bänder, Gummiringe usw.
- Bleistifte

So geht es

1. Die Kinder malen mit Bleistift ein einfaches Muster oder einen Gegenstand auf die Sperrholzplatte.
2. Jetzt schlagen sie eine Sorte von Nägeln in das Holz und zwar so, dass die Nägel alle auf der Bleistiftlinie in gleicher Höhe angebracht sind. Die Kinder zeichnen gewissermaßen die Umrisslinien mit eingeschlagenen Nägeln nach.
3. Dann wechseln sie die Nagelsorte und schlagen diese Nägel an einer anderen Stelle der Bleistiftzeichnung in das Holz. Dabei achten sie darauf, dass alle Nägel gleich tief ins Holz gehämmert werden.
4. Sie nehmen verschiedene andere Nagelsorten und fahren wie beschrieben fort.
5. Sie können die Nagelcollage mit anderen Gegenständen verzieren, indem sie diese um die Nägel wickeln.

Varianten

- Die Kinder verzieren ein Brett mit Nägeln und schmücken es mit Gummiringen.
- Sie wickeln Stickgarn von einem Nagel zum anderen, sodass eine Art Spinnennetz entsteht.
- Die Künstler können ihr Holzbrett auch mit Bildern aus Illustrierten bekleben oder es mit Farbe, Geschenk- oder Seidenpapier verschönern, bevor sie die Nägel einschlagen.

Plastik aus Pappkarton

VORSICHT ab 8

Benötigtes Material

- Wellpappe
- Papiermesser, falls möglich
- Scheren
- Bastelklebstoff in der Flasche
- abgedeckte Arbeitsfläche
- Farbe und Pinsel (nach Wahl)
- Kreppband

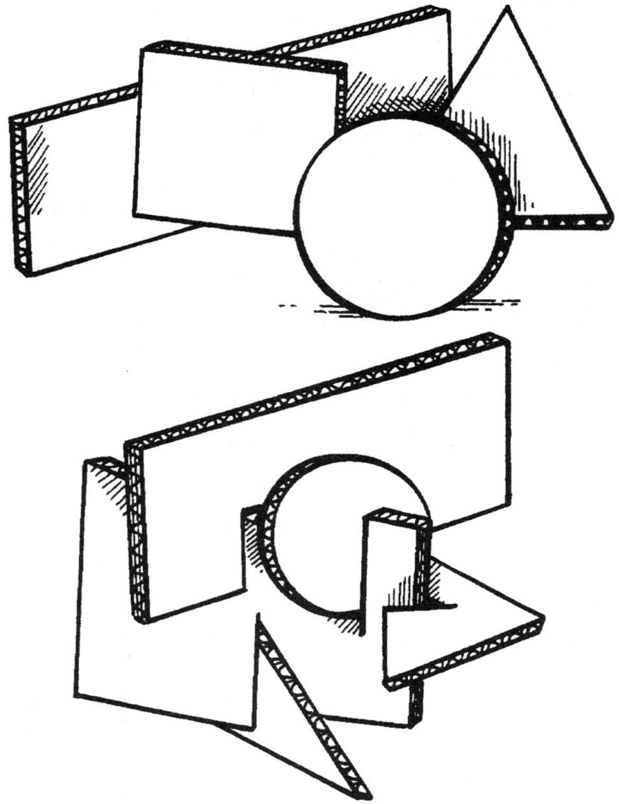

So geht es

1. Schneiden **Sie** geometrische Formen, z.B. Dreiecke, Rechtecke, Quadrate, aus der Pappe aus. Jede Form sollte zwischen 9 und 15 cm groß sein. Am besten benutzen Sie ein Papiermesser, das ist zeitsparend und erspart Blasen an den Fingern!
2. Dann wird jede Pappform an einer Seite eingeritzt.
3. Die Kinder stecken zwei Pappteile an den Ritzen zusammen.
4. Sie können einen Tropfen Klebstoff auf die Schlitze geben, bevor sie die Teile zusammenstecken, dann halten sie besser.
5. Auf diese Weise stecken sie weitere Pappteile paarweise zusammen. Wenn sie die beiden Pappformen aneinanderfügen, können sie sie mit Kreppband sichern und es später abziehen. So ist die Stabilität der Pappkonstruktion gesichert.
6. Über Nacht oder zwei Tage lang gründlich trocknen lassen.
7. Danach stecken die Kinder die Pappformen zu einem größeren Pappgebilde zusammen. Dabei gehen sie wie zuvor vor, d.h. sie schneiden an einer Stelle der zweiteiligen Pappkonstruktion einen Schlitz in die Pappe, verteilen etwas Klebstoff darauf und stecken sie auf ein anderes Pappteil. So können sie kleine oder sogar sehr große Skulpturen herstellen. Wiederum vollständig trocknen lassen.
8. Zuletzt entfernen sie das Kreppband; sie können es natürlich auch dort belassen. Wenn sie wollen, können sie die getrocknete Skulptur anmalen.

!

Hinweise

- Die Skulpturen müssen ausbalanciert sein, andernfalls kippen sie um. Manchmal kann es vorkommen, dass eine umgefallene Figur den Künstler inspiriert, aus der neuen Form eine völlig andere Skulptur zu bauen.
- Plastiken eignen sich hervorragend für Gruppenarbeiten.

Rubbelbilder aus Spitzenabdrücken

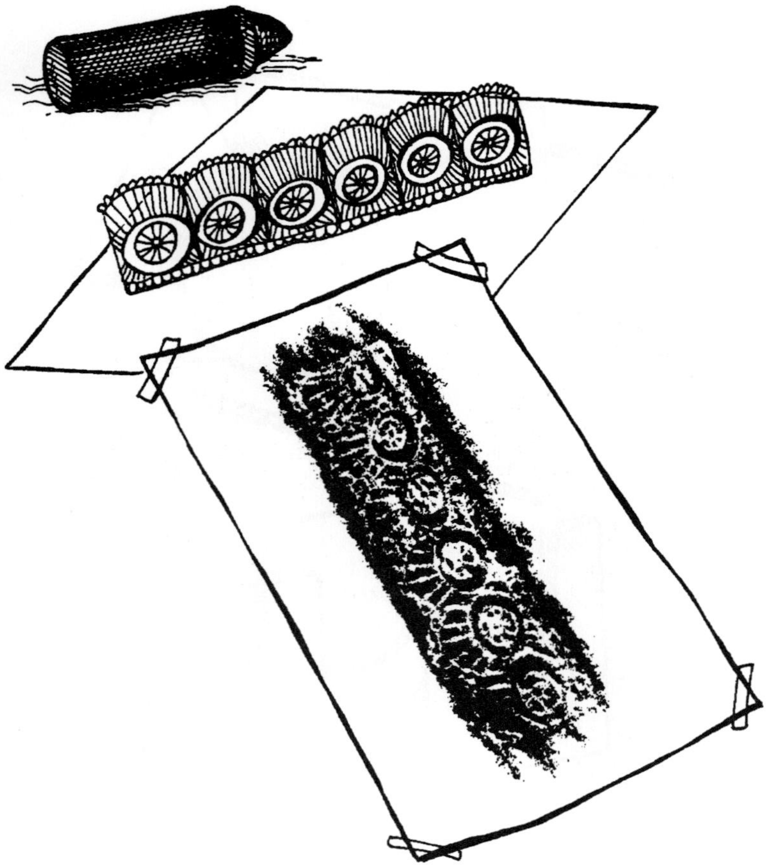

Benötigtes Material

- extra große und dicke Wachsmalstifte ohne Papierhülle
- Reste von Stoffspitze
- Stoff- oder Plastikfolienreste, in Herzen, Vierecke, Kreise, Streifen oder andere Formen geschnitten
- weißes Zeichenpapier oder Schreibmaschinenpapier
- Kreppband (nach Wahl)

So geht es

1. Die Kinder suchen sich ein Spitzenmuster sowie andere Formen aus den o.g. Materialien aus und legen sie vor sich auf den Tisch. Wenn sie wollen, befestigen sie auf der Rückseite jeder einzelnen Form eine Schlaufe aus Kreppband und kleben sie auf den Tisch.
2. Dann legen sie ein Blatt weißes Zeichenpapier über die Formen. Sie können das Blatt zusätzlich an den Ecken festkleben, damit es beim Darüberrubbeln keine Falten schlägt.
3. Danach reiben sie mit den Wachsmalstiften hin und her über das Papier, sodass sich die darunterliegenden Formen durch das Papier abzeichnen und schöne Abdrücke hinterlassen.

Variante

- Die Kinder legen die Formen immer wieder anders hin, wechseln die Farben und entwerfen neue Formen. Sie verzieren Grußkarten mit den Rubbelabdrücken oder schneiden sie aus und hängen sie ins Fenster oder an die Decke.

!

Hinweise

- Helfen Sie den Künstlern beim Zeichnen oder Umfahren einer Herzform.
- Rubbelbilder von Kindern sehen immer anders als die von Erwachsenen aus. Sehr junge Künstler lernen das Konzept erst kennen, das hinter den Rubbelbildern steht, und müssen sich daran gewöhnen, die Wachsmalstifte entsprechend zu benutzen. Fassen Sie sich also in Geduld ...

Kreideabrieb

Benötigtes Material

- Papierreste
- bunte Kreide
- Zeichenpapier in hellen Farben
- Kosmetiktücher

So geht es

1. Die Kinder reißen die Papierreste in beliebige Formen oder Stücke.
2. Als Nächstes reiben sie mit der Kreide am Rand der Papierformen entlang.
3. Dann legen sie die mit Kreide bestäubten Formen auf helles Zeichenpapier und halten sie mit der Hand, mit der sie nicht zeichnen, fest.
4. Nun wickeln sie ein Kosmetiktuch um einen Finger und bürsten damit die Kreide vom Rand des in Form gerissenen Papiers auf das Zeichenpapier. Auf diese Weise erhalten sie eine Schablone bzw. ein Muster mit ausgefransten Rändern.

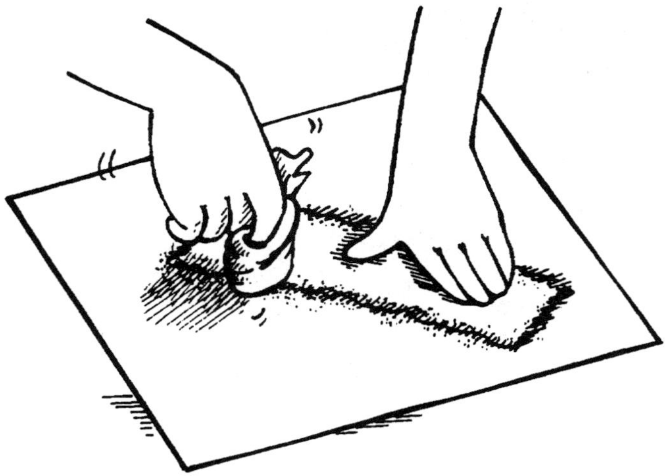

Variante

- Schlagen Sie auf S. 133 nach, dort lernen Sie eine andere Technik kennen.

! **Hinweise**

- Die Kinder werden kreidige Finger und Hände haben – klar, wenn sie mit Kreide hantieren!
- Oft möchten Kinder ein neues Kosmetiktuch nehmen, wenn sie Kreide zuerst von der einen und dann von der anderen Papierform auf das Zeichenpapier bürsten. Überzeugen Sie sie, dass sie für ihr ganzes Kunstwerk nur ein Kosmetiktuch brauchen.

Wachs-Kreide-Übertrag

Benötigtes Material

- bunte Kreide (Pastellkreiden)
- 2 Wachsmalstifte (weiß, sowie eine andere Farbe)
- Viereck aus Foto- oder Pappkarton, 13 cm x 13 cm groß
- ein Blatt Papier mit glatter Oberfläche
- Kreppband (nach Wahl)
- stumpfer Bleistift oder Pinselstiel

So geht es

1. Die Kinder malen mit der Kreide auf den Foto- oder Pappkarton und drücken sie dabei fest auf. Anschließend klopfen sie leicht gegen den Karton, um den Kreidestaub zu entfernen. Sie bemalen entweder den ganzen Karton oder nur Teile davon.
2. Dann übermalen sie die Kreidefarben mit dem weißen Wachsmalstift. Dabei müssen sie sehr entschlossen vorgehen und den Wachsmalstift beim Malen noch fester als vorher aufdrücken.
3. Als Nächstes bedecken sie die weiße Farbschicht mit einer andersfarbigen Wachsschicht. Auch dabei müssen sie den gewählten Wachsmalstift wieder fest aufdrücken, was viel Kraft in der Hand erfordert, mit der gemalt wird.
4. Danach legen sie das glatte Blatt Papier auf den bemalten Fotokarton und kleben es mit Kreppband fest.
5. Nun zeichnen sie mit einem stumpfen Bleistift oder dem Stiel eines Pinsels auf das glatte Papier; wie bereits zuvor müssen sie beim Zeichnen viel Druck auf den Stift ausüben. Dadurch werden die Kreide- und Wachsfarben vom Fotokarton auf das glatte Papier übertragen.

Varianten

- Lassen Sie die Kinder mit gemasertem Fotokarton, verschiedenfarbigem Papier und unterschiedlichen Kreidearten experimentieren.
- Führen Sie dieses Projekt mit gemustertem Papier oder mit einem getrockneten Wasserfarbenbild durch.

Hinweise

- Kreide zerbricht und verschmiert leicht. Das ist nichts Beunruhigendes, sondern eine ganz normale Eigenschaft von Kreide.
- Unternehmungslustigen und motivierten Künstlern macht es Spaß, beim Malen und Ausfüllen des Fotokartons herausgefordert zu werden und sich dabei austoben zu dürfen. Es gibt allerdings auch Kinder, die schnell ermüden oder nicht genügend künstlerischen Elan besitzen, um dieses Projekt zu beenden.

Drei Herzschablonen

ab 8

Benötigtes Material

- alte Hängeregister oder andere feste Pappe
- Papier- oder Kosmetiktücher
- bunte Kreide
- Filzstifte
- Scheren
- Zeichenpapier
- Wachsmalstifte

So geht es

Aus der Pappe werden mit einer Schere Herzen oder beliebige andere Formen ausgeschnitten. Sie können zuvor aufgezeichnet oder ohne Vorlage direkt ausgeschnitten werden. Es werden sowohl die ausgeschnittene Form als auch die Pappe mit dem entsprechend geformten Ausschnitt aufbewahrt.

Technik A: Kreideschablone

1. Die Kinder legen die ausgeschnittene Form oder die Pappe mit dem Loch auf ein Blatt Papier, am besten auf ein weißes. Mit der Kreide umfahren sie die Form bzw. malen das geformte Loch aus.
2. Während sie mit einer Hand die Form festhalten, verwischen sie die Kreidelinien mit einem Kosmetik- oder Papiertuch, das sie sich um einen Finger der anderen Hand wickeln. So verschwimmen die Linien und die Farben wirken gedämpfter. Zuletzt entfernen sie die Schablone und sehen sich die entstandene Kreidezeichnung an.

Technik B: Mit Filzstift eingefärbte Finger

1. Die Kinder legen die Pappe, aus der eine Form ausgeschnitten wurde, auf ein Blatt Papier. Dann malen sie einen Finger mit Filzstift an, bis die Fingerkuppe gut mit Farbe bedeckt ist und glänzt.
2. Als Nächstes drücken sie den eingefärbten Finger auf die Papierstelle, die von dem Pappausschnitt eingerahmt wird. Die Kinder bedecken auch den Rand des Ausschnitts mit Fingerabdrücken. Sie bedrucken die ganze freie Fläche innerhalb des Ausschnitts. Zum Schluss nehmen sie die Pappe weg und betrachten das entstandene Muster.

Technik C: Muster aus Wachs

1. Die Künstler legen die aus der Pappe ausgeschnittene Form auf ein Blatt Papier (oder sie benutzen den Ausschnitt als Schablone). Dann umfahren sie die Form mit einem Wachsmalstift.
2. Danach nehmen sie die Form ab und verschieben sie leicht auf dem Blatt, sodass sie die gerade umrissene Form etwas überlappt. Dann umfahren sie die Form wieder. Dazu können sie jede beliebige Farbe verwenden. Sie verschieben die Form immer ein wenig auf dem Blatt und umfahren sie anschließend mit einem Wachsmalstift, bis das ganze Papier mit Wachsformen oder -mustern bedeckt ist.

!

Hinweis

- Junge Künstler brauchen oft ein wenig Hilfe, wenn sie Herzen zeichnen oder ausschneiden. Manchmal ist es hilfreich, wenn Sie ihnen eine Herzform geben, die sie mit Stiften umfahren können; oder Sie lassen die Kinder eine Form entwerfen. Die meisten Kinder entscheiden sich für Herzen; in diesem Fall brauchen Sie ihnen also nur zu helfen, die Herzformen herzustellen.

ab 6

Färbendes Seidenpapier

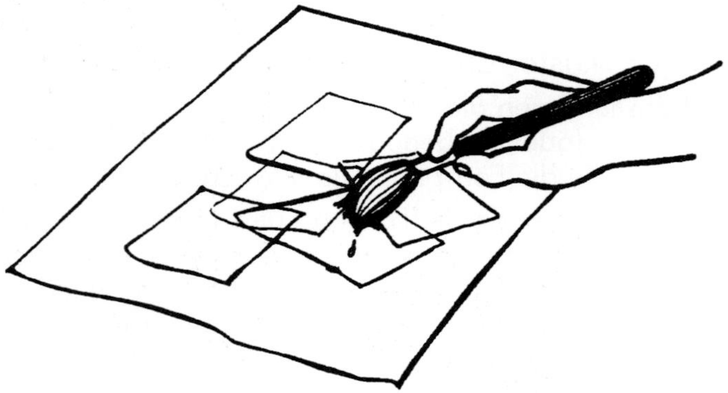

> **!** **Hinweis**
> - Die Kinder werden natürlich nicht nur das Papier, sondern auch ihre Finger einfärben, weshalb Sie einen Eimer mit warmem Seifenwasser und ein Handtuch bereithalten sollten. Manchmal kann es ein paar Tage dauern, bis die Farbflecken vollständig verschwunden sind.

Benötigtes Material

- buntes Seidenpapier in drei bis vier verschiedenen Farben, in kleine Stücke gerissen
- Foto- oder Pappkarton
- Pinsel
- Wasser in Bechern
- mit Wasser gefüllte Sprühflaschen, wie sie zum Befeuchten von Pflanzen oder Bügelwäsche verwendet werden
- abgedeckter Tisch

So geht es

1. Die Kinder legen das bunte, in kleine Stücke und Fetzen gerissene Seidenpapier auf den Foto- bzw. Pappkarton. Sie können verschiedene Farben oder nur eine einzige verwenden.
2. Sie besprühen die Seidenpapierstücke mit Wasser. Damit das Seidenpapier noch mehr abfärbt, streichen sie mit einem nassen Pinsel darüber.
3. Danach ziehen sie die feuchten Seidenpapierfetzen ab und betrachten, welches Muster sich durch das Abfärben des Papiers ergeben hat.
4. Gut trocknen lassen.
5. Sie können das Blatt noch mit anderen Farben bemalen, nachdem das Abdruckmuster getrocknet ist.

Varianten

- Die Kinder können auf diese Weise hart gekochte Eier, weißen Stoff, Papiertücher, Kaffeefilter, Servietten oder weißes Seidenpapier verzieren.
- Sie können das Blatt, das bedruckt werden soll, zu einem weihnachtlichen oder einem anderen thematisch zur Jahreszeit passenden Motiv zurechtschneiden. Zum Valentins- oder Muttertag bietet es sich an, ein Herz aus Papier auszuschneiden und es mit Hilfe von feuchten Seidenpapierstücken einzufärben.

Farbe aus Seidenpapier

ab 6

Benötigtes Material

- Seidenpapier in vielen verschiedenen Farben
- Pinsel
- Becher mit Wasser
- Papier (weißes Papier eignet sich besonders gut)

So geht es

1. Die Kinder reißen oder schneiden das Seidenpapier in kleine Stücke oder Formen.
2. Danach legen sie diese in die Becher mit Wasser und rühren sie mit dem Pinsel um.
3. Das Seidenpapier färbt ab; sobald das Wasser die Farbe angenommen hat, tauchen sie einen Pinsel in das gefärbte Wasser und malen damit auf Papier.

Variante

- Die Kinder können die Seidenpapierschnipsel auch mit etwas Wäschesteife bestreichen und auf ein weißes Papier kleben. Dann tauchen sie einen Pinsel in sauberes Wasser und fahren damit über die Schnipsel, sodass die Farbe auf dem ganzen Papier verteilt wird.

> **Hinweis**
> - Füllen Sie Tierfutternäpfe, z.B. eine Hundeschüssel, mit gerade hochgezogenen Rändern mit Wasser, denn diese kippen nicht um und das Wasser kann nicht so leicht verschüttet werden.

Sprenkelbild

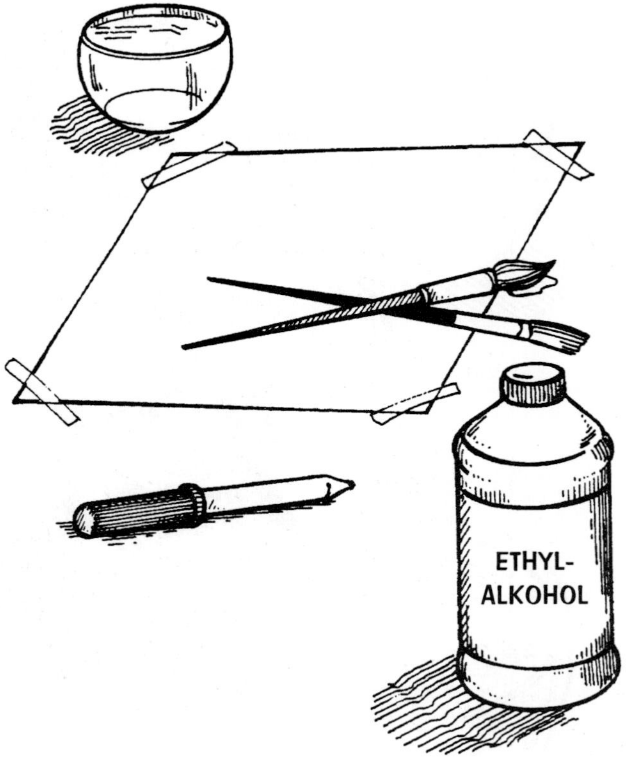

Benötigtes Material

- festes Papier, mit Klebeband am Tisch befestigt
- Pinsel
- Wasser
- Wasserfarben
- reiner Alkohol (Ethylalkohol oder Sterillium, oft erhältlich als Handdesinfektionsmittel)
- Augentropfpipette
- Mineral- oder Tafelsalz

So geht es

1. Die Kinder bestreichen das ganze Blatt Papier mit Wasser.
2. Dann bemalen sie es mit Wasserfarben, noch während es feucht ist.
3. Helfen **Sie** ihnen, mit der Augentropfpipette etwas Alkohol auf das Papier zu träufeln. Anschließend streuen sie etwas Salz über das Bild. Beide Schritte müssen sorgfältig überwacht werden.
4. Das Kunstwerk muss gründlich trocknen.
5. Wenn das Bild getrocknet ist, bürsten die Kinder das Salz ab.
6. Zuletzt entfernen sie vorsichtig das Klebeband und nehmen das Papier vom Tisch.

Hinweise

- Durch den Alkohol und das Salz wird ein ungewöhnlicher künstlerischer Effekt erzielt. Dennoch können Sie den Alkohol im 3. Schritt weglassen und das Bild nur mit Salz bestreuen.
- Die Kinder sollten dicke Pinsel benutzen, die gut mit Wasser getränkt sind, weil es dann einfacher ist, das Papier nass zu machen.
- Die Bilder sollten besser am Arbeitsplatz trocknen als an einem anderen Ort.

Witzige Stempel aus Gips

ab 8

Benötigtes Material

- Becher aus Styropor
- Fimo- oder Knetmasse
- eine Vielzahl von kleinen Gegenständen, mit denen man drucken kann, z.B. Perlen, Korken, kleine Kacheln oder Knöpfe
- Gipspulver
- Temperafarbe
- eine Styroporschale mit einem Papiertuch
- Pinsel oder Löffel zum Verteilen von Farbe
- Papier

So geht es

1. Schneiden Sie den Styroporbecher in der Mitte quer durch und verwenden Sie die untere Hälfte.
2. Die Kinder drücken etwas Knetmasse auf den Becherboden.
3. Als Nächstes stecken sie verschiedenartige kleine Gegenstände in die Knetmasse.
4. Dann geben Sie etwas Gips in den Becher, bis die Schicht eine Dicke von ca. 2,5 cm erreicht hat.
5. Wenn der Gips trocken und hart geworden ist, nehmen ihn die Kinder aus dem Becher. Die Knetmasse wird ebenfalls entfernt.
6. Die Gipsform dient als Stempel.
7. Danach gießen die Kinder etwas Temperafarbe auf das Papiertuch, das auf der Styroporunterlage liegt.
8. Anschließend verteilen sie darauf die Farbe mit einem Pinsel oder einem Löffel.
9. Dann drücken sie den Gipsstempel in die Farbe und hinterher auf ein Blatt Papier, um einen selbstgemachten Gipsstempelabdruck zu erhalten.

Variante

- Die Kinder stellen aus den Gipsstempelabdrücken Geschenkpapier, Grußkarten, Tapeten oder Briefpapier her.

!

Hinweise

- Gips (Mörtel) trocknet schnell, weshalb alles fertig parat stehen muss, wenn es in den Becher gegossen wird.
- Obwohl das Projekt ziemlich kompliziert durchzuführen ist, ist es die Zeit und den Aufwand wert, denn am Ende erhält man sehr interessante Stempel mit unterschiedlichen Motiven.

Süße Dekorationen

Benötigtes Material

- ⅓ Tasse Butter oder Margarine (70 g)
- ⅓ Tasse heller Sirup oder Agavendicksaft (75 ml) (im Reformhaus erhältlich)
- ½ Teelöffel Salz
- 1 Teelöffel Vanillepulver
- 1 Packung Puderzucker (450 g)
- Schüssel
- Messbecher und -löffel
- Spachtel oder Messer
- Lebensmittelfarbe
- Papiertücher
- Hafer- oder Butterkekse (ohne Glasur)
- saubere Arbeitsoberfläche

So geht es

1. Zuerst waschen sich die Kinder die Hände und wischen die Arbeitsfläche ab.
2. Sie vermischen die Butter, den Sirup, das Salz und Vanillepulver von Hand in einer Schüssel, geben den Puderzucker hinzu und kneten die Teigmasse, bis sie weich und geschmeidig ist.
3. Damit der Teig nicht klebt und sich gut formen lässt, fügen sie bei Bedarf noch etwas Puderzucker hinzu.
4. Sie teilen den Teig in kleine Portionen und vermischen diese mit Lebensmittelfarbe. Sie können dazu einen Spachtel oder ein Streichmesser verwenden.
5. Die Kinder legen kleine Mengen des gefärbten Süßigkeitenteigs auf ein Papiertuch und dekorieren damit einen Keks.
6. Zum Schluss dürfen die Künstler ihre süßen Kunstwerke genießen!

Variante

- Die Kinder stellen eine Buttercremeglasur her und überziehen einen Kuchen, Napfkuchen oder (Butter-)Kekse damit. Danach verzieren sie den Guss mit aus dem süßen Teig geformten Dekorationsstücken.

Hinweise

- Lassen Sie eine genügend große Menge an Teig herstellen, damit 30 Kinder jeweils mindestens einen Keks oder einen Napfkuchen verzieren können oder damit ein einziges Kind 30 Kekse bzw. Napfkuchen dekorieren kann.
- Lassen Sie den süßen Teig nicht an warmen Tagen zubereiten, sonst schmilzt die Butter und der Teig wird zu klebrig.
- Die Kinder können aus diesem Teig keine aufrecht stehenden Figuren, dafür aber flache Formen, Gegenstände usw. herstellen.

Apfelherzpizza

VORSICHT ab 7

Benötigtes Material

- $2\frac{1}{4}$ Tassen Mehl (450 g)
- ca. 50 g Butter, Raumtemperatur
- 3 Esslöffel und 1 Teelöffel Zucker
- $\frac{1}{4}$ Teelöffel Salz
- $\frac{1}{4}$ Tasse kaltes Wasser
- 3 mittelgroße Äpfel
- $\frac{1}{2}$ Teelöffel Zimt
- Backofen, auf 200 °C vorgeheizt
- Kuchenblech
- Schneidebrett
- Spachtel
- Untersetzer
- große Rührschüssel
- mittlere Rührschüssel
- Nudelholz
- Schälmesser oder Apfelausstecher

So geht es

Zubereitung des Teigs

1. In einer großen Rührschüssel werden das Mehl und die Butter mit den Fingern vermischt, bis das Mehl einen leichten Gelbstich hat.
2. Dann werden 3 Esslöffel Zucker und das Salz hinzugefügt und das Ganze mit den Händen vermengt.
3. Als Nächstes wird das kalte Wasser hinzugegeben und der Teig mit den Händen zu einer Kugel geformt.
4. Danach wird das Schneidebrett mit etwas Mehl bestäubt und der Teig darauf ungefähr 5 Minuten lang geknetet. Falls nötig, wird noch etwas Mehl hinzugefügt.
5. Nun wird der Teig zu einer Kugel geformt und in vier gleichgroße Portionen geteilt. Mit einem Nudelholz wird jede Teigportion ausgerollt; die entstehende Teigplatte sollte etwa einen halben Zentimeter dick sein. Damit der Teig nicht anklebt, wird etwas Mehl darübergestreut.
6. Anschließend wird die Teigplatte so mit den Händen bearbeitet, dass sie die Form eines Herzens annimmt. Dann wird ein Spachtel oder Teigmesser unter den Teig geschoben und die Herzform auf das Kuchenblech gelegt. Ebenso wird mit den anderen drei Teigportionen verfahren.

Zubereitung der Apfelpizza

1. Die Äpfel werden geschält, entkernt und in Viertel geteilt. Danach wird jedes Viertel in 6 bis 10 Scheiben geschnitten.
2. Die Apfelschnitze werden in eine mittelgroße Schüssel gegeben und mit 1 Teelöffel Zucker sowie mit dem Zimt bestreut. Die Schüssel wird hin und her gekippt, bis die Äpfel gleichmäßig mit Zucker und Zimt bedeckt sind.
3. Dann werden die Scheiben auf den herzförmigen Teigplatten verteilt; sie können zu bestimmten Mustern angeordnet werden, z.B. so, dass sie wie Windräder aussehen.
4. Bei 200 °C 15 Minuten backen. Wenn die Ränder goldbraun sind, sind die Apfelherzpizzen fertig. Holen **Sie** sie aus dem Ofen.
5. Zuletzt wird jede Pizza auf einen Teller gelegt. Und dann heiß, warm oder kalt genießen!

! **Hinweis**

- Der Teig kann im Voraus ausgerollt und abgedeckt (z.B. in Frischhaltefolie gewickelt) im Kühlschrank aufbewahrt werden, bis er mit den Apfelschnitzen belegt und gebacken wird.

Gläserne Kekse

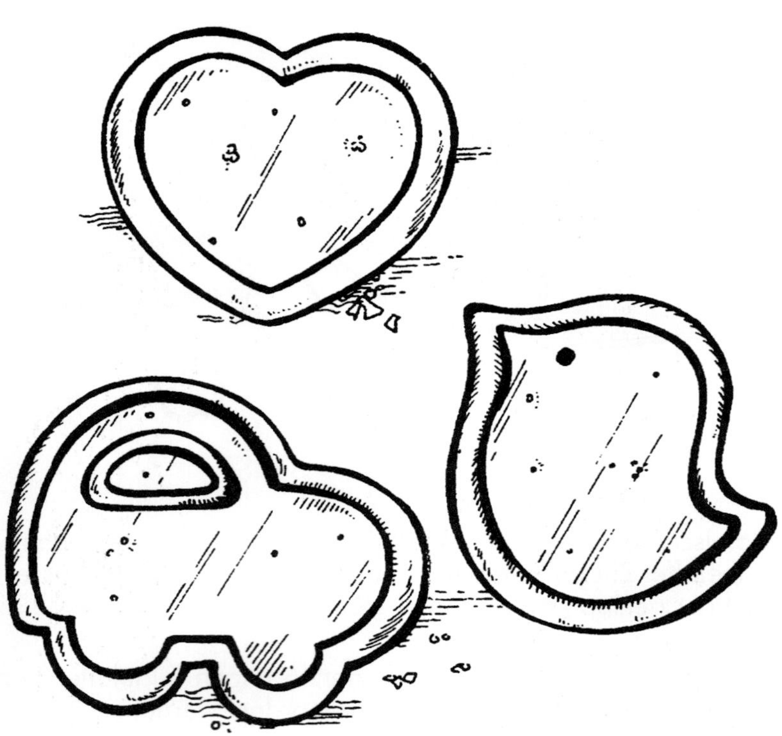

Benötigtes Material

- 1/3 Tasse gehärtetes Pflanzenfett oder Butter (70 g)
- 1/3 Tasse Zucker (70 g)
- 1 Ei
- 3 Tassen Mehl (600 g), mit 1/2 Teelöffel Natron vermischt
- 1 Teelöffel Salz, gestrichen (nach Wahl)
- 2/3 Tasse Honig (150 ml)
- Schüssel
- Messbecher, Löffel
- zerbrochene Lutscher, Bonbons oder andere zerkleinerte, harte Süßigkeiten (am besten aus Zucker)
- mit Aluminiumfolie abgedecktes Kuchenblech
- Backofen, auf 190 °C vorgeheizt

So geht es

1. Bevor die Kinder mit der Zubereitung des Teigs anfangen, waschen sie sich die Hände. Dann geben sie das Pflanzenfett, den Zucker, das Ei, das Mehl, Salz und den Honig in eine Schüssel und vermengen alles von Hand.
2. Danach legen sie den Teig auf das mit Aluminiumfolie bedeckte Backblech. Sie teilen den Teig in kleinere Portionen und rollen ihn zu Teigwürsten, die ungefähr einen halben Zentimeter dick sein sollten und später die äußeren Keksränder bilden.
3. Die Kinder stellen aus den Teigwürsten die Formen her, die ihre Kekse haben sollen, z.B. Fantasieformen, Herzen, Kreise, Autos, Vögel oder Gesichter. Wichtig ist, dass die Kinder die Enden der Teigwürste sorgfältig verbinden und verstreichen – die Umrisslinien eines Bildes sind ja auch durchgezogen und nicht unterbrochen!
4. Als Nächstes streuen sie die zerkleinerten Süßigkeiten aus Zuckermasse in die Hohlräume im Inneren der Keksformen. Sie füllen das Innere vollständig aus, sodass es sich über die Ränder hinaushebt, d.h. sie bilden in der Mitte der Kekse einen kleinen Haufen aus den zerkleinerten Süßigkeiten.
5. Die Kekse werden 8 bis 10 Minuten bei 190 °C gebacken.
6. **Sie** holen die Kekse aus dem Ofen, damit sie abkühlen können. Wenn sie kalt und hart sind, ziehen die Kinder die Aluminiumfolie ab. Die gläsernen Kekse sind besonders köstlich, wenn sie kalt sind!

Hinweise

- Vergewissern Sie sich vorher, dass der Ofen groß genug bzw. die Kekse flach genug sind, damit sie in den Ofen passen, falls die Kinder Stiele in die Kekse stecken wollen.
- Lassen Sie die Kinder mit allen möglichen Farben von zerbrochenen Zuckersüßigkeiten experimentieren, auch wenn es immer so scheint, als sei Rot die bevorzugte Farbe.

Flatternde Herzen

ab 8

Benötigtes Material

- ein flach ausgebreitetes Blatt Wachspapier, in der Mitte gefaltet (Querformat, vgl. Illustration)
- eine Schale mit Leim, mit Wasser bis zu milchigweißer Farbe verdünnt (Geben Sie ein paar Tropfen flüssiges Waschmittel hinzu, damit sich keine Klümpchen bilden!)
- großer Pinsel
- Seidenpapier
- Scheren
- mit Zeitung abgedeckter Tisch
- Locher
- Garn oder Gummiringe

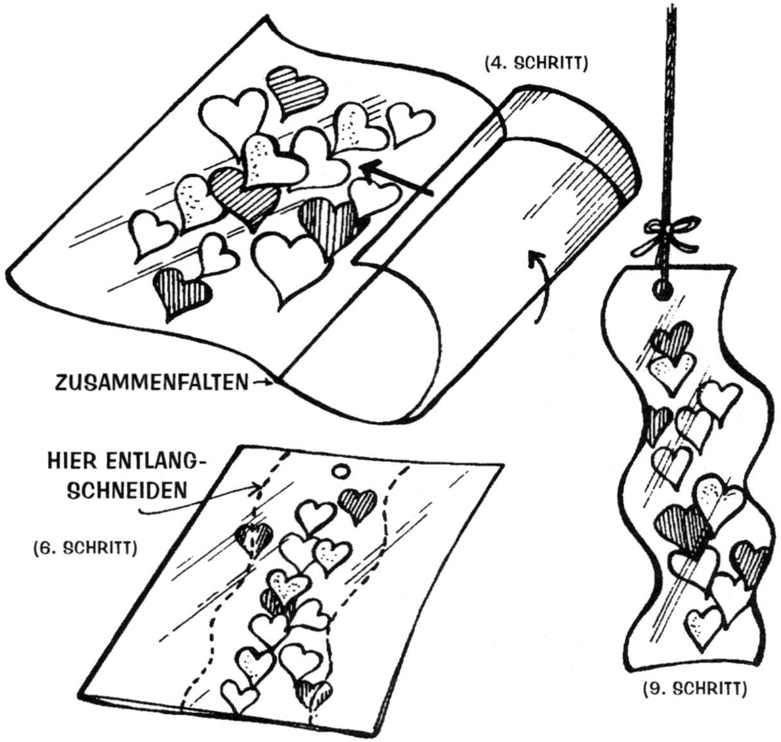

So geht es

1. Die Kinder legen das Wachspapier quer vor sich hin und bestreichen eine Hälfte des Papiers mit dem verdünnten Leim.
2. Dann kleben sie verschiedenfarbige Herzen oder andere Formen und Muster aus Seidenpapier, das sie vorher zurechtgeschnitten oder -gerissen haben, auf das Wachspapier. Typische Valentinsfarben wie z.B. Rot machen sich gut als flatternde Dekoration.
3. Als Nächstes streichen sie noch mehr Leim auf die Herzen bzw. auf die anderen Formen aus Seidenpapier.
4. Danach falten sie die leere Blatthälfte auf die beklebte Hälfte und streichen das Wachspapier glatt.
5. Über Nacht trocknen lassen.
6. Die Kinder schneiden ihre getrocknete Seidenpapiercollage in Streifen oder in andere schlauchförmige Gebilde – das können Schlangen, Blitze oder Ähnliches sein.
7. Anschließend stanzen sie oben in ihren Papierstreifen ein Loch und ziehen einen Faden oder einen Gummi durch.
8. Nun können sie ihre flatternden Herzen an einen Ast, Kleiderbügel oder an Nägel hängen, die rund um den Fensterrahmen befestigt sind.

Varianten

- Die Kinder stellen Lesezeichen aus ihrer Seidenpapiercollage her.
- Sie können ihre Seidenpapiercollage aber auch einrahmen, statt sie in Streifen zu schneiden.

Hinweise

- Die Kinder sollten das Loch mindestens einen halben Zentimeter vom Rand entfernt anbringen, damit das Wachspapier nicht einreißt.
- Es ist normal, dass der feuchte Leim fleckig aussieht; wenn er getrocknet ist, ist er durchsichtig.

Bestickte Karten

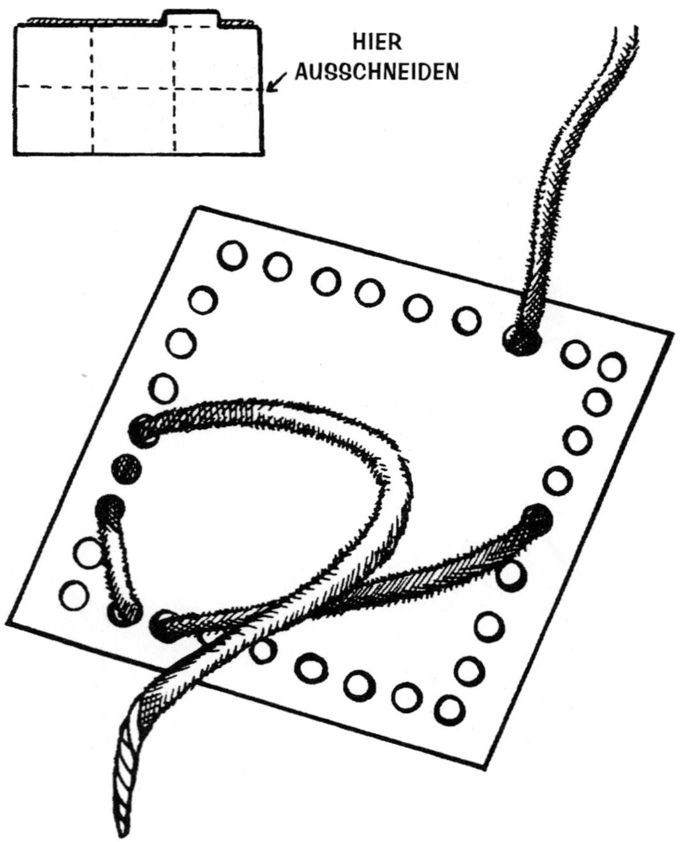

Benötigtes Material

- feste Pappe oder Hängeregister (aus Pappe)
- feste Schnur, Garn oder bunter Faden, in Stücke zurechtgeschnitten
- Locher
- Scheren
- Kreppband
- Wachsmalstifte oder Filzstifte

So geht es

1. Die Kinder schneiden das Hängeregister in Vierecke von 15 cm x 15 cm Größe oder in beliebige andere Formen.
2. Als Nächstes stanzen sie mit dem Locher entlang der Ränder Löcher in die Pappe.
3. Sie umwickeln das Fadenende mit Kreppband, um eine stopfnadelähnliche Spitze zu erhalten.
4. Sie kleben das andere Ende des Fadens auf der Rückseite der Pappe fest. Dann ziehen sie den Faden durch die Löcher und sticken beliebige Formen, Muster und Figuren.
5. Wenn der Faden zu Ende ist, befestigen sie das Ende auf der Rückseite und setzen ihre Stickerei mit einem neuen Faden, eventuell in einer anderen Farbe, fort.
6. Wenn sie ihre Stickarbeit beendet haben, können sie die Zwischenräume, wo sich die Fäden kreuzen, mit Drei-, Vierecken und anderen Formen verzieren. Sie können dazu Wachsmal- oder Filzstifte oder beides verwenden.

Varianten

- Die Kinder können auch Styroporschalen oder Pappteller besticken, die sie vorher zu Herzen, Blumen, Autos, Katzen o.Ä. zurechtgeschnitten haben.
- Geben Sie den Kindern Material mit ausgestanzten Löchern, das sie dann besticken können.
- Die Künstler verwenden herzförmig ausgeschnittenes Material und fertigen daraus Stickkarten zum Valentins- oder Muttertag.

Hinweise

- Wenn die Kinder mit dem Lochen der Pappe Schwierigkeiten haben, können Sie die Löcher nach ihren Anweisungen stanzen.
- Eine Papierstanzmaschine ist schärfer als ein normaler Locher und stanzt mühelos Löcher auch in festeres Papier.

Ein einfaches Kaleidoskop

ab 7

Benötigtes Material

- Pappröhre von beliebigem Durchmesser, z.B. Küchenpapier- und Toilettenpapierrollen
- Wachspapier
- Seidenpapierschnipsel
- Locher
- Scheren
- Leim, mit Wasser verdünnt
- Pinsel
- Klebeband oder dicke Gummiringe, z.B. für Einmachgläser

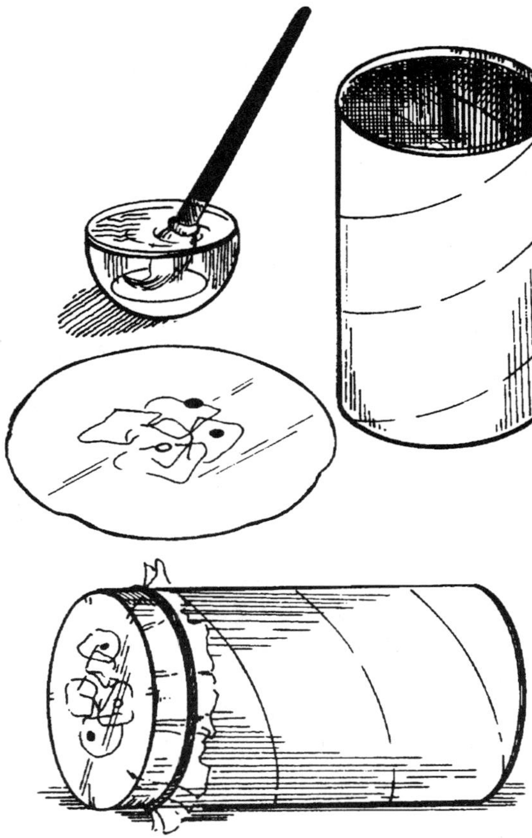

So geht es

1. Die Kinder schneiden einen Kreis aus dem Wachspapier aus, dessen Radius 2 bis 5 cm größer ist als der der Papprőhre.
2. Dann bestreichen sie den Wachspapierkreis mit verdünntem Leim und kleben die Seidenpapierschnipsel darauf. Sie können das Seidenpapier in kleine Stücke reißen oder schneiden oder mit dem Locher kleine Seidenpapierkreise stanzen.
3. Das beklebte Wachspapier wird über Nacht getrocknet.
4. Wenn der beklebte Kreis aus Wachspapier getrocknet ist, legen die Kinder ihn über das Ende der Röhre und knicken den überstehenden Rand um, sodass das Papier die Röhre wie ein Deckel verschließt. Danach kleben sie den Wachspapierkreis auf der Röhre fest oder befestigen ihn mit einem dicken Gummiring.
5. Nun können die Kinder durch das andere Ende der Röhre gucken und die Farben und Muster bewundern. Am besten halten sie das Kaleidoskop gegen das Licht.

Varianten

- Sie können statt Wachspapier auch Plastik-, Cellophanfolie oder Transparentpapier verwenden.
- Verschließen Sie das andere Ende der Röhre mit Cellophan.

!

Hinweis

- Kleine Künstler halten zuerst gern bunte Cellophanfolie, Seidenpapier und anderes Papier vor das Loch der Röhre, bevor sie es auf das Wachspapier kleben. So können sie besser entscheiden, welche Farben sich am besten für ihr Kaleidoskop eignen.

Ausgefallene Halskette zum Aufessen

ab 8

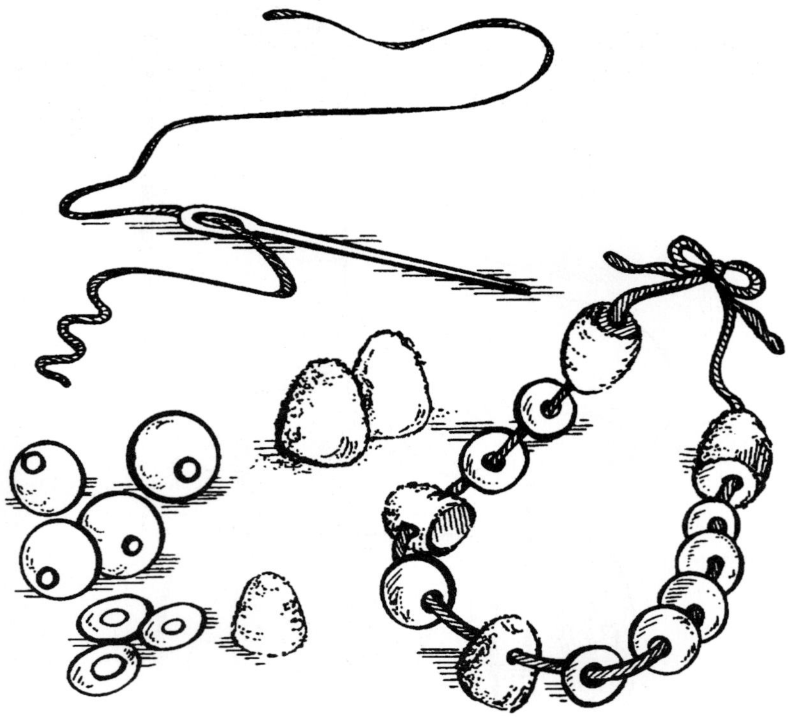

Benötigtes Material

- Zier- oder Häkelgarn
- Scheren
- Nadel mit großem Öhr
- Lebensmittel zum Auffädeln, z.B.: Getreideringe, Rosinen, Zwetschgen, getrocknete Aprikosen oder Gummidrops
- Perlen aus gebackenem Brotteig (vgl. S. 105)

So geht es

1. Die Kinder fädeln den Faden durch das Nadelöhr und verknoten das kürzere Ende direkt hinter dem Öhr mit dem restlichen Faden.
2. Dann fädeln sie verschiedene Lebensmittel auf, bis der Faden voll ist.
3. Danach schneiden sie den Faden unterhalb des Nadelöhrs ab und verknoten dieses Fadenende mit dem anderen, sodass sie eine Halskette, ein Armband oder eine Lebensmittelgirlande erhalten.
4. Tragen, genießen und sich daran freuen! Eine Zwischenmahlzeit, die bequem am Körper zu tragen ist.

Varianten

- Die Kinder können eine kleine Schachtel mit Rosinen an der Kette befestigen und sie als Anhänger tragen.
- Sie können Samen oder Nüsse in kleine Klarsichtbeutel füllen und sie ebenfalls an die Kette hängen.
- Besonders schön sieht es aus, wenn die Kinder die Gegenstände an ihrer Kette nach einem bestimmten Schema aufreihen, z.B. dunkle und helle, glatte und raue oder große und kleine Gegenstände nebeneinander – das ergibt ein interessantes Muster!
- Die Kinder gehen mit ihrem essbaren Halsschmuck spazieren und stellen ihn so zur Schau.
- Sie verschenken die Halsketten.

Hinweise

- Die Kinder werden etwas von den Snacks naschen, während sie sie auffädeln!
- Erinnern Sie die Kinder daran, sich die Hände zu waschen, bevor sie mit dem Projekt anfangen.

Bunte Eisstiele

ab 8

Benötigtes Material

- Eisstiele
- Lebensmittelfarbe
- Backform oder Schale mit warmem Wasser
- Papiertücher, Zeitung
- Kreppband
- Zange (z.B. Grillzange o.Ä.) oder Spachtel

So geht es

1. Die Kinder vermischen die Lebensmittelfarbe mit dem warmen Wasser in der Backform. Wenn sie wollen, können sie verschiedene Farben in unterschiedlichen Backformen mischen.
2. Dann legen sie die Holzstiele in die warme Farbe.
3. Danach nehmen sie diese mit einer Zange oder einem Spachtel heraus und legen sie zum Trocknen auf Zeitungspapier.
4. Wenn die Stiele trocken sind, können sie sie mit Kreppband zusammenkleben und Skulpturen daraus bauen.

Variante

- Wenn sie eine Skulptur bauen möchten, die sich thematisch auf Weihnachten, Valentinstag oder Muttertag bezieht, dann kleben sie kleine Papierherzen oder etwas Spitze auf die fertiggestellte Skulptur.

Hinweise

- Die Holzstiele nehmen Farbe schneller an, wenn sie in eine warme statt in eine kalte Farbmischung gelegt werden.
- Die Farbe kann auch Hände und Finger verfärben, weshalb die Kinder Gummihandschuhe tragen bzw. Zangen verwenden sollten, wenn sie die Stiele aus der Form mit der Farbe holen.
- Sie können Streichhölzer, Zahnstocher, Schaschlikspieße aus Holz oder andere hölzerne Gegenstände färben und Skulpturen daraus bauen.

ab 8 VORSICHT

Riesiges Fadenmuster

Benötigtes Material

- Seil, Garn, Schnur oder Bindfaden
- quadratische Sperrholzplatte, ungefähr 1,5 cm dick und 70 cm x 70 cm lang oder länger
- Hammer
- lange Nägel mit breiten Köpfen (höchstens 1,5 cm lang)
- Dinge zum Verzieren der Schnur, z.B. Federn, Wattebäusche, Bänder oder andere derartige Kleinigkeiten (nach Wahl)

So geht es

1. Die Kinder nageln die Nägel auf das Brett; sie können mit den Nägeln gewissermaßen Muster in das Holz hämmern. Die Nägel können am Rand der Holzplatte entlang eingeschlagen werden oder in der Mitte. **Sie** sollten diesen Schritt sorgfältig überwachen und aufpassen, dass die Kinder die Nägel nicht durch die Platte hindurchschlagen, damit der Tisch oder der Boden keinen Schaden nimmt.
2. Wenn sie genügend Nägel eingeschlagen haben, nehmen sie ein Seil bzw. Garn oder Ähnliches und schlingen und wickeln es um die Nägel oder befestigen es sonst irgendwie daran oder weben mit dem Faden. Auf diese Weise erhalten sie ein farbenfrohes Fadenmuster.
3. Wenn die Kinder möchten, können sie zusätzliche Kleinigkeiten an den Fäden befestigen, z.B. Federn, Geschenkbänder etc.

Varianten

- Dieses Projekt eignet sich als Gruppenprojekt: nehmen Sie dazu eine noch größere Sperrholzplatte, mehr Nägel und lassen Sie mehrere Kinder zusammenarbeiten.
- Die Künstler bestreichen die Holzunterlage mit Farbe, bevor sie die Nägel einschlagen.
- Oder sie bedecken das Holz zuerst mit Geschenkpapier oder Selbstklebefolie.

! **Hinweis**

- Manche Kinder benötigen etwas Hilfe, wenn sie die Fäden und Schnüre an den Nägeln befestigen. Sie können sie zusätzlich mit Kreppband fixieren.

Frühling

Muster aus Klebeband und Kreide

Benötigtes Material

- Kreppband
- Foto- oder Pappkarton
- feuchter Schwamm
- bunte Kreide

So geht es

1. Die Kinder kleben das Kreppband so auf den Foto- oder Pappkarton, dass sich ein Muster ergibt.
2. Dann reiben sie Kreide auf einen feuchten Schwamm oder zeichnen mit Kreide ein Bild darauf.
3. Danach pressen sie den Kreideschwamm auf den mit Kreppband beklebten Foto- bzw. Pappkarton. Dabei wird das Kreidemuster auf den Karton übertragen.
4. Zuletzt ziehen sie die Klebebandstreifen ab: die überklebten Stellen sind kahl geblieben und bilden ein Muster, das sich von dem bunten Kreidehintergrund abhebt.

Varianten

- Die Kinder können für das Projekt auch Kreppband und Wasserfarbe verwenden. Sie übermalen das Papier oder den Fotokarton anstatt mit Kreide mit Wasserfarben. Dann ziehen sie das Kreppband ab, und der Negativdruck ist zu sehen.
- Sie schneiden Formen aus dem Kreppband aus.
- Anstelle von Kreppband können sie auch Selbstklebefolie nehmen.

!

Hinweise

- Die Kinder sollten das Kreppband möglichst schnell wieder abziehen, sonst bleibt es auf dem Papier haften.
- Wenn sie das Kreppband an einer Ecke etwas hochziehen, wenn sie es auf das Papier kleben, kann es hinterher leichter abgezogen werden.

Gestärkte Kreide auf Stoff

Benötigtes Material

- quadratisches Stück Baumwollstoff
- Eimer oder Schüssel mit Wäschesteife
- Tablett
- Wasser
- bunte Kreide

So geht es

1. Die Kinder weichen den Baumwollstoff in der Schüssel mit Wäschesteife ein.
2. Dann wringen sie den Stoff mit den Händen aus.
3. Anschließend legen sie den Stoff auf das Tablett und streichen ihn glatt.
4. Sie bemalen den feuchten Stoff mit bunter Kreide.
5. Das Kunstwerk wird auf dem Tablett getrocknet oder woanders flach hingelegt, damit es trocknen kann.

Varianten

- Die Kinder legen das Stoffstück auf eine Unterlage mit Struktur, dann entsteht auf dem Stoff ein Kreideabdruck des darunterliegenden Musters.
- Sie können das fertige Kunstwerk rahmen oder auf einen Stickrahmen spannen und aufstellen.

!

Hinweise

- Die Kreide leuchtet mehr, wenn sie in Wäschesteife getränkt wird. Außerdem haftet sie dann besser auf dem Stoff.
- Der Stoff darf natürlich nicht gewaschen werden, sonst verschwindet das Bild!!!

Sandpapierdruck

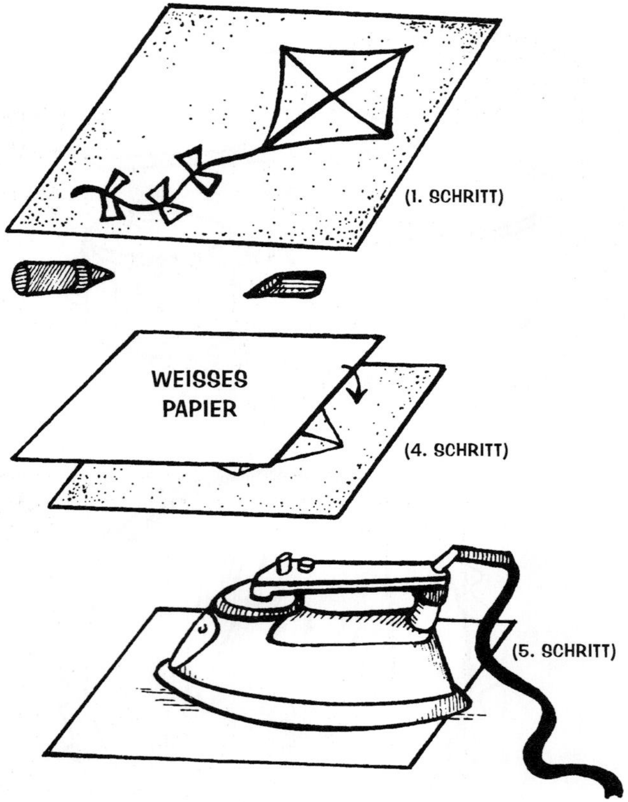

Benötigtes Material

- Sandpapier, mittelfein
- Wachsmalstifte
- Zeitung
- altes Bügeleisen, auf mittlere bis hohe Stufe eingestellt
- weißes Papier

So geht es

1. Die Kinder malen auf das Sandpapier, wobei sie die Wachsmalstifte beim Malen fest aufdrücken.
2. Dann legen sie einen Stapel Zeitungspapier auf den Tisch, wo gebügelt werden soll.
3. Sie legen das Sandpapier auf dieses Behelfsbügelbrett.
4. Danach bedecken sie das Sandpapier mit einem Bogen weißes Papier.
5. Drücken **Sie** das weiße Papier beim Bügeln auf das Sandpapier, sodass die Wachslinien der Zeichnung sich auf das weiße Papier übertragen.
6. Die Kinder können mehrere Abdrücke von demselben Wachsbild herstellen, wenn sie das Bild nochmals mit Wachsfarben nachzeichnen und es dann mit Hilfe des Bügeleisens auf ein neues Blatt Papier übertragen.

ABDRUCK EINER SANDPAPIERZEICHNUNG

Hinweise

- Dieses Projekt stellt eine gute Methode dar, mehrere Kopien von Wachsbildern eines Kindes herzustellen.
- Manche Kinder können auch schon selbst bügeln, wenn sie dabei beaufsichtigt werden. Das machen sie am besten an einem niedrigen Tisch.
- Kleben Sie das Sandpapier auf den Tisch, dann wellt es sich nicht, während der Künstler darauf malt.

Glanzfarbe

Benötigtes Material

- 1 Dose Kondensmilch
- 4 verschiedene Lebensmittelfarben
- 4 Becher, z.B. Jogurtbecher
- weißes Zeichenpapier
- Pinsel
- Wattestäbchen
- schwarzes Brett (Notizbrett)
- Reißzwecken

So geht es

1. Die Kinder zeichnen Formen auf das weiße Zeichenpapier oder schneiden Formen daraus aus.
2. Dann rühren sie in jeder der vier Tassen eine andere Lebensmittelfarbe mit Kondensmilch an.
3. Sie nehmen einen Pinsel oder ein Wattestäbchen und bemalen die Formen in unterschiedlichen Farben.
4. Sie hängen die ausgeschnittenen Formen mit Reißnägeln an die Wand, wenn sie noch feucht sind, sodass die Farben ineinanderlaufen. Sie können sie auch an ein schwarzes Brett, eine Pinnwand o.Ä. hängen.
5. Mehrere Tage trocknen lassen.

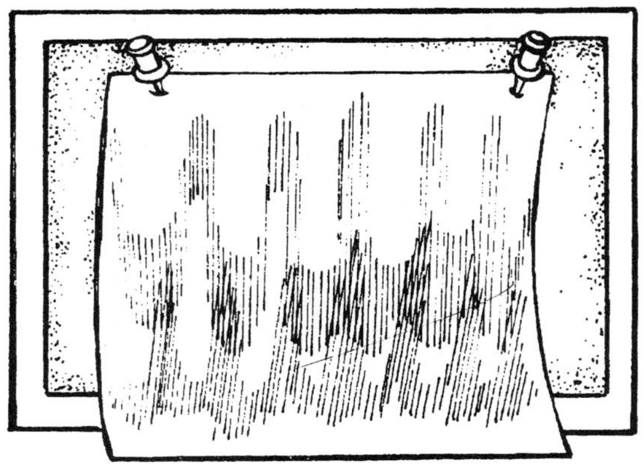

Varianten

- Die Kinder färben Ostereier auf diese Art oder malen Bilder mit österlichen Motiven.
- Sie können glänzende Farben mit Pastellfarben mischen.

! **Hinweise**

- Möglicherweise benötigen kleine Kinder Ihre Hilfe beim Befestigen der Papierformen an der Pinnwand oder zu einem anderen Zeitpunkt während der Durchführung des Projekts.
- Decken Sie den Boden unterhalb der Pinnwand ab, um ihn vor herabtropfender Farbe zu schützen.

Farbe aus Stärkemehl

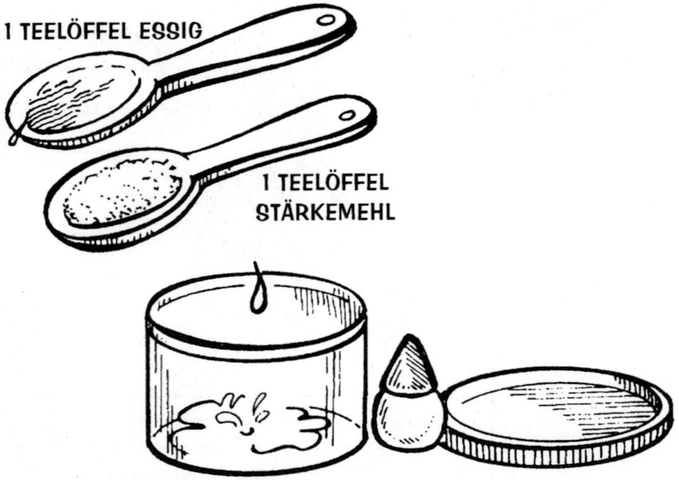

Benötigtes Material

- Teelöffel
- Glas mit Deckel (meistens Gläschen mit Babynahrung)
- Essig
- Stärkemehl
- Lebensmittelfarbe
- Papier
- Pinsel

So geht es

1. Die Kinder geben 1 Teelöffel Essig, 1 Teelöffel Stärkemehl und 20 Tropfen Lebensmittelfarbe in das Glas.
2. Dann schütteln sie das Glas, damit sich die Zutaten vermischen.
3. Sie rühren pro Glas eine Farbe an; insgesamt bereiten sie mehrere Gläser vor.
4. Nun können die Kinder einen Pinsel in die Stärkefarbe tauchen und dann wie mit Temperafarbe auf das Papier malen.

Varianten

- Die Kinder bemalen hart gekochte Eier mit dieser Farbe.
- Oder sie bemalen Holzreste damit.
- Lassen Sie sie auf andere Oberflächen malen.

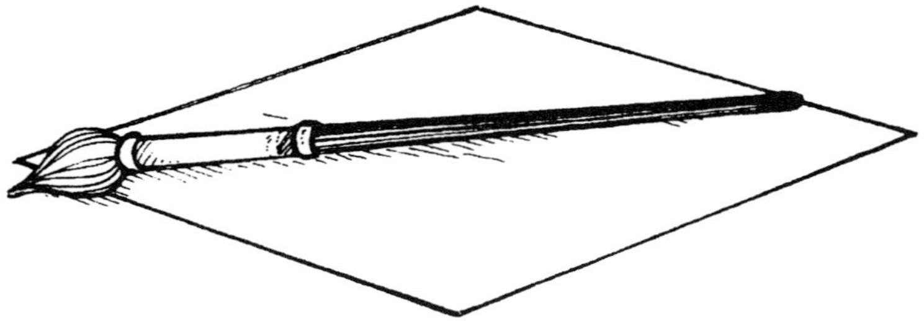

Hinweise

- Wenn Sie größere Farbmengen brauchen, verdoppeln oder verdreifachen Sie einfach dieses Rezept.
- Nehmen Sie statt flüssiger Lebensmittelfarbe in Fläschchen Lebensmittelfarben in Tuben (cremeförmig), wie es sie in den Lebensmittelabteilungen von Kaufhäusern etc. zu kaufen gibt – sie glänzt stärker und ist ergiebiger.
- Lebensmittelfarbe kann Kleidung verfärben. Halten Sie deshalb Seifenwasser und Handtücher bereit. Decken Sie die Tischoberfläche ab und lassen Sie die Kinder Arbeitsschürzen, -kittel etc. anziehen, damit sie keine Farbspritzer oder -flecken abbekommen.

Eierrollen

Benötigtes Material

- kleine Backform
- flüssige Temperafarben in verschiedenen Farben
- hart gekochte Eier
- Papier zum Auslegen der Backform
- Kuchengitter zum Auskühlen
- leerer Eierkarton

So geht es

1. Die Kinder legen das Papier auf den Boden der Backform; eventuell überstehende Ränder schneiden sie ab, damit das Blatt flach in der Backform liegt.
2. Als Nächstes gießen sie verschiedene Temperafarben auf das Papier.
3. Dann legen sie das Ei in die Form.
4. Nun kippen sie die Backform leicht, sodass das Ei über das Papier rollt und dabei eingefärbt wird. Die Kinder neigen die Form nur ganz leicht und vorsichtig hin und her; wenn sie sie zu heftig kippen, prallt das Ei gegen die Seitenränder und wird eingedellt.
5. Das gefärbte Ei wird auf einem Draht- oder Kuchengitter getrocknet. Die Farbe hinterlässt Spuren an Kleidung und Händen, besonders an feuchten, weshalb die getrockneten Eier am besten in einem Eierkarton transportiert werden sollten.

Variante

- Die Kinder können auch das Papier, das in der Backform liegt und durch das hin und her rollende Ei mit Farbe bedeckt wird, als Kunstwerk aufheben.

Hinweise

- Die Kinder setzen sich hin, wenn sie die Backform hin und her kippen.
- Sehr kleine Kinder können anstelle der Backform auch eine Plastikschale oder einen anderen Plastikbehälter benutzen.
- Vermischen Sie Lebensmittelfarbe mit ½ Tasse Wasser und geben Sie 1 Esslöffel Essig hinzu: so erhalten Sie eine Farblösung, die nicht so dick wie Temperafarbe ist und sich daher ganz gut für feinere Farbmuster auf Eiern eignet.
- Sie können für dieses Projekt natürlich auch ausgeblasene Eier verwenden.

Batikeier

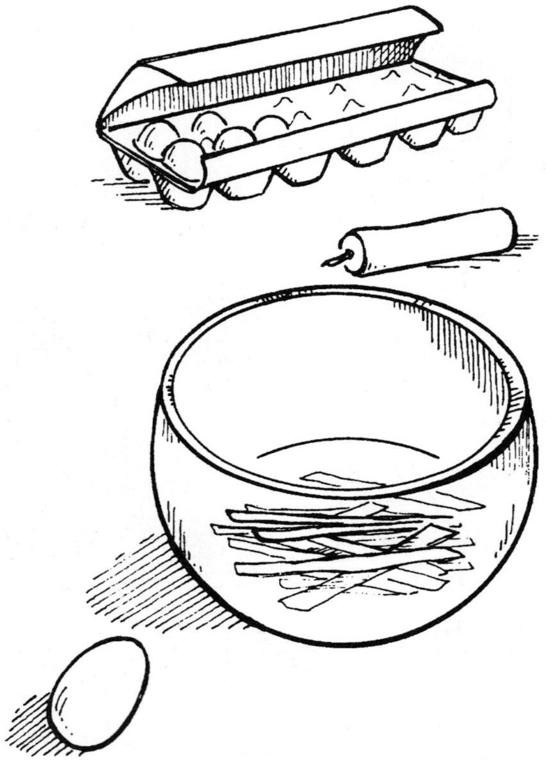

Benötigtes Material

- Eierkarton oder zusammengeknüllte Aluminiumfolie zum Trocknen der Eier
- hart gekochte Eier
- Krepppapier in verschiedenen Farben
- Scheren
- Schüssel
- heißes Wasser
- Pinzette
- 1 Esslöffel Essig (hell)
- Kerze, Streichhölzer
- Papiertücher
- abgedeckter Tisch

So geht es

1. Die Kinder schneiden das Krepppapier in etwa 1,5 cm breite Streifen und legen sie in eine Schüssel. Sie verwenden dazu Krepppapier in unterschiedlichen Farben.
2. **Sie** gießen etwas heißes Wasser auf das Krepppapier, damit es abfärbt. Dann werden die Krepppapierstreifen mit einer Pinzette herausgenommen.
3. Dann wird 1 Esslöffel Essig hinzugegeben, damit die Farbe sich nicht entmischt. Abkühlen lassen.
4. Nun betropfen **Sie** beliebige Stellen auf der Eierschale mit Kerzenwachs. Diese Stellen werden keine andere Farbe annehmen, sondern ihre natürliche Farbe behalten.
5. Als Nächstes werden die Eier mehrmals mit Wachs und Farbe überzogen, und zwar so:
   Die Kinder tauchen das Ei am Anfang in die hellste Farbe und trocknen es danach mit einem Papiertuch ab.
6. Danach tropfen **Sie** wieder etwas Kerzenwachs auf die Stellen, die nach Wunsch des jeweiligen Künstlers ihre helle Färbung behalten sollen. Anschließend dippen die Kinder das Ei in die nächstdunklere Farbe und trocknen es wieder mit einem Papiertuch ab. (Es kann ein paar Minuten dauern, bis das Ei die gewünschte Färbung annimmt!)
7. Um das Wachs vom Ei zu entfernen, legen **Sie** das Ei auf ein mit Papiertüchern bedecktes Backblech und schieben es in einen gut vorgewärmten Ofen. Wenn das Wachs geschmolzen ist – ungefähr nach 2 Minuten – wird es mit einem anderen Papiertuch abgewischt. Im Eierkarton oder auf der zusammengeknüllten Alufolie auskühlen lassen.

Hinweise

- Das ist eines der Projekte, wo letztendlich Sie am meisten beschäftigt sind. Lassen Sie die Kinder deshalb so viel wie möglich alleine machen. Bei diesem Projekt arbeiten Sie und die Kinder eng zusammen.
- Blasen Sie frische Eier aus: dazu stechen Sie mit einer Nadel auf beiden Seiten des Eis ein Loch in die Schale und pusten kräftig hindurch. Sie können das Eiinnere zum Kochen oder Backen benutzen. So erhalten Sie ein ausgeblasenes, zerbrechliches und helles Ei, das die Kinder wie oben beschrieben einfärben und unbegrenzt aufbewahren können.

Eierfärben mit Zwiebelhäuten

VORSICHT ab 8

Benötigtes Material

- rohe Eier
- braune oder lilafarbene Zwiebelhäute
- alte, quadratförmige Stoffstücke oder Nylonstrümpfe
- kleine Blätter oder Reis
- Gummiringe
- Topf zum Eierkochen
- Herd
- Papiertücher
- abgedeckter Tisch
- Speiseöl

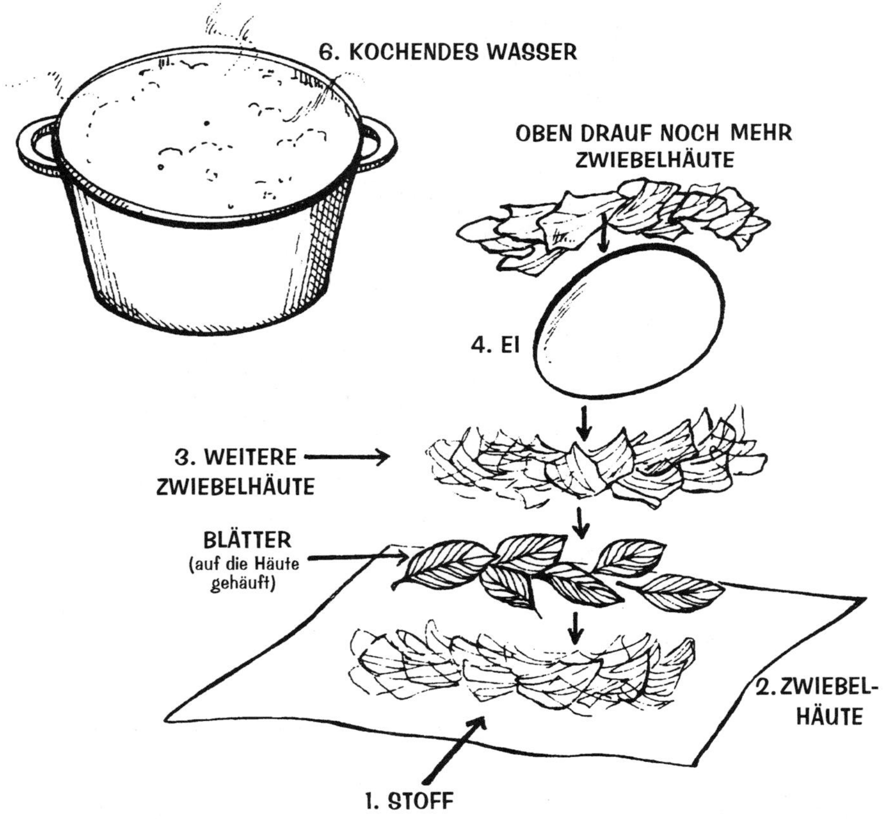

So geht es

1. Die Kinder legen das Viereck aus Stoff bzw. aus Nylonstrumpf auf den Tisch.
2. Dann legen sie etwa sechs Schichten Zwiebelschalen darauf.
3. Als Nächstes bedecken sie die Zwiebelschalen mit Blättern oder etwas Reis.
4. Anschließend betten sie das Ei auf die Schicht aus Zwiebelschalen, Blättern oder Reis und legen wieder ein paar Zwiebelschalen darüber.
5. Danach ziehen sie den Stoff bzw. Nylonstrumpf an den Ecken hoch und wickeln ihn um das Ei und die Schalen. Sie befestigen den überstehenden Stoff mit mehreren Gummiringen an einem Ende des Eis, damit der Stoff nicht verrutscht und die Zwiebelschalen fest an die Eierschale gedrückt werden.
6. **Sie** legen das Ei in einen Topf mit kochendem Wasser und lassen es 30 Minuten kochen.
7. Anschließend wird das Ei aus dem Wasser genommen und abgekühlt.
8. Die Kinder entfernen den Stoff, die Zwiebelschalen und die Blätter bzw. den Reis und nehmen das gekochte und gefärbte Ei in die Hand.
9. Zuletzt reiben sie das Ei mit etwas Speiseöl ein, damit es einen schönen Glanz bekommt.

! **Hinweis**

- Kleine Kinder brauchen oft Ihre Hilfe, wenn sie das Ei fest in den Nylonstrumpf einwickeln sollen.

Gipstütenformen

Benötigtes Material

- Gipspulver
- Wasser
- Gefrierbeutel oder Frühstücksbeutel aus Plastik
- Farbpigmente
- flüssige Temperafarben (nach Wahl)
- Pinsel (nach Wahl)
- Holzklotz oder Fotokarton als Untergrund (nach Wahl)

So geht es

1. Die Kinder schaufeln etwas Gipspulver in einen Frühstücksbeutel aus Plastik.
2. Sie fügen einen Esslöffel oder etwas mehr Farbpigmente hinzu.
3. Dann geben sie etwas Wasser dazu.
4. Anschließend drücken sie den Plastikbeutel mit den Händen, um das Wasser, die Farbe und den Gips zu einem weichen Teig zu vermengen. Wenn sich der Gips durch das Drücken erwärmt, fängt er an sich zu setzen und wird bald darauf fest werden.
5. Die Kinder zerknautschen den Plastikbeutel in eine beliebige Form und lassen den Gips dann in dieser Position aushärten.
6. Wenn die Skulptur trocken ist, entfernen sie die Plastiktüte.
7. Nach Wunsch können die Kinder ihre farbige Gipsfigur zusätzlich mit Temperafarben bemalen.
8. Sie können ihre Skulptur auf einen Holzklotz oder ein Stück Fotokarton als Untergrund kleben, wenn sie wollen.

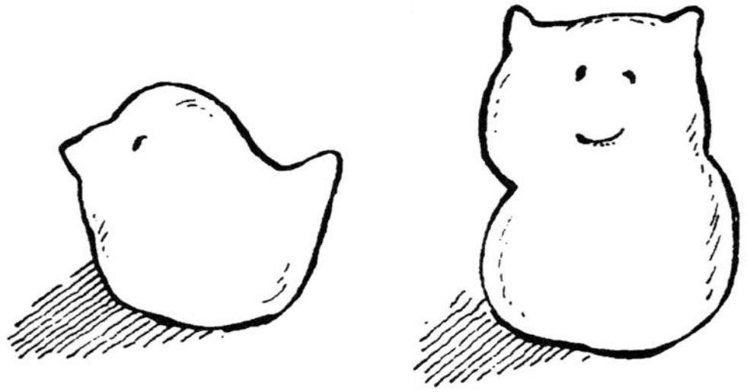

Hinweis

- Probieren Sie vorher aus, welche Mengen an Gipspulver und Wasser Sie benötigen, bevor Sie die Gipsmasse von den kleinen Künstlern anrühren lassen. Die Abmessungen können von Tag zu Tag variieren, dennoch ist eine halbe Plastiktüte voll Gipspulver und 1/2 Tasse Wasser eine gute Ausgangsbasis.

Lustiges Spiel mit gefrorenen Ballons

ab 6

Benötigtes Material

- Ballons in allen Größen und Variationen
- Wasser
- Kuchenblech
- Gefrierschrank
- große Wanne, gefüllt mit Wasser
- Augentropfpipetten
- Lebensmittelfarbe oder Wasserfarben

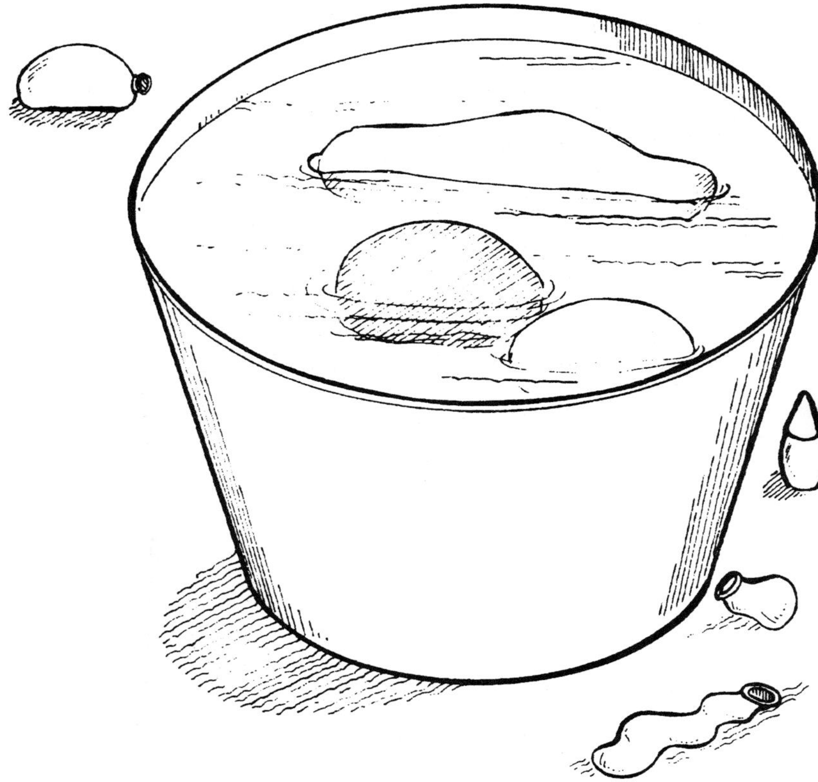

So geht es

1. Die Kinder füllen alle Ballons mit Wasser.
2. Sie legen sie auf ein Kuchenblech und schieben es für zwei Tage in den Eisschrank.
3. Anschließend holen sie die gefrorenen Ballons aus dem Gefrierschrank und entfernen die Ballonhülle.
4. Dann legen sie die gefrorenen Ballons in eine große, mit Wasser gefüllte Wanne.
5. Als Nächstes tropfen sie etwas Lebensmittel- oder Wasserfarbe auf die gefrorenen Ballons. Die Kinder können die Ballons anstoßen, untertauchen oder sie anderweitig in Bewegung versetzen und beobachten, wie sich dabei interessante Muster und Formen ergeben.

Varianten

- Die Kinder tropfen gefärbtes Salzwasser auf die gefrorenen Ballons und beobachten, was passiert.
- Sie können die Ballons mit gefärbtem Wasser füllen, bevor sie sie einfrieren.
- Wasser kann in ganz verschiedenen Gefäßen, Behältern, Tüten und Formen gefroren werden und hinterher als Eis ins Wasser gesetzt werden, wo es auf der Oberfläche als Eisskulptur dahintreibt.
- Die Künstler können die Ballons auch mit Temperafarbe, die zuvor mit Wasser verdünnt wurde, füllen. Anschließend malen sie mit den gefrorenen Ballons auf Papier.

> **!** **Hinweis**
> - Eine Gruppe Kinder kann sich um die Wanne mit Wasser herumstellen und Spaß daran haben zu beobachten, wie sich die Farben vermischen, Farbstrudel bilden und wie die Eisballons auf dem Wasser treiben, untergehen und gegeneinanderstoßen.

ab 7

Mosaik aus Eierschalen

Benötigtes Material

- gefärbte Eier, gepellt
- Wachspapier
- Nudelholz
- Foto- oder Pappkarton
- Bastelklebstoff

So geht es

1. Die Kinder pellen gefärbte Eier, z.B. Ostereier.
2. Sie bewahren die Schalen auf.
3. Dann legen sie die Schalen auf Wachspapier.
4. Sie zerreiben die Schalen, indem sie mit einem Nudelholz darüberrollen.
5. Als Nächstes kleben sie die zerkleinerten Eierschalen auf einen Foto- oder Pappkarton.
6. Trocknen lassen.

Varianten

- Die Kinder können die Schalen von hart gekochten Eiern auch mit Filzstiften bemalen, statt sie zu färben. Dann pellen sie diese Eier und verwenden die bemalten Schalen.
- Sie kleben die Eierschalenstückchen so auf eine feste Pappe oder Papier, dass sich daraus ein klar erkennbares Mosaikmuster ergibt.
- Die Künstler verwenden neben den Eierschalen auch winzige Papierreste oder Konfetti und kleben sie auf Fotokarton o.Ä.

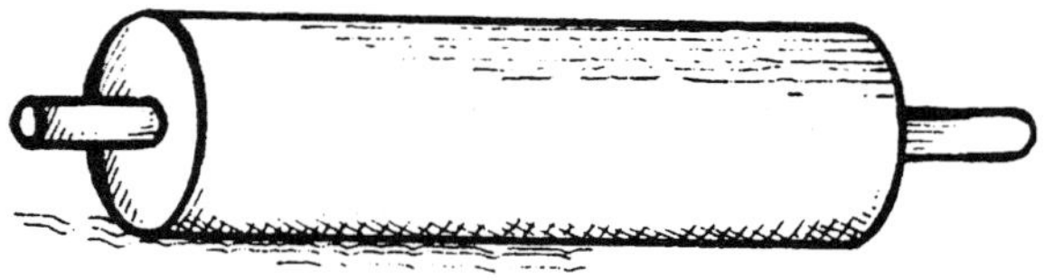

! Hinweis

- Kleine Kinder verfügen nicht immer über die nötige Ausdauer oder Geduld, wenn sie die kleinen Eierschalenstückchen aufkleben sollen. Geben Sie ihnen einen Zahnstocher oder ein Wattestäbchen, die sie zuerst in den Klebstoff tauchen und dann die Eierschalen aufspießen. Wenn sie vorher etwas Klebstoff auf das Papier tropfen, wird die Schale leicht daran hängen bleiben und sich vom Zahnstocher oder Wattestäbchen lösen.

Fadencollage

ab 7

Benötigtes Material

- bunte Garnreste und -stückchen, Stickgarn oder Faden
- Scheren
- Wäschesteife
- festes Papier
- Styroporschale (oft als Unterlage für abgepacktes Fleisch zu finden!)

So geht es

1. Die Kinder schneiden Fäden oder Garn von ca. 60 cm Länge zurecht.
2. Sie geben etwas Wäschesteife in eine Styroporschale und lassen den Faden darin einige Minuten einweichen.
3. Dann rücken sie die Schale in die Nähe des festen Papiers.
4. Sie holen ein Stück Garn oder Faden aus der Schale.
5. Sie legen den Faden so auf dem Papier zurecht, dass sich ein Bild oder Muster ergibt.
6. Danach ordnen sie viele weitere Fäden in verschiedenen Farben auf dem Untergrund an.
7. Die Fadencollage trocknet über Nacht.

Variante

- Die Kinder bemalen ein Blatt mit Fingerfarbe, die hauptsächlich aus Wäschesteife hergestellt wird, und legen die Fäden dann so auf das Bild, dass sich schöne Muster ergeben.

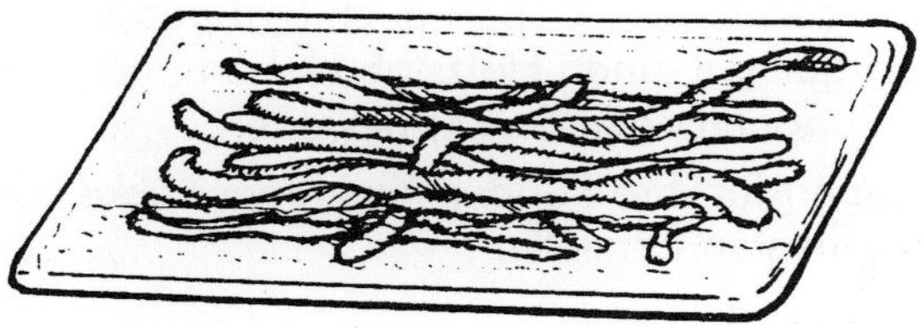

Hinweis

- Anstelle von Wäschesteife können die Kinder auch Kleister verwenden – das funktioniert genauso gut!

Papierpuppen

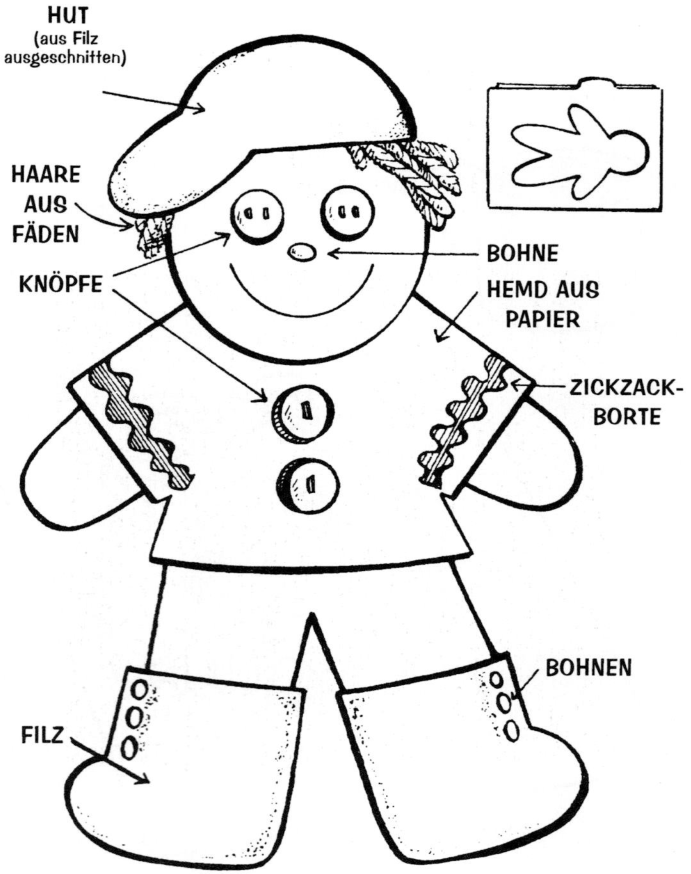

Benötigtes Material

- alte Hängeregister oder andere feste Pappe
- Scheren
- Klebstoff
- Gegenstände zum Verzieren, z.B. Garn, Knöpfe, Perlen, Bohnen, Stoffspitze oder Filz
- Stifte oder Wachsmalstifte

So geht es

1. Die Kinder zeichnen den Umriss eines Puppenkörpers (keine Einzelheiten wie z.B. besondere Körpermerkmale oder Kleidung, nur Kopf, Arme und Beine) auf die Pappe. Die Figur sollte ziemlich rundlich und dick sein, damit sie fest genug ist und gut beklebt werden kann. Dann schneiden sie die Puppe entlang der Umrisslinie aus; dazu benötigen sie eventuell Ihre Hilfe.
2. Sie können die Pappfigur bemalen, bevor sie sie weiter verzieren.
3. Danach fangen sie an, die Puppe mit allerlei Gegenständen zu schmücken; daraus gestalten sie dann Haare, Augen, Kleidung, Schmuck, einen Hut, eine Brille oder statten die Puppe mit anderen Dingen aus, um sie anzuziehen.
4. Die Papppuppe sollte gründlich trocknen.

Varianten

- Lassen Sie die Kinder Figuren nach einer bekannten Geschichte oder einem Theaterstück herstellen wie z.B. „Hänsel und Gretel" oder „Peter und der Wolf" etc.
- Sie können aus den Papierpuppen auch Stabpuppen machen, indem sie jede Papierfigur auf einen Holzstab kleben und sie über einem Vorhang (vgl. Puppentheater S. 94) bewegen.
- Die Kinder können für ihre Puppen Kleidungsstücke zum Wechseln aus Papier oder Stoffresten herstellen.

Hinweis

- Junge Künstler neigen dazu, die Dinge, mit denen sie ihre Puppen schmücken möchten, mit sehr viel Klebstoff zu bestreichen, bevor sie sie aufkleben. Deshalb sollten sie ihre Papierpuppen liegend zu einem Ort tragen, wo sie ein bis zwei Tage trocknen können. Transportieren sie die Figuren aufrecht, könnte es passieren, dass die aufgeklebten Teile abfallen.

Weben mit Leuchtfäden

ab 7

Benötigtes Material

- schwarzer Fotokarton oder ein schwarz angemalter Pappkarton, in Quadrate von 20 cm x 20 cm Größe zurechtgeschnitten
- leuchtendes Garn in beliebigen Längen (die einzelnen Fäden sollten nicht länger als 2 m sein!)
- Klebeband

So geht es

1. Die Kinder schneiden entlang jeder Seite des Fotokartons einige Schlitze von 1,5 cm Länge hinein. Kleine Kinder neigen dazu, die Schlitze sehr eng nebeneinanderzusetzen, so als ob sie Fransen in einen Schal schneiden würden. Ermutigen Sie sie, etwa 3 bis 6 oder noch mehr Zentimeter zwischen den einzelnen Einschnitten Platz zu lassen, damit die Weberei stabil ist. Wenn nötig, helfen Sie ihnen dabei.
2. Dann kleben sie das Ende eines leuchtenden Fadens auf der Rückseite des Kartons fest und ziehen den Faden durch einen Schlitz.
3. Nun führen die Kinder den Faden kreuz und quer über die Vorderseite des Kartons und ziehen ihn dabei immer wieder durch die Schlitze, damit er hält. Sie können einen Schlitz natürlich auch mehrmals benutzen.
4. Wenn ein Faden ganz verwoben wurde, nehmen die Kinder eine andere Farbe und kleben das Fadenende ebenfalls auf der Kartonrückseite fest. Sie fahren damit fort, den Karton mit Faden zu umwickeln, ihn zu umweben und mit Fäden in unterschiedlichen Farben zu schmücken.
5. Wenn ihr Webstück fertig ist, kleben sie das letzte Fadenende auf der Rückseite des Kartons fest oder ziehen es einfach nur durch einen Schlitz hindurch.

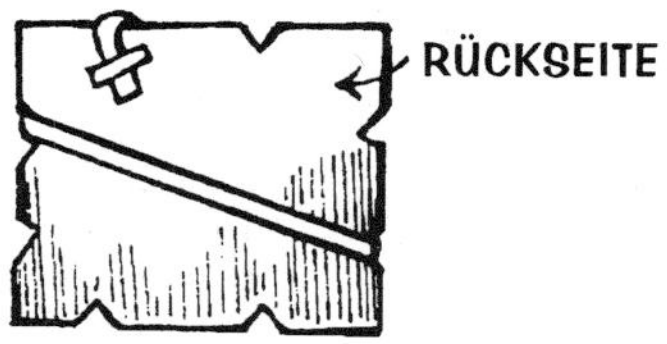

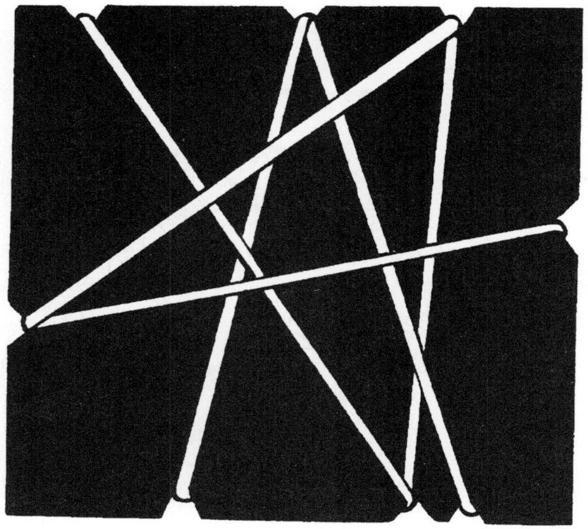

!

Hinweis

- Damit sich das Garn beim Abrollen nicht verwickelt, können es die Kinder zu einem Knäuel zusammenrollen und es in eine Pappschachtel mit Deckel legen. Dann machen sie ein Loch in den Deckel und fädeln das Garn hindurch. Nun können sie den Faden herausziehen, ohne dass er sich verknotet. Sie können einen Schlitz in den Rand des Deckels schneiden und das lose Ende des Fadens dort befestigen, bis jemand anderes den Faden herauszieht. In der Schachtel können viele Garnknäuel aufbewahrt werden – sofern genügend Löcher in den Deckel gebohrt wurden.

Armbänder aus Pappmaschee

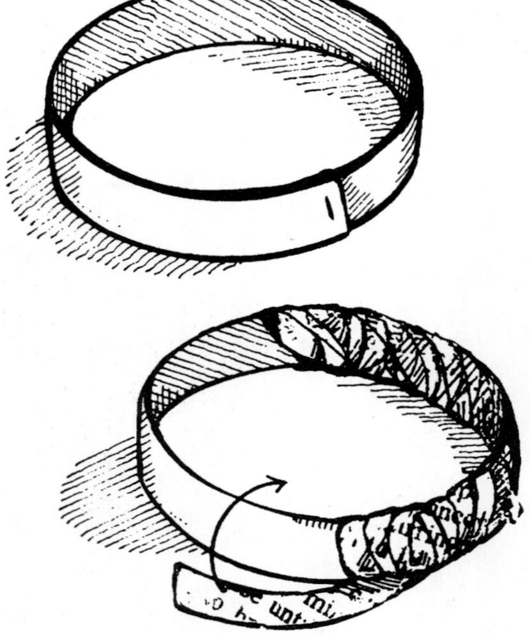

Benötigtes Material

- Kartonstreifen, ca. 30 cm lang und 1,5 cm–5 cm breit
- Tapetenkleister
- in kleine Streifen gerissenes Zeitungspapier
- Papierstreifen aus dünnem, weißem Papier, 1,5 cm x 5 cm groß
- farbloser Glanzlack (nach Wahl)
- Heftmaschine
- Temperafarben
- buntes Seidenpapier
- Wäschesteife
- Filzstifte
- Scheren

So geht es

1. Helfen Sie den Kindern dabei, ihr Handgelenk abzumessen, damit das Armband aus Karton genau passt. Das Armband sollte locker um das Handgelenk liegen und vom Umfang her eher etwas größer ausfallen, da es mit einer Schicht aus Pappmaschee verkleidet wird und hinterher noch problemlos über die Hand des Künstlers gestreift werden sollte.
2. Die Kinder streifen das Armband vom Handgelenk, legen die Enden übereinander und heften sie fest.
3. Dann tauchen sie einen Streifen aus Zeitungspapier in den Tapetenkleister und legen ihn um das Armband. Das machen sie so lange, bis das Armband aus Karton von mindestens drei Schichten Zeitungspapier bedeckt ist.
4. Anschließend bekleben sie das Armband mit weißen Papierstreifen, sodass das Zeitungspapier hinterher nicht mehr zu sehen ist. Die Papierstreifen müssten von selbst halten; falls das nicht der Fall ist, bestreichen sie die Kinder mit Tapetenkleister.
5. Mehrere Tage trocknen lassen.
6. Danach verzieren die Kinder ihre Armbänder. Sie können sie färben, bemalen oder mit Wäschesteife bestreichen und dann kleine Stücke aus Seidenpapier aufkleben, was auch sehr hübsch aussieht.
7. Anschließend lassen sie das Armband wieder trocknen. Wenn es ganz trocken ist, können **Sie** das Armband mit einem farblosen Glanzlack besprühen, damit es glänzt und die Farbe nicht abblättert bzw. die Motive nicht verblassen, oder die Seidenpapierschnipsel sich nicht ablösen.

Hinweise

- Hängen Sie die fertigen Armbänder zum Trocknen über eine Pappröhre (z.B. eine Küchen- oder Toilettenpapierrolle), einen Kleiderbügel oder eine Wäscheleine.
- Die Kinder benötigen vielleicht Ihre Hilfe am Anfang, wenn sie das Armband mit der ersten Schicht Pappmaschee bedecken.
- Kinder sind meistens sehr fasziniert, wenn sie mit Pappmaschee arbeiten. Machen Sie sich darauf gefasst, dass die Kinder sich und ihren Arbeitsplatz mit Pappmaschee bekleckern werden – trotzdem ist der Spaß die Mühe wert!

Originelle Hüte

Benötigtes Material

- Klebstoff
- Pappteller
- Locher
- Gegenstände zum Verzieren des Papptellers: Bänder, Stoffspitze, Stoffreste, Perlen, künstliche Blumen, Schleifen, Filzreste
- Papierschlangen, Konfetti, Glimmer usw.
- Faden oder Gummiband
- Wachsmalstifte, Filzstifte oder andere Farben, z.B. Wasser- oder Temperafarben

So geht es

1. **Sie** stanzen nahe am Rand des Papptellers ein Loch und genau gegenüber des ersten Loches ein zweites. Dann ziehen Sie einen Faden hindurch und befestigen ihn dort mit einem Knoten, bevor Sie ihn zu dem anderen Loch führen und dort ebenfalls verknoten. Der Faden dient als Kinnriemen, um den fertigen Papphut auf dem Kopf des Kindes zu befestigen.
2. Die Kinder legen den Teller umgedreht auf den Tisch, d.h. die Unterseite des Papptellers zeigt nach oben.
3. Dann schmücken sie den Pappteller und basteln daraus einen Hut. Sie können geeignete Dinge aufkleben oder die Kopfbedeckung mit Wachsmal- oder anderen Stiften verzieren.
4. Die Unterseite des Hutes sollte frei bleiben, so kann er besser aufgesetzt werden. Wenn die Kinder auch die Vorderseite (sie zeigt später nach unten!) verzieren wollen, sollten sie das tun, bevor sie die Unterseite des Papptellers (= Oberseite des Hutes) verschönern.
5. Die Kinder lassen die Kopfbedeckung gründlich trocknen und tragen sie dann.

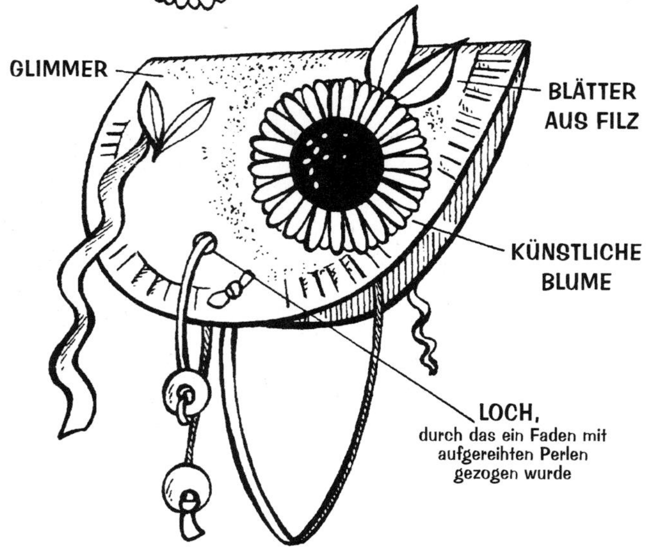

Varianten

- Lassen Sie die Kinder zu Musik in einer Art Hutparade marschieren.
- Die Kinder verwenden nur Seidenpapier, kleine Servietten und Folie, um elegante Kopfbedeckungen zu basteln.
- Folgende Themen eignen sich, um die Hüte entsprechend zu gestalten: Umwelt/Natur, Lieblingsstars (oder Lieblingsmärchenfiguren oder Personen, die die Kinder besonders gern mögen etc.), Haustiere usw.

Hinweis

- Befestigen Sie ein Gummiband an beiden Seiten der Kopfbedeckung. Lassen Sie die Kinder ihren Hut aufsetzen und messen sie den Abstand von der einen Seite zur anderen, wobei das Gummiband unter dem Kinn entlanggeführt wird.

Malen mit Kreidepulver

Benötigtes Material

- Papier
- ein Hammer oder ein anderer Gegenstand, mit dem etwas zerschlagen werden kann, z.B. ein Stein
- alte, bunte Kreidestummel
- kleine Metallförmchen, z.B. Kuchenförmchen oder andere flache Metall- oder Aluminiumschälchen
- Jogurtbecher mit Wäschesteife
- Pinsel

So geht es

1. Die Kinder legen die alten Kreidestummel nach Farben geordnet in unterschiedliche Metallförmchen und klopfen leicht mit dem Hammer darauf, bis die Kreide zerbricht. Die Kinder halten die Metallform fest, während sie hämmern. Überwachen Sie diesen Schritt sorgfältig.
2. Die Kinder haben nun Metallschälchen mit Kreidepulver in unterschiedlichen Farben, pro Metallschale eine Farbe. Sie mischen dann in einer weiteren Metallform eine Reihe von verschiedenen Farbpulvern zusammen; am besten sollte die neue Farbe aus allen Farben des Regenbogens bestehen.
3. Danach tauchen sie einen Pinsel in die Wäschesteife und malen damit Bilder oder Muster auf das Blatt Papier.
4. Anschließend nehmen sie etwas Kreidepulver zwischen die Finger und streuen es über die Zeichnung aus Wäschesteife. Die Kreide saugt die Wäschesteife auf und wird feucht und glänzend.
5. Wenn die Kinder wollen, können sie ihr Kreide-Wäschesteife-Bild noch mal mit Wäschesteife übermalen oder etwas mehr Kreidepulver darüber verteilen. Lassen Sie die Kinder ausprobieren, wie sie Kreidepulver und Wäschesteife vermischen und damit malen können.
6. Wenn sie ihr Kunstwerk fertiggestellt haben, lassen sie es etwa eine Stunde lang trocknen.

Hinweis

- Prinzipiell können Kinder jeden Alters die Kreidereste zerkleinern, wenn sie dabei beaufsichtigt und angespornt werden. Das Zauberwort dabei heißt „sanft". Manche Kinder können die Kreide besser mit einem Stein als mit einem Hammer zerschlagen; grundsätzlich eignet sich dafür jeder Gegenstand.

Varianten

- Die Kinder können Wäschesteife in die Schälchen mit der zermahlenen Kreide geben und beides vermischen, bis sie eine Farbpaste erhalten, mit der sie auf Papier malen können.
- Sie können auch etwas Holzleim oder Zuckerwasser mit dem Kreidepulver vermischen und damit auf Papier malen.

Zeichnen mit wasserlöslichen Stiften

ab 5

Benötigtes Material

- Zeichenstifte auf Wasserbasis in allen möglichen Farben, z.B. Tintenstifte o.Ä.
- saugfähiges Papier, z.B. Papiertücher, Filterpapier, Löschpapier oder Servietten
- Zeichenpapier
- Sprühflasche aus Plastik, mit Wasser gefüllt (es kann auch eine leere Haarsprayflasche aus Plastik oder eine Pflanzen- bzw. Bügelsprühflasche verwendet werden)

So geht es

1. Die Kinder zeichnen mit den Zeichenstiften frei auf eine Vielzahl von Papieren.
2. Sie besprühen ihre Zeichnungen mit Wasser und betrachten, wie die Farben ineinanderlaufen und sich vermischen, verschmieren oder sich abstoßen.

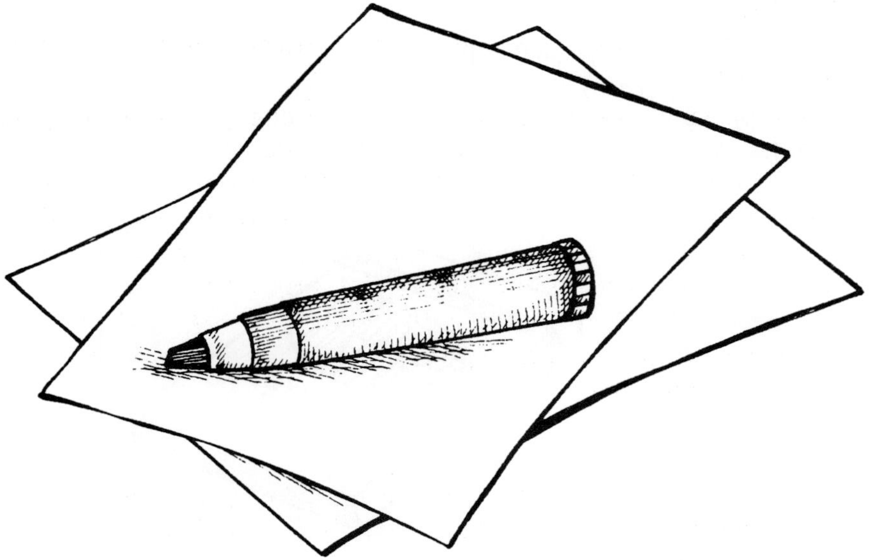

!

Hinweise

- Die Kinder sollten auf einer abgedeckten Oberfläche arbeiten – nasse Zeichenlinien können durch das Papier drücken und Flecken auf dem Tisch hinterlassen.
- Die meisten Stifte sind wasserlöslich, auch wenn das auf der Hülle nicht ausdrücklich angegeben ist. Mit wasserfesten Stiften funktioniert dieses Projekt nicht; sie tragen allerdings immer die Bezeichnung „wasserfest".

ab 8 VORSICHT

Zeichnen wie von Zauberhand

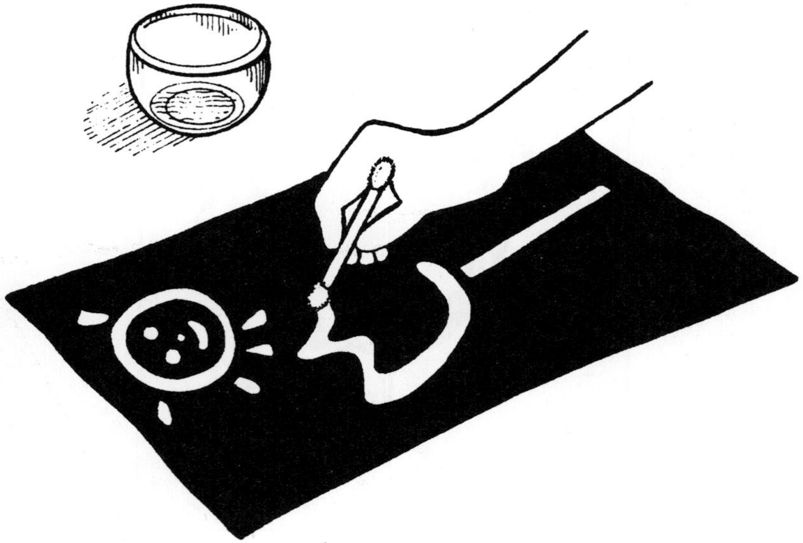

Benötigtes Material

- Wattestäbchen
- buntes Seidenpapier
- flüssiges Bleichmittel, z.B. Wäschebleiche (u.a. im Reformhaus erhältlich)
- kleine Schüssel
- weißes Papier

So geht es

1. **Sie** geben 1 Esslöffel Bleichmittel in eine Schüssel. (Lassen Sie den Deckel auf der Flasche mit dem Bleichmittel und halten Sie es außerhalb der Reichweite der Kinder.)
2. Die Kinder tauchen ein Wattestäbchen in das Bleichmittel und zeichnen damit auf das farbige Seidenpapier. Die Stellen auf dem Papier, die mit dem Bleichmittel in Berührung kommen, verblassen, d.h. die Zeichenlinien werden weiß.

Variante

- Die Kinder legen ein weißes Blatt unter das Seidenpapier, dann ist ihre Zeichnung besser zu sehen. Sie können Papier in anderen Farben unter das Seidenpapier schieben und ausprobieren, wann ihre Bleichmittelzeichnung am besten zu sehen ist.

! **Hinweise**

- Der Umgang mit Bleichmittel erfordert, dass Sie die Kinder sorgfältig beaufsichtigen.
- Bedenken Sie, dass Bleichmittel auch Kleidung ausfärben kann, deshalb sollten die Kinder Schürzen tragen oder Kleidung, die zum Spielen gedacht ist und Schaden nehmen darf.

Malen mit Farbpulver

ab 6

Benötigtes Material

- Farbpigmente in kleinen Metallförmchen, z.B. Kuchenförmchen, kleine Gemüsedosen oder Aluminiumschalen
- Pinsel
- Wäschesteife
- Papier

So geht es

1. Die Kinder geben etwas Wäschesteife auf das Papier.
2. Dann verteilen sie die Wäschesteife mit einem Pinsel auf dem Blatt.
3. Danach nehmen sie einen anderen Pinsel, befeuchten ihn leicht und tauchen ihn in die pulverförmige Farbe. Anschließend betupfen sie das mit Wäschesteife bestrichene Papier damit.
4. Die Kinder können nun etwas Überraschendes beobachten: Die Farbe zersetzt sich und wird dicker, was eine ungewöhnliche Oberflächenstruktur bewirkt, d.h., die Farbfläche wirkt uneben und weist ein unregelmäßiges Muster auf.

Hinweise

- Dieses Projekt kommt besonders gut auf großem, festem Papier, wie z.B. Pergamentpapier, zur Geltung.
- Die Metallförmchen oder Aluschalen können umkippen. Vielleicht ist es günstiger, wenn Sie flache Styroporschalen nehmen, die Sie am Tisch festkleben, wenn Sie mit jüngeren Kindern arbeiten.

ab 7

Eierfarbe

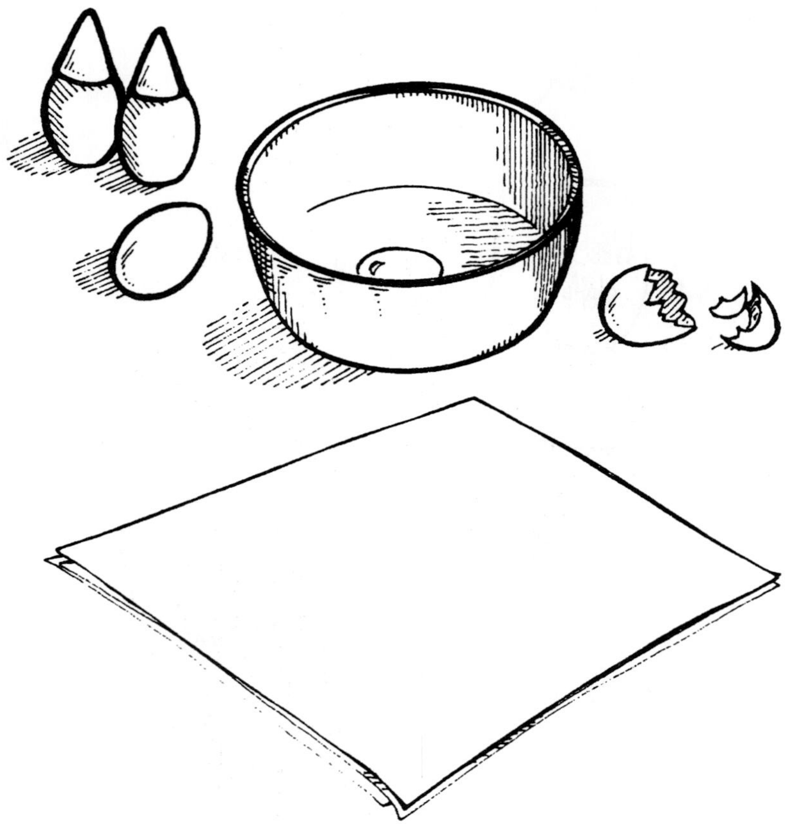

Benötigtes Material

- 4 Eigelb
- 4 Schüsseln
- Lebensmittelfarbe
- Papier
- Pinsel

So geht es

1. Die Kinder schlagen die Eier auf und trennen sie; dazu benötigen sie Ihre Hilfe. Sie geben ein Eigelb in jede Schüssel; das Eiweiß kann für andere Kunstideen aufgehoben werden.
2. Dann geben sie auf jedes Eigelb ein paar Tropfen Lebensmittelfarbe und verrühren sie. Sie können Rot, Blau und Gelb mischen und die entstehende neue Farbe auf das vierte Eigelb pinseln.
3. Nun bemalen sie das Papier mit den glänzenden Farben.

Variante

- Die Kinder bestreichen Toastbrot, Brötchen oder Kekse mit der Eigelbfarbe und backen sie kurz auf, damit das Eigelb trocknet.

Hinweise

- Verwenden Sie breite Schüsseln, die kaum umfallen können. Styroporschalen eignen sich ebenfalls sehr gut zum Verrühren des Eigelbs und der Lebensmittelfarbe.
- Geben Sie einfach ein paar Tropfen Wasser auf die Eierfarbe, wenn sie anfängt, einzudicken oder wenn sie trocknet, bevor das Bild fertig ist.

Marmorieren

ab 7

Benötigtes Material

- Marmorierfarben oder Farben auf Ölbasis, z.B. Ölfarben in Tuben
- große Styroporschalen (dienen oft als Unterlage für abgepacktes Fleisch)
- Plastiklöffel
- Löschpapier in hellen Farben
- Schürzen
- mit Zeitungspapier abgedeckte Fläche, wo das Papier trocknen kann

So geht es

1. Die Kinder füllen die Styroporschalen zur Hälfte mit Wasser.
2. Dann tropfen sie vorsichtig ganz wenig wasserfeste Farbe auf die Wasseroberfläche. Als Nächstes nehmen sie eine andere Marmorierfarbe und träufeln sie ebenfalls vorsichtig auf.
3. Nun verteilen sie die Farbe langsam und vorsichtig mit einem Plastiklöffel auf der Wasseroberfläche. (Die Farbe bildet beim Verteilen Strudel, und es entstehen schöne Farbmuster.)
4. Als Nächstes legen die Kinder – eventuell mit Ihrer Hilfe – ein Löschpapier auf die farbige Wasseroberfläche.
5. Nach ungefähr 30 Sekunden ziehen sie das Papier rasch heraus, drehen es um und halten es waagegerecht, sodass die gefärbte Seite nach oben zeigt und die Farben nicht davonfließen können.
6. Das gefärbte Löschpapier wird auf einer flachen, abgedeckten Oberfläche getrocknet, was mehrere Tage dauern kann.

Variante

- Bei diesem Projekt können die Kinder die Farbe am besten beobachten, wenn sie eine durchsichtige Glasschüssel verwenden und ein weißes Blatt Papier darunterlegen. Lassen Sie sie einfach beobachten, wie sich Farbstrudel bilden und sich die Farben dabei vermischen und sparen Sie den nächsten Schritt – das Färben des Papiers – aus.

Hinweise

- Für die Kinder ist es leichter, kleine quadratische Stücke Papier zu marmorieren.
- Wenn mit Ölfarben gearbeitet wird, ist es notwendig, dass Sie die Kinder beaufsichtigen, sowohl beim Hantieren mit der Farbe als auch beim Aufräumen.

Reliefdruck

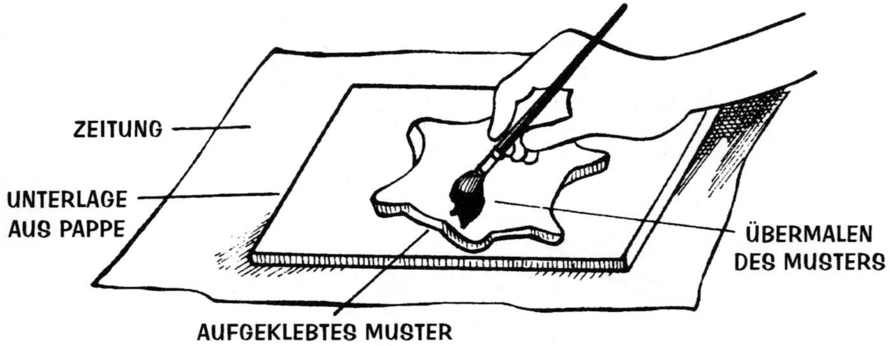

Benötigtes Material

- quadratförmige Pappkartons oder eine Geschenkschachtel
- Scheren
- Klebstoff
- Zeitungen zum Abdecken des Tisches
- flache Schale oder Jogurtbecher mit flüssiger Temperafarbe
- Pinsel
- Farb- oder Druckwalze, Nudelholz oder Wellholz für Kinder
- Papier oder Stoff

So geht es

1. Die Kinder zeichnen ein Bild, eine Form oder ein Muster auf die Pappe oder die Schachtel auf und schneiden es aus.
2. Als Nächstes kleben sie es auf einen Untergrund aus Pappe.
3. Danach legen sie die Pappe mit der aufgeklebten Pappform nach oben auf den mit Zeitungen abgedeckten Tisch.
4. Sie tragen mit einem Pinsel Temperafarbe auf die Pappform auf.
5. Dann legen sie ein Stück Stoff oder Papier darüber.
6. Anschließend fahren sie mit der Farbwalze oder dem Wellholz über das Papier bzw. den Stoff und drücken ihn fest auf die eingefärbte Pappform, sodass ein Abdruck entsteht.
7. Jetzt ziehen sie das Papier oder den Stoff ab und sehen, dass das Muster der Pappform auf das Papier bzw. den Stoff übertragen wurde.
8. Gründlich trocknen lassen.

Variante

- Die Kinder bemalen einzelne Stellen der Pappform mit verschiedenen Farben, um einen vielfarbigen Abdruck zu erhalten.

Hinweise

- Bieten Sie den Kindern ggf. Ihre Hilfe an, wenn sie die Pappe zerschneiden, weil das für junge Künstler meist recht schwierig ist.
- Manchmal klappt das bedruckte Papier beim Abziehen um und klebt an sich selbst fest. Erklären Sie den Kindern, dass sie beide Hände benutzen sollen, wenn sie das Papier von der Druckplatte aus Pappe abziehen.

Knetbild

Benötigtes Material

- Knetmasse in verschiedenen Farben
- 2 quadratische Scheiben durchsichtiges Plexiglas (25 cm x 25 cm groß oder kleiner)
- Isolierband als Rahmen
- große Büroklammer als Haken (nach Wahl)

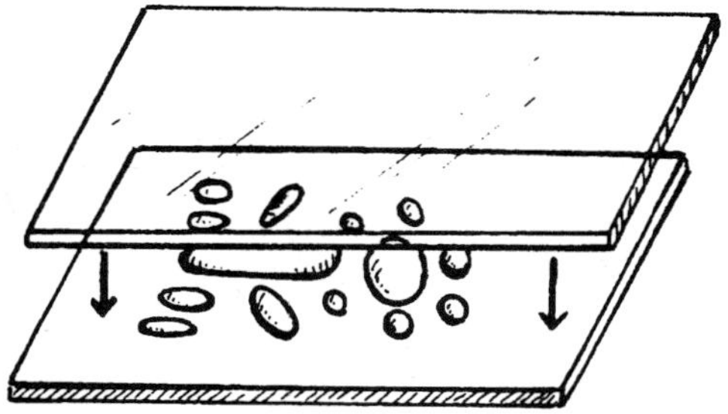

So geht es

1. Die Kinder legen eine Plexiglasscheibe auf den Boden.
2. Sie schmücken die Scheibe mit kleinen bunten Knetkugeln oder anderen Formen aus Knete, die sie entweder willkürlich platzieren oder zu einem bestimmten Muster anordnen wie z.B. zu einer Blume. Am besten nehmen sie dazu kleine Mengen an Knete.
3. Dann legen sie die zweite Plexiglasscheibe vorsichtig auf die erste, sodass beide Scheiben deckungsgleich aufeinanderliegen.
4. Die Kinder knien auf dem Boden, beugen sich über ihr Kunstwerk und drücken mit beiden Händen auf die obere Scheibe. Dabei beobachten sie, wie die bunten Knetteile zusammengequetscht und flach gedrückt werden und gewissermaßen miteinander verschmelzen.
5. Wenn sie wollen, können sie die Plexiglasscheibe etwas drehen, auf und ab bewegen (wie bei einer Wippe) oder mehr Druck ausüben, um die Knete noch mehr zusammenzudrücken.
6. Danach verkleben **Sie** die beiden Plexiglasscheiben mit breitem Isolierband; führen Sie das Klebeband an den vier Seitenrändern entlang, sodass es wie ein Rahmen für das Bild aus Knetmasse wirkt.
7. Zuletzt biegen sie eine große, feste Büroklammer auseinander und bohren sie durch das Isolierband, um einen Bilderhaken zum Aufhängen des Knetbildes zu erhalten.

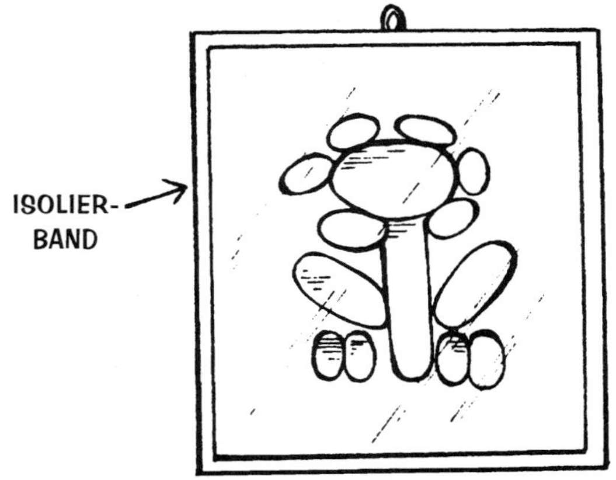

Variante

- Die Kinder können Farbe auf ein Blatt Papier tropfen. Dann legen sie eine Plexiglasscheibe darauf und beobachten, wie die Farben langsam verlaufen, verschmieren und sich vermischen. Wenn sie die Plexiglasscheibe abnehmen, haben sie ein gepresstes Farbbild auf dem Papier.

Hinweise

- Vergewissern Sie sich, dass das Plexiglas relativ hart und dick ist (2 bis 3 mm dick), damit es nicht springt oder zerbricht, während die Kinder die Knetmasse zusammendrücken. Wenn gleichmäßig Druck auf das Plexiglas ausgeübt wird, d.h. wenn es viele Kinder gemeinsam mit den Händen niederdrücken, wird es nicht springen. Ebenso hilfreich und empfehlenswert ist es, wenn die Künstler nur kleine Knetmassen – am besten Knetkügelchen und schmale Knetwürste – verwenden.
- Sie können das Knetbild hinterher, nachdem es mit Hilfe der Plexiglasscheibe zusammengedrückt wurde, von der unteren Scheibe abkratzen und die Knete als Material für ein neues Knetbild wiederverwenden.

ab 7 VORSICHT

Spardosen aus Flaschen

Hinweise

- Die Kinder glätten Falten im Seidenpapier mit dem Pinsel.
- Es genügt, wenn die Künstler das Glas mit einer Schicht Seidenpapier bedecken. Allerdings kleben Kinder gern mehrere Lagen Seidenpapier übereinander. Wenn Sie möchten, erklären Sie ihnen, dass Licht besser durch eine Schicht Seidenpapier durchscheint als durch mehrere.

Benötigtes Material

- Glasflasche oder Glas mit Deckel, z.B. Marmeladen- oder Gewürzgurkenglas
- buntes Seidenpapier in kleinen Stücken
- kleine Schale oder Jogurtbecher mit Leim (mit Wasser verdünnt)
- Pinsel
- mit Zeitungen abgedeckter Tisch
- Holzklotz
- Hammer
- Schraubenzieher oder Meißel

So geht es

1. Die Kinder nehmen den Deckel vom Glas und stellen es mit der Öffnung nach unten hin.
2. Dann bestreichen sie eine kleine Stelle des Glases mit verdünntem Leim.
3. Sie drücken ein Stück Seidenpapier darauf und überstreichen den Seidenpapierschnipsel mit etwas mehr Leim.
4. Die Kinder fahren damit fort, das Glas mit Leim zu bestreichen und mit Seidenpapier zu bekleben. Dabei dürfen sich die Schnipsel ruhig überlappen, damit das Glas darunter nicht mehr zu sehen ist.
5. Die Kinder achten darauf, dass sie auch die Ränder der Papierfetzen sorgfältig ankleben. Sie sollten das Glas möglichst ganz bis zum Rand der Öffnung bekleben, wobei die Verzierung aus Seidenpapier nicht über den Glasrand bzw. in die Öffnung hineinragen sollte.
6. Trocknen lassen. Während das beklebte Glas trocknet, legen **Sie** den Deckel mit der richtigen Seite nach oben auf einen Holzklotz und machen einen Schlitz in den Deckel.
7. Dazu wird ein Schraubenzieher oder ein Meißel gegen den Deckel gestemmt und durch Hammerschläge auf den Griff in den Deckel getrieben. So entsteht ein Schlitz, durch den Münzen geworfen werden können. Falls nötig, wird der Schraubenzieher dicht neben dem ersten Schlitz noch ein- oder mehrere Male angesetzt, um ihn zu verbreitern, damit auch breitere Geldmünzen hindurchpassen. Am Ende wird der Deckel umgedreht und die scharfen Kanten mit dem Hammer umgebogen, damit sie glatt an der Innenfläche anliegen.
8. Zuletzt schrauben die Kinder den Deckel auf das Glas. Jetzt können sie mit dem Sparen beginnen.

Serviettenringe

Benötigtes Material

- Pappröhre (von Papiertüchern oder Toilettenpapier)
- Messer oder Scheren
- Temperafarben
- Pinsel
- Seidenpapier
- Wäschesteife
- durchsichtige Selbstklebefolie
- durchsichtige Glasur (nach Wahl)

So geht es

1. **Sie** schneiden die Pappröhre mit einem Messer oder einer Schere in Stücke von 5 cm Länge.
2. Die Kinder malen die Ringe mit einer ersten Schicht aus Temperafarbe an, wobei jeder Ring einfarbig sein sollte. Trocknen lassen. Dann tragen sie eine zweite Farbschicht auf.
3. Danach bemalen sie die bunten Farbringe mit Mustern oder kleben Seidenpapierschnipsel mit etwas Wäschesteife auf.
4. Anschließend lassen sie die Ringe gründlich trocknen.
5. Sobald die Serviettenringe trocken sind, können **Sie** ein Stück durchsichtige Selbstklebefolie darüberkleben, damit die bemalten bzw. beklebten Ringe nicht auf die Serviette abfärben.

Varianten

- Die Kinder können die Serviettenringe mit Filzstiften bemalen.
- Sie bedecken die Ringe mit Pappmaschee und bemalen sie, wenn sie trocken sind.
- Anstatt die Ringe mit Selbstklebefolie zu überziehen, können **Sie** sie mit einem durchsichtigen Lack besprühen, damit sie hart werden und glänzen.

Hinweise

- Die Kinder benutzen Servietten samt Serviettenringen zu den Mahlzeiten oder wenn sie zwischendurch etwas essen.
- Lassen Sie die Serviettenringe über Holzpflöcken oder auf Flaschenhälsen trocknen.

Laufende Puppen

Benötigtes Material

- Kinderzeichnungen
- Scheren
- festes Papier oder Pappkarton
- Klebstoff

So geht es

1. Die Kinder schneiden eine Zeichnung aus und kleben sie auf ein Stück festes Papier oder Pappkarton. (Alte Hängeregister oder ähnlich feste Pappe eignen sich besonders gut.)
2. Dann schneiden sie zwei Löcher in das Papier, etwa einen guten halben Zentimeter vom unteren Rand der Zeichnung entfernt; bei diesem Schritt benötigen sie eventuell Ihre Hilfe. Jedes Loch sollte groß genug sein, damit ein Finger durchpasst.
3. Die Kinder stecken zwei Finger durch die Löcher in der Papierfigur, die die Füße der Puppe darstellen.

Varianten

- Die Kinder stülpen eine Puppe über jede Hand und denken sich eine Geschichte, ein Theaterstück oder ein Spiel aus.
- Mehrere Kinder tun sich zusammen und lassen ihre Puppen ein Stück aufführen, in dem mehrere Personen auftreten.

Hinweis

- Jede beliebige Zeichnung, egal wie groß sie ist, kann eine Puppe sein; die Figur muss kein Tier oder keine Person sein.

Maschendrahtstickerei

ab 8

Benötigtes Material

- quadratisches Stück Maschendraht, 15 cm x 15 cm groß oder ein entsprechend großes Stück Stramin (ein in Handarbeitsgeschäften erhältliches Netz aus Baumwolle und Kunstfasern mit relativ großen Maschen – es ist recht starr und kann von den Kindern bestickt werden, ohne dass sie sich verletzen)
- Garn, Faden oder Stickgarn
- stumpfe Nadel
- Kreppband

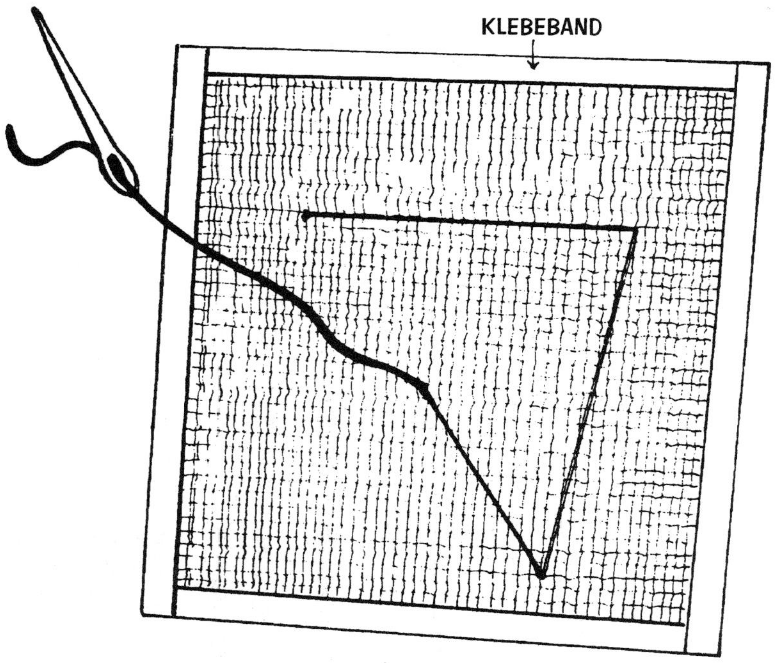

So geht es

1. **Sie** überkleben die Seitenränder des Maschendrahtes mit Kreppband, damit sich die Kinder nicht die Finger daran aufreißen.
2. Dann ziehen die Kinder einen Faden oder Garn durch das Nadelöhr und führen die Nadel sowohl über die Löcher zwischen den Drahtmaschen als auch darunter her. Auf diese Weise können sie ein beliebiges Bild oder Muster erstellen.
3. Zwischendurch wechseln sie die Farbe, sodass sie ein buntes Stickbild erhalten.
4. Zum Schluss kleben sie das Fadenende auf der Rückseite des Maschendrahtes fest oder verknoten es.

Varianten

- Die Kinder können andere Dinge in ihre Stickarbeit einarbeiten, z.B. alte Perlen, Federn, Papierstücke oder Konfetti.
- Sie können auch Bänder oder Stoffspitze in ihre Stickerei einweben.
- Die Künstler brauchen keine Nadel, wenn sie das Fadenende mit Kreppband umwickeln, sodass es wie eine Nadel benutzt werden kann.

Hinweise

- Maschendraht wird oft für die Herstellung von Hamster- oder Meerschweinchenkäfigen verwendet.
- Junge Künstler haben immer Schwierigkeiten, wenn der Faden zu lang ist. Mit einer Armlänge Faden kommen die Kinder gut zurecht. Wenn sie den Faden wechseln oder ihn durch das Nadelöhr fädeln wollen, sollten Sie ihnen ggf. zur Seite stehen.

ab 6

Kunterbunte 3-D-Collage

> **Hinweis**
> - Sie können auch eine Klebepistole einsetzen – der Klebstoff trocknet wesentlich schneller als Leim. Allerdings erfordert das, dass Sie äußerst vorsichtig damit umgehen und die Kinder durchgängig beaufsichtigen. Sprechen Sie mit den Künstlern ab, was festgeklebt werden muss und setzen Sie dann die Klebepistole entsprechend ein.

Benötigtes Material

- Sammeln Sie zusammen mit den Kindern Material für die kunterbunte Collage: bunte Kabel, Körbchen, Zwirnrollen, Geschenkschachteln, Eicheln, Pfeifenreiniger, Eierschachteln, Papiertücherrollen oder Geschenkpapier
- Leim
- Kreppband
- durchsichtiger Klebefilm
- Büroklammern
- Faden, Schnur
- Farben und Pinsel (nach Wahl)

So geht es

1. Die Kinder häufen beliebig ausgewählte Gegenstände aufeinander, stapeln sie ineinander und kleben sie entweder fest oder fixieren sie anderweitig. Die kunterbunte Collage ist eine besondere Art von Collage: sie ist eher dreidimensional und besteht aus sehr vielen unterschiedlichen Gegenständen.
2. Die Künstler verwenden Klebeband, Leim, Büroklammern oder Schnur, um die Gegenstände aneinander zu befestigen.
3. Dann lassen sie das Kunstwerk gründlich trocknen.
4. Sie können es hinterher noch schmücken oder mit Farbe bemalen.

Varianten

- Lassen Sie die Kinder Themen in der Collage umsetzen, z.B. Glück, Frühling, Roboter, Weltall oder Transportmittel.
- Die Kinder sollen ein bestimmtes Material für ihre Collage benutzen, beispielsweise Schachteln und Behälter, Papierstreifen, Holzreste oder zusammengerollte Zeitungen anstelle von vielen verschiedenen Materialien.

Folienschätze

ab 7

Benötigtes Material

- kleine dreidimensionale Dinge, z.B. Gummiringe, Büroklammern, Knöpfe, Nüsse, Schrauben, Dichtungsringe, Perlen oder Garnstücke
- alte Pinsel
- Leim
- Stück Pappkarton
- großer Bogen reißfeste Aluminiumfolie
- Klebeband

So geht es

1. Die Kinder suchen sich kleine Gegenstände aus und kleben sie auf ein Stück Pappe.
2. Dann nehmen sie einen Pinsel und bestreichen die gesamte Oberfläche einschließlich der Gegenstände mit Leim.
3. Als Nächstes legen sie ein großes Stück Aluminiumfolie vorsichtig über die unebene Oberfläche und die aufgeklebten Objekte.
4. Danach drücken sie die Folie sanft herunter und an die Gegenstände an bzw. um sie herum, sodass ihre Konturen sichtbar werden. Dabei müssen sie aufpassen, dass die Folie nicht reißt.
5. Sie falten die überstehenden Ränder der Alufolie auf die Rückseite der Pappunterlage und befestigen sie entweder mit Leim oder mit Klebeband.

Variante

- Wenn das Folienbild wie ein antikes Kunstwerk wirken soll, übermalen die Kinder die Aluminiumfolie mit schwarzer Farbe und wischen sie wieder ab, bevor sie ganz getrocknet ist. Die schwarze Farbe wird in den Vertiefungen und Falten hängen bleiben.

!

Hinweise

- Es ist zu erwarten, dass die Folie reißt, wenn die Kinder erste Erfahrungen mit diesem Projekt sammeln. Später wird es ihnen besser gelingen, die Folie anzudrücken, ohne sie zu beschädigen.
- Die Kinder waschen den Pinsel sorgfältig aus, damit der Klebstoff nicht eintrocknet.

Kreideblumen

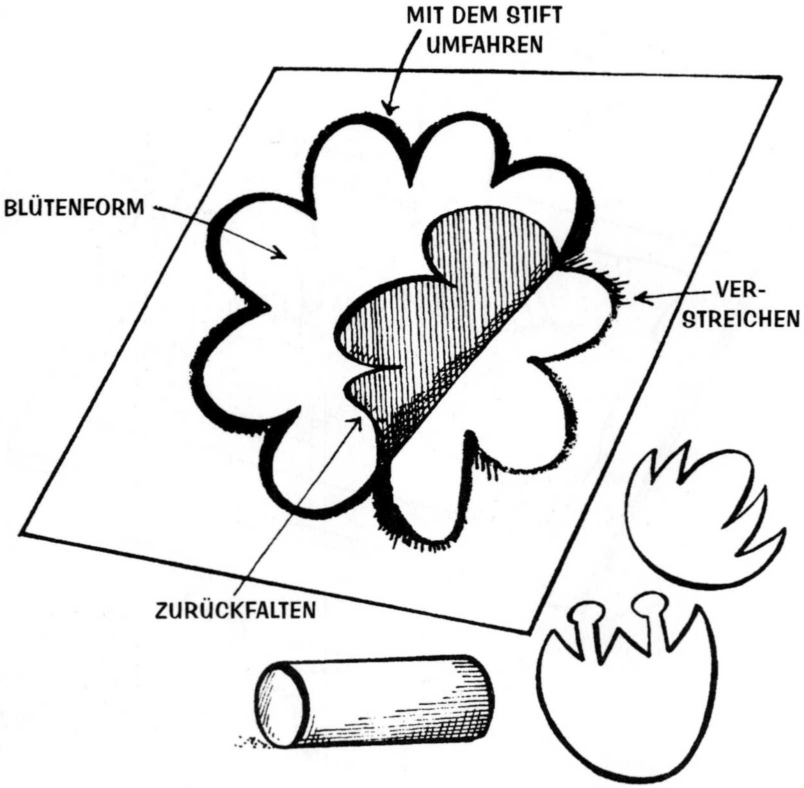

Benötigtes Material

- bunte, weiche Kreide oder Pastellkreiden
- buntes Papier und Zeichenpapier
- Formen von Blütenblättern, aus alten Papphängeregistern oder anderer fester Pappe ausgeschnitten
- Kosmetiktücher
- Wachsmalstifte, Bleistifte, Filzstifte

So geht es

1. Die Kinder legen die Form einer Blüte auf das farbige Papier.
2. Sie halten die Form fest und umfahren sie mit der Kreide.
3. Während sie die Schablone immer noch mit der einen Hand festhalten, verwischen sie die Kreidelinie mit einem Kosmetiktuch und zwar so, dass sie die Kreide weg von der Schablone auf das Blatt reiben.
4. Wenn sie die Kreide verwischt und verschmiert haben, nehmen sie die Schablone ab und betrachten den Umriss einer Blume, der auf dem Papier entstanden ist.
5. Die Kinder machen damit weiter, auf diese Art Kreideblumen zu entwerfen: Sie verschieben einfach die Schablone ein wenig auf dem Papier und umfahren sie dann mit verschiedenen Farben. Die Umrisslinien dürfen sich ruhig überschneiden und berühren oder bis an den Rand des Blattes reichen.

Varianten

- Die Kinder können auch einfach nur Blumenformen zeichnen und nachfahren, ohne die Linien hinterher mit einem Kosmetiktuch zu verwischen.
- Sie schmücken ein Blatt Papier mit verschiedenen Blumenformen.
- Die Künstler können die Blumen verzieren oder mit Farbe ausmalen. Dort, wo sich die Formen überschneiden, kann eine neue Farbe entstehen, z.B. wenn sich Rot und Gelb vermischen.
- Sie können natürlich auch andere Formen oder Schablonen herstellen, es müssen keine Blumen sein.
- Lassen Sie die Kinder ihre Form mit Wachsmalstift, Bunt- oder Filzstift umfahren – entweder auf demselben Blatt oder auf einem neuen.

Hinweise

- Eine typische Eigenschaft von Kreide ist, dass sie schmiert und verwischt werden kann. Machen Sie sich auf farbverschmierte Hände und Ellbogen gefasst!
- Mit einem Kosmetiktuch kann jedes Kind mehrere Kreideblumen herstellen.
- Die Kreidebilder können **Sie** draußen im Freien mit Haarspray oder einem anderen Fixiermittel einsprühen, damit sie nicht mehr so stark verschmieren.

Salatschleuder

ab 5

Benötigtes Material

- Salatschleuder aus Plastik mit Deckel
- Becher mit flüssigen Temperafarben
- Löffel für jede Farbe
- Papier
- Glimmer oder Konfetti (nach Wahl)

So geht es

1. Die Kinder schneiden das Papier so zurecht, dass es den Boden der Salatschleuder bedeckt.
2. Sie legen das Papier in die Salatschleuder.
3. Dann tropfen sie mit dem Löffel etwas Farbe auf das Papier. Wenn sie wollen, können sie mehr als eine Farbe auftröpfeln.
4. Als Nächstes legen sie den Deckel auf die Salatschleuder und drehen am Griff.
5. Zuletzt öffnen sie den Deckel und geben Glimmer oder Konfetti über das fertige Bild, wenn sie wollen.

Variante

- Die Kinder können überlegen, mit welchen anderen Instrumenten sie Farbbilder auf die oben beschriebene Art und Weise erstellen können. Denkbar sind z.B. ein alter Plattenspieler oder ein drehbares Tablett. Sie sollen mit Farbe, Filzstiften und Wachsmalstiften experimentieren.

Hinweise

- Kleinere Kinder könnten Ihre Hilfe beim Drehen der Salatschleuder benötigen.
- Sorgen Sie dafür, dass die Kinder ihre Bilder an einem besonders dafür eingerichteten Ort trocknen können – legen Sie z.B. Zeitungspapier auf den Boden, direkt neben dem Platz, wo die Kinder ihre Farbbilder herstellen.
- Wenn die Kinder ihre fertiggestellten Bilder zu dem Ort transportieren, wo sie trocknen können, werden sie ihre Hände schmutzig machen. Halten Sie deshalb einen Eimer Seifenwasser bereit, damit sie sich darin die Hände waschen können.

Wasservermalbare Farbstifte

Benötigtes Material

- Aquarellkreiden, -farbstifte oder wasservermalbare Farbstifte
- Becher mit Wasser
- Papier
- Pinsel (nach Wahl)

So geht es

1. Wasservermalbare Farbstifte können Sie in Kaufhäusern, Mal- und Bastelgeschäften und in Läden für Kunsthandwerk kaufen. Sie sehen wie normale Buntstifte aus.
2. Die Kinder tauchen den Farbstift in den Becher mit Wasser.
3. Dann zeichnen sie mit dem feuchten Farbstift auf das Papier.
4. Sie können aber auch mit einem nassen Pinsel die Linien übermalen und das Bild mit weiteren Mustern bereichern.
5. Trocknen lassen.

Varianten

- Die Kinder malen auf Papier mit unterschiedlicher Struktur und in verschiedenen Farben.
- Sie können auch selbst Farbkreiden herstellen, indem sie Farbpigmente mit wenig Wasser und Leinölfirnis zu einer dickflüssigen Farbmischung vermischen und diese in ein Metallförmchen oder eine flache Aluminiumschale gießen und trocknen lassen. Danach malen sie mit der getrockneten Farbe wie mit einem Wachsmalstift oder dippen das „Farbförmchen" in einen Becher mit Wasser wie oben beschrieben.

Hinweise

- Weisen Sie die Kinder an, ihre Wasserbecher immer wieder mit frischem Wasser zu füllen, damit sie klare, ungetrübte Farben und glänzende Bilder erhalten.
- Die Kinder dürfen die Farbstifte nicht in Wasser einweichen, sonst lösen sie sich auf und zerfallen.

Zaunbild

ab 7

Benötigtes Material

- Gartenzaun
- große Tabletts oder Plastikschalen
- verschiedene Arten von Farbwalzen
- Temperafarbe
- große Bögen festes Papier
- Kreppband
- Putzmaterialien (Eimer, Wasser und Lappen)

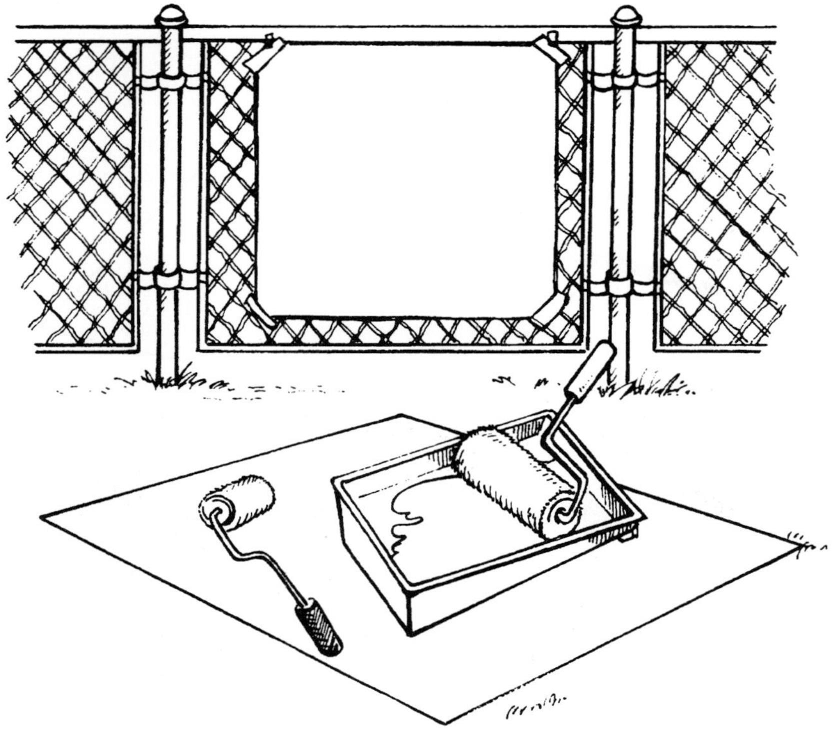

So geht es

1. Die Kinder befestigen einen großen Bogen weißes Papier mit Kreppband an einem Gartenzaun.
2. Als Nächstes geben sie auf jedes Tablett etwas flüssige Temperafarbe, d.h., sie verteilen auf jedes Tablett eine andere Farbe.
3. Dann fahren sie mit den Farbwalzen über die Temperafarbe, sodass sie ganz mit Farbe bedeckt sind.
4. Anschließend walzen sie mit den eingefärbten Farbwalzen über das feste Papier.

Varianten

- Die Kinder kleben das Papier an einer Mauer oder Tür fest, falls kein Zaun zur Verfügung steht. (Sie decken dann aber den Boden mit Zeitungen ab.)
- Sie können auch Gegenstände mit Struktur unter dem Papier befestigen, bevor sie die Farbe auf das Papier walzen.
- Lassen Sie die Kinder dieses Projekt an einer Staffelei statt an einem Zaun durchführen.

Hinweise

- Führen Sie dieses Projekt nicht auf dem Fußboden durch, sonst werden die Künstler auf den Knien über das bemalte Papier rutschen und die Farbe überall verteilen.
- Auf dem Bild zeichnet sich die Struktur des Zaunes aus Holz oder Draht ab.
- Halten Sie einen Eimer mit Wasser und Lappen griffbereit, damit die Kinder Farbspuren am Zaun und auf dem Boden beseitigen können.

Glimmerfarbenmischung

Benötigtes Material

- Foto- oder Pappkarton
- Schale mit Holzleim, mit Wasser verdünnt
- Pinsel
- Salz- oder Käsestreuer mit großen Löchern
- Farbpigmente
- Glimmer

So geht es

1. Die Kinder bestreichen die ganze Oberfläche des Foto- oder Pappkartons mit verdünntem Holzleim.
2. Dann vermischen sie die Farbpigmente mit etwas Glimmer und füllen sie in die Salz- bzw. Käsestreuer.
3. Als Nächstes streuen sie die Glimmerfarbmischung auf den Leim.
4. Anschließend lassen sie das Kunstwerk lange Zeit trocknen.

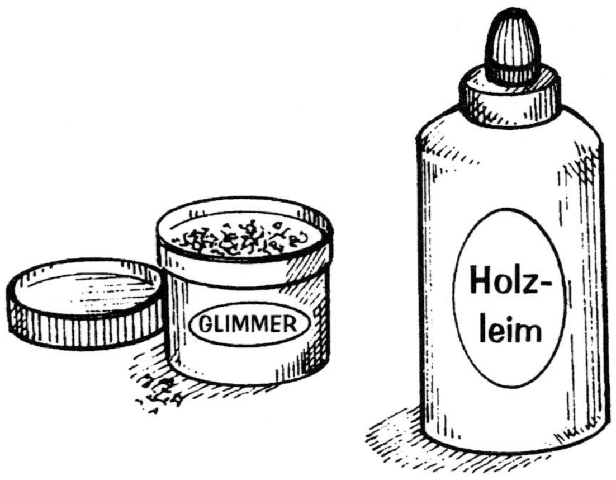

! **Hinweise**

- Die Kinder könnten Farbpigmente einatmen, weshalb es angebracht ist, dass sie einen Mundschutz tragen – wie es auch Ärzte häufig tun –, während sie die Pulverfarbe auf das Papier streuen. Im Allgemeinen finden die Kinder das lustig.
- Es kann mehrere Tage dauern, bis die Kunstwerke getrocknet sind. Deshalb ist es sinnvoll, sie auf ein Regal zu legen oder an einen anderen Ort zu bringen, wo sie in Ruhe trocknen können.

Salzfarbenmischung

Benötigtes Material

- 1 Packung Tafelsalz
- Farbpigmente
- Behälter, z.B. Jogurt- oder Margarinebecher
- Holzleim in kleinen Schalen oder Jogurtbechern
- Pinsel
- Tabletts oder flache Schalen
- Salzstreuer
- Papier

So geht es

1. Die Kinder geben Farbpigmente in einen Behälter und vermischen sie mit dem Salz. Dazu benötigen sie vielleicht Ihre Hilfe.
2. Anschließend füllen sie das farbige Salz in einen Salzstreuer.
3. Sie vermischen andersfarbige Farbpigmente mit Salz und füllen sie ebenfalls in Salzstreuer.
4. Dann dippen sie einen Pinsel in den Leim und malen ein Bild auf das Papier.
5. Danach nehmen sie die Salzstreuer und streuen das farbige Salz über das Leimbild.
6. Sie schütten überschüssiges Salz vom Bild zurück auf das Tablett, damit es wieder verwendet werden kann.

Variante

- Die Kinder verwenden statt Salz weißen Sand, den es in Baumärkten zu kaufen gibt. Sie können aber auch Sand vom letzten Urlaub am Meer oder von einem Flussufer mitbringen.

Hinweise

- Manche Kinder tun sich leichter, wenn sie den Leim nicht mit dem Pinsel auf dem Papier verteilen, sondern ihn direkt aus der Leimflasche auf das Papier drücken.
- Sie können auch eine Plastikwanne mit einer etwa 3 cm dicken Schicht aus gefärbtem Sand bedecken und das Papier in die Wanne legen. Nun können die Künstler mit ihren Händen Sand über das Leimbild schaufeln und das Papier anschließend an einer Ecke hochziehen, sodass der überschüssige Sand zurück in die Wanne rieseln kann. Auf diese Art können gerade jüngere Kinder den farbigen Sand besser verteilen als wenn sie Salzstreuer verwenden. Außerdem erhalten sie so eine besser deckende Farbschicht und ihr Leim-Sand-Bild ist klarer zu erkennen.

ab 7 VORSICHT

Seifenblasendrucke

Benötigtes Material

- Papier
- Temperafarbe
- Geschirrspülmittel (flüssig)
- Wasser
- 1-Liter-Krug
- Rührlöffel oder -stab
- flache Kuchenform aus Aluminium (ersatzweise flache Plastikschüssel etc.)
- gerade Strohhalme (nicht gebogen)

So geht es

1. Die Seifenblasenlösung müssen Sie herstellen – am besten am Abend vorher. Sie vermischen $\frac{1}{3}$ Becher Temperafarbe mit $\frac{1}{3}$ Becher Spülmittel in einem 1-Liter-Krug. Dann füllen Sie den Krug mit Wasser auf, bis er ganz voll ist und rühren die Lösung um.
2. Wenn Sie verschiedenfarbige Seifenlösungen haben möchten, rühren Sie jede einzelne Farbe in einem extra 1-Liter-Krug an.
3. Lassen Sie die Lösung über Nacht ruhen.
4. Am nächsten Tag gießen Sie die Farblösung in eine flache Kuchenform oder Plastikschüssel.
5. Zeigen **Sie** den Kindern, wie sie den Strohhalm mit dem einen Ende in die Seifenlösung halten und durch das andere Ende pusten, um Blasen zu machen. Erklären Sie ihnen, dass sie die Lösung nicht aufsaugen dürfen. Wenn sich am Ende des Strohhalms Seifenblasen bilden, ziehen Sie ihn aus der Seifenlösung und lassen die Kinder ein Blatt Papier gegen die Seifenblasen halten. Die Blasen werden platzen und einen farbigen Abdruck auf dem Papier hinterlassen.
6. Als Nächstes probieren die Kinder aus, wie sie Seifenblasen machen und Abdrücke bzw. Muster daraus herstellen können.

Hinweise

- Schneiden Sie eine kleine Kerbe oder ein Loch in den Strohhalm, etwas unterhalb des Mundstücks, um zu verhindern bzw. zu erschweren, dass die Künstler Seifenlauge in den Mund bekommen und schlucken.
- Für Seifenblasen, die länger halten und stabiler sind, fügen Sie der Seifenlösung ein paar Esslöffel Zucker bei.

Varianten

- Lassen Sie die Kinder mit verschiedenen Arten von Papier ausprobieren, wie unterschiedlich Seifenblasendrucke aussehen können.
- Die Kinder können auch Seifenblasen aus einer ungefärbten Wasser- und Spülmittellösung, also ohne Zugabe von Temperafarbe, herstellen. Wenn die Seifenblasen groß und dick sind, können sie ein paar Tropfen Lebensmittelfarbe aufträufeln. Dann führen sie langsam einen Pappteller oder ein Stück Papier an die Blasen heran, sodass sie einen Abdruck der Blasen auf dem Papier erhalten.

Perlen aus Teig

Benötigtes Material

- 3/4 Tasse Mehl (150 g)
- 1/2 Tasse Stärkemehl (100 g)
- 1/2 Tasse Salz (100 g)
- Farbpigmente oder Pflanzenfarbe (vgl. S. 23)
- 3/8 Tasse warmes Wasser (90 ml)
- Schüssel
- Zahnstocher
- Faden, Garn oder Lederbänder
- farbloser Klarlack (nach Wahl)

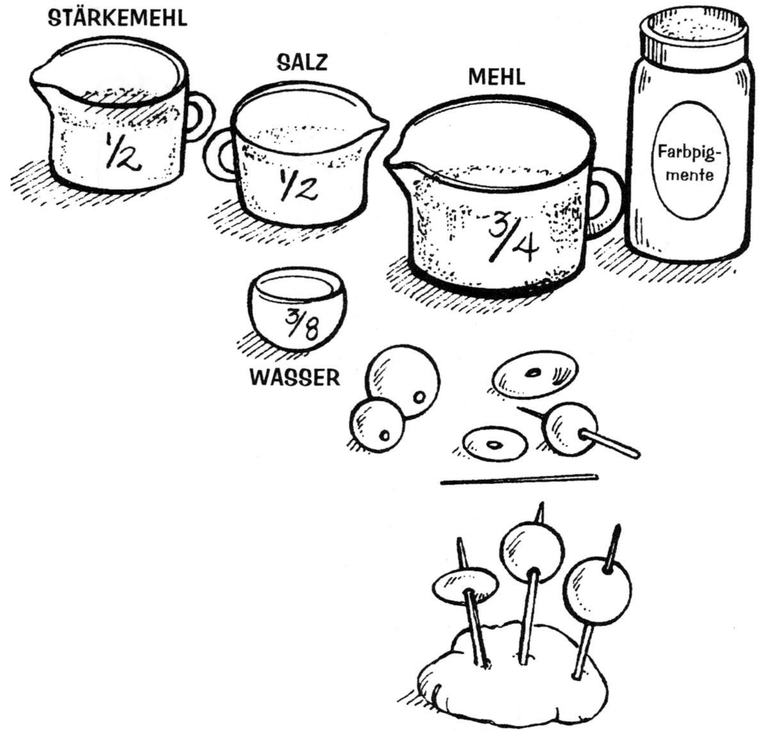

So geht es

1. Die Kinder vermischen Mehl, Stärkemehl und Salz in einer Schüssel. (Für einen farbigen Teig geben sie etwas Farbpigmente oder pulverförmige Pflanzenfarbe hinzu.)
2. Nach und nach fügen sie etwas warmes Wasser zu, bis sich die Mischung zu einem festen Teig kneten lässt.
3. Falls der Teig zu klebrig ist, fügen sie etwas Mehl hinzu.
4. Dann rollen sie den Teig zu kleinen Kugeln, um Perlen daraus zu machen.
5. Danach durchstechen sie mit dem Zahnstocher die Teigkugeln und lassen sie mehrere Tage trocknen. Große Perlen benötigen eventuell etwas mehr Zeit, bis sie trocken sind.
6. Die Künstler können die Perlen hinterher noch anmalen, wenn sie wollen.
7. Je nach Wunsch können **Sie** die Perlen zusätzlich mit Klarlack bestreichen.
8. Sobald die Perlen trocken sind, reihen sie die Kinder auf einen Faden, Garn oder ein Lederband. Sie können zwischen jede Perle einen Knoten zur Verzierung machen.

Hinweise

- Die Kinder können die Teigkugeln auf Zahnstocher aufspießen, damit sie trocknen. Sie stecken nur eine Teigkugel auf einen Zahnstocher und drehen die Kugeln immer mal wieder, während sie trocknen, damit sie nicht an dem Zahnstocher ankleben.
- Wenn die Kinder einen Teig nach diesem Rezept herstellen, erhalten sie einen relativ weichen Teig, der seine Farbe beibehält, wenn er trocken ist.
- In den Perlen sind kleine Salzreste zu erkennen, besonders in dunkel gefärbten Teigmassen.

ab 7 VORSICHT

Essbarer Skulpturenteig

Benötigtes Material

- Schüssel und Löffel
- Messbecher und Löffel
- 1 Päckchen Trockenhefe
- 1–1½ Tassen sehr warmes Wasser (345 ml)
- 1 Ei
- ¼ Tasse Honig (60 ml)
- ¼ Tasse Backfett (Butter, Schmalz etc.)
- 5 Tassen Mehl (1000 g)
- Backblech
- Handtuch
- 1 Teelöffel Salz
- Backofen, auf 170 °C vorgeheizt
- Ofenhandschuhe

So geht es

1. Die Kinder vermischen die Hefe und das Wasser in einer Schüssel.
2. Dann geben sie das Ei, den Honig, das Fett und das Salz hinzu.
3. Als Nächstes fügen sie langsam das Mehl zu, bis sich eine Teigkugel bildet. Wenn der Teig zu matschig ist, geben sie noch etwas mehr Mehl dazu.
4. Anschließend geben sie den Teig auf ein mit Mehl bestäubtes Brett und kneten ihn mit den Händen.
5. Nun beginnen sie mit dem Modellieren von Skulpturen. Allerdings formen sie nur flache Figuren, da der Teig noch aufgeht.
6. Danach bedecken sie die Teigskulpturen mit einem Handtuch und stellen sie an einen warmen Ort, wo der Teig etwa eine halbe Stunde gehen sollte. Sollen die Skulpturen sehr locker und luftig sein, dann lassen sie den Teig noch länger gehen.
7. Die Teigkreationen werden bei 170 °C im Ofen etwa 20 Minuten lang gebacken oder so lange, bis sie goldbraun sind.
8. Die Künstler können ihre Skulpturen entweder aufessen oder aufbewahren.

Variante

- Die Kinder können eine Büroklammer in den Teig stecken, bevor er gebacken wird, dann hat ihre Skulptur einen Haken, an dem sie aufgehängt und zur Schau gestellt werden kann. Sie können etwas Faden, ein Band oder buntes Stickgarn durch die Büroklammer ziehen und die Skulptur an einen Baum, Nagel oder an eine Türklinke hängen.

Hinweise

- Klopfen **Sie** leicht mit dem Griff eines Messers gegen die gebackenen Skulpturen: klingen sie hohl, ist das ein sicheres Zeichen, dass sie durch sind und aus dem Ofen genommen werden können.
- Geben Sie den Kindern eine Knoblauchpresse und andere Küchenutensilien an die Hand, mit denen sie Teigverzierungen für ihre Skulpturen herstellen können.

Seidenpapiermobile

ab 7

Benötigtes Material

- Garn, 1m lang
- buntes oder weißes Seidenpapier
- Becher mit Klebemischung: 2 Teile Holzleim mit 1 Teil Wäschesteife vermischt
- Nadel und Faden
- Kleiderbügel
- Wasserfarben (nach Wahl)

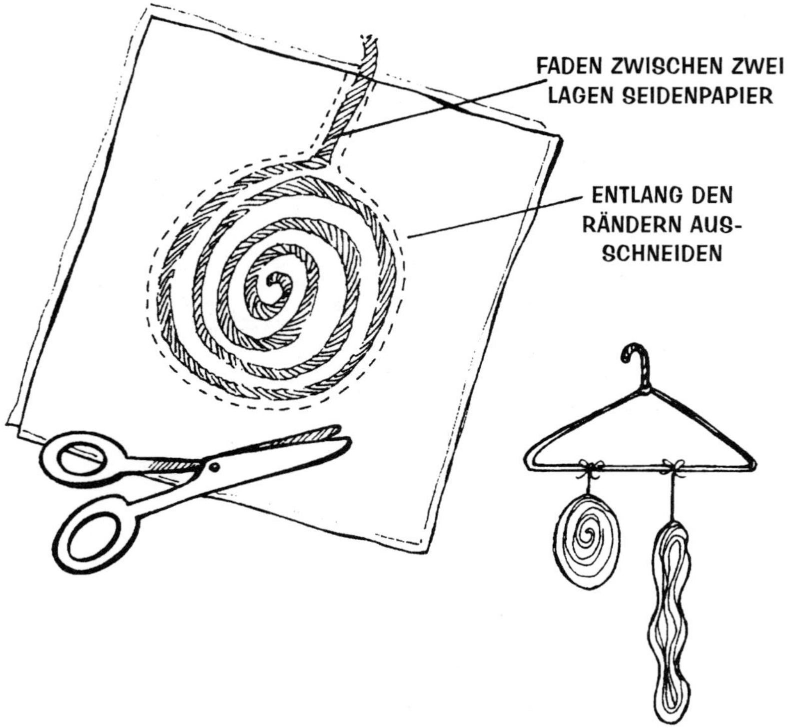

So geht es

1. Die Kinder verknoten die beiden Fadenenden miteinander.
2. Dann tauchen sie den Faden in den Becher mit der Klebemischung und streifen überschüssigen Klebstoff mit den Fingern ab.
3. Als Nächstes legen sie den klebrigen Faden auf beliebige Art und Weise auf einen Bogen Seidenpapier. Sie können mit dem Faden auch bestimmte Formen oder Muster legen, wenn sie wollen.
4. Danach bedecken sie den Faden mit einem zweiten Bogen Seidenpapier und drücken das Papier sanft auf den Faden.
5. Über Nacht trocknen lassen.
6. Am nächsten Tag schneiden die Kinder das Seidenpapier entlang des Fadenmusters aus.
7. Sie können weißes Seidenpapier auch mit Wasserfarben bemalen lassen.
8. Anschließend stechen sie mit einer Nadel ein Loch in den äußeren Rand des Seidenpapiers, nahe dem innenliegenden Faden, und ziehen einen Faden durch.
9. Zuletzt hängen sie eine oder mehrere dieser Formen an einen Kleiderbügel. Wenn das Seidenpapiermobile bemalt wurde, kann es dort sogar trocknen.

Varianten

- Auf diese Art können Kinder schönen Schmuck für Feiertage oder andere Festlichkeiten herstellen.
- Das Mobile kommt gut zur Geltung, wenn es in ein Fenster gehängt wird, wo Licht durchscheinen kann.

!

Hinweise

- Wenn die Kinder überschüssigen Klebstoff vom Faden abstreifen, sollten sie vorsichtig daran ziehen. Ziehen sie zu fest daran, strafft sich der Faden und gerät außer Kontrolle, sodass der Klebstoff überall verteilt wird.
- Die Künstler benötigen vielleicht Ihre Hilfe, wenn sie den zweiten Bogen Seidenpapier auf das Fadenmuster legen und möglicherweise auch dann, wenn sie das Seidenpapier entlang des Fadens ausschneiden
- Ziehen Sie den Faden durch das Nadelöhr und halten Sie die Nadel für die Kinder bereit; es könnte passieren, dass Sie ihnen beim Befestigen des Fadens an dem Mobile helfen müssen.

Seifenskulptur

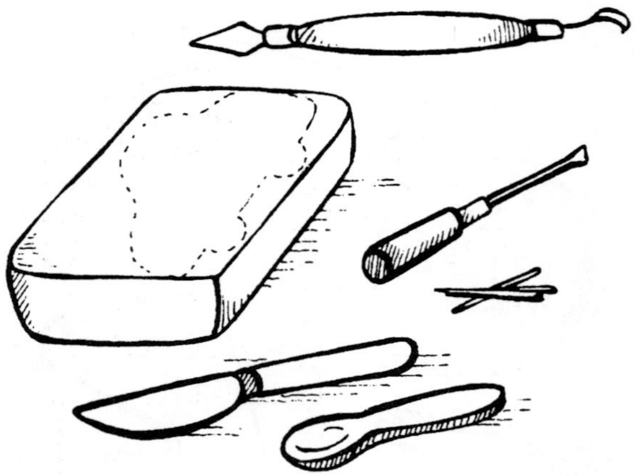

Benötigtes Material

- Stück Seife
- kleines, ziemlich scharfes Messer
- andere Gegenstände, die sich zum Herstellen und Bearbeiten von Skulpturen eignen: Schraubenzieher, Löffel, Zahnstocher oder Modellierwerkzeuge
- Zeitung

So geht es

1. Kinder, die wissen, wie vorsichtig sie mit einem Messer umgehen müssen, können diese Arbeit unter Ihrer Aufsicht alleine durchführen.
2. Sie zeichnen den Umriss eines Gegenstandes auf das Stück Seife. Sie sollten eine möglichst einfache Form ohne Details oder komplizierte Feinheiten wählen.
3. Dann nehmen sie ein Messer oder anderes Werkzeug, um die Form herauszuarbeiten und die Seife abzuhobeln.
4. Wenn sie Ränder glätten oder Seiten glatt hobeln wollen, fahren sie einfach mit einem angefeuchteten Finger über die entsprechende Stelle.
5. Die bearbeitete Seife kann nun als Skulptur bewundert oder als lustige Gästeseife verwendet werden – Hauptsache, die Kinder haben ihren Spaß daran!

Variante

- Schlagen Sie auf S. 40 nach, wie Modelliermasse aus Seife hergestellt wird, die die Kinder auch zurechtformen und -schnitzen können.

! **Hinweis**

- Beaufsichtigen Sie die Kinder sorgfältig, während sie schnitzen. Es erweist sich als sinnvoll, die Skulptur irgendwo festzuklemmen, während sie von den Kindern bearbeitet wird. Beispielsweise kann die Seife an einen Holzklotz gelehnt werden, der selbst auf ein anderes Brett genagelt wurde.

Sprenkelcollage

ab 7

Benötigtes Material

- Holzleim in einer quetschbaren Flasche, z.B. in einer Ketschup- oder Shampooflasche
- Papier
- Sprenkel wie z.B. Glimmer, Konfetti, Samen, Kiefernnadeln
- Tablett oder Behälter für überschüssige Sprenkel

So geht es

1. Die Kinder drücken den Inhalt einer kleinen Leimflasche auf ein Stück Papier und malen damit ein Leimbild.
2. Als Nächstes streuen sie einige oder alle Sprenkel über das nasse Leimbild.
3. Dann nehmen sie das Papier hoch und knicken es leicht in der Mitte, damit sie die nicht haften gebliebenen Sprenkel leicht zurück in einen Behälter schütten und diese für ein anderes Sprenkelbild verwenden können.
4. Gründlich trocknen lassen.

Variante

- Die Kinder können auch andere Materialien über den Leim streuen wie z.B. Holzspäne, Sägemehl, Salz, Farbpigmente, Sand oder kleine Garnreste.

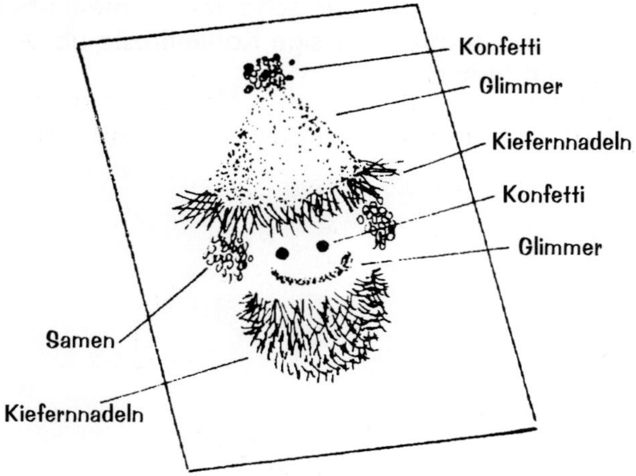

Hinweise

- Manche Kinder lassen den Leim lieber von einem Stöckchen oder Strohhalm auf das Papier tropfen, als ihn mit der Leimflasche aufzutragen.
- Es ist nicht ganz einfach, die Sprenkel in einen Behälter zu schütten, aber lassen Sie die Kinder das selbst ausprobieren, bevor Sie diese Aufgabe übernehmen.

Konfettiexplosion

Benötigtes Material

- Konfetti (aus Papier oder Metall)
- Papierreste aus dem Locher
- Holzleim in der Flasche
- schwarzes Papier

So geht es

1. Die Kinder malen mit dem Leim ein Bild auf das schwarze Papier.
2. Danach streuen sie Konfetti auf das Leimbild. Entweder verteilen sie Konfetti und andere Papierpunkte nacheinander auf dem Leim oder sprenkeln sie alle auf einmal über das Leimbild.
3. Zuletzt lassen sie das Kunstwerk gründlich trocknen.

Varianten

- Die Kinder können das Konfetti auch durch Seidenpapierschnipsel, Wattebäusche, Perlen oder andere Collagematerialien ersetzen.
- Sie füllen eine Kuchenform mit einer etwa 0,5 cm dicken Schicht aus Konfetti. Dann entwerfen sie ein Leimbild auf Papier, drehen das Blatt um und drücken es in die Konfettischicht. Hinterher drehen sie es wieder um und lassen es trocknen.
- Die Künstler können ihr Leimbild auch auf den Boden einer mit Konfetti gefüllten Wanne legen. Sie schaufeln Konfetti über das Leimbild und schütteln danach überschüssige Konfettireste ab. Anschließend gründlich trocknen lassen.

Hinweise

- Die Kinder nehmen ein einzelnes Stück Konfetti mit einem feuchten Wattestäbchen auf und platzieren es auf dem Leimbild. So ist es leichter, einzelne Konfettistücke auf dem Bild anzuordnen als sie mit der Hand aufnehmen zu müssen.
- Wenn die Kinder ein größeres Kunstwerk aus Leim und Konfetti entwerfen möchten, sollten sie zunächst einzelne Stellen mit Leim und Konfetti bedecken statt das ganze Papier auf einmal zu verzieren, sonst trocknet der Leim, bevor sie das Konfetti darauf verteilen können.

Tastbaum

ab 8

Benötigtes Material

- Fingerfarbenbilder in Braun, Grün oder anderen Farben
- Torten- oder Törtchenspitze
- farbige Papier- und Seidenpapierreste
- Materialien, die sich zur Herstellung eines Nestes eignen: Stroh, Gras, Zeitungspapierrollen, Garn oder Ostergras
- Scheren
- Klebeband
- Klebstoff
- Wand oder ein großes Blatt Papier, das an der Wand befestigt wurde

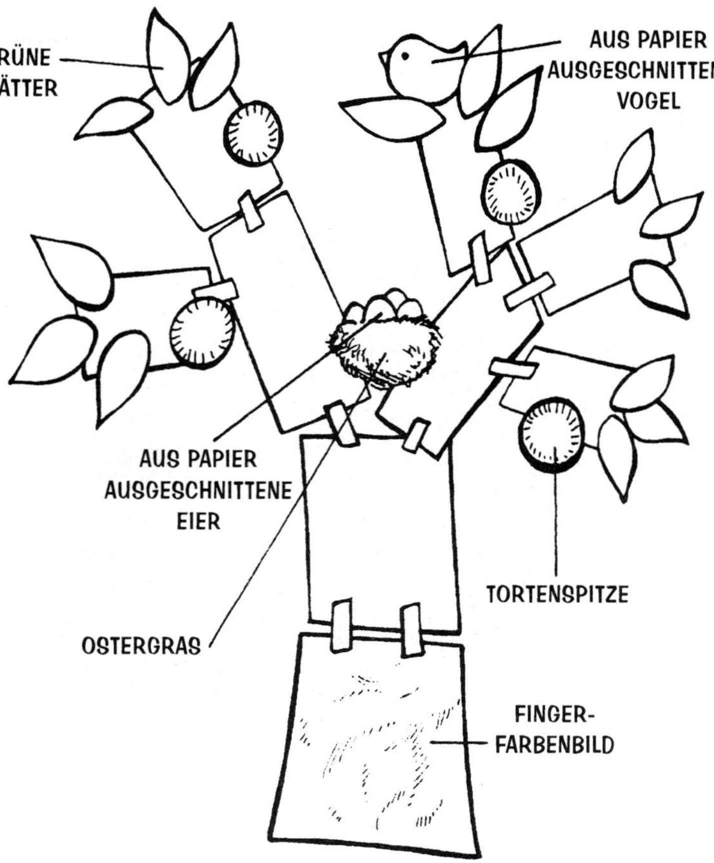

So geht es

1. Die Kinder schneiden die braunen Fingerfarbenbilder zu einem Baumstamm und Ästen zurecht. Anschließend kleben sie sie an eine Wand, sodass dort ein großer Baum entsteht.
2. Dann schneiden sie aus den grünen Fingerfarbenbildern Blätter aus und kleben sie an den Baum.
3. Danach befestigen sie Blüten in Form von Tortenspitze und anderen Papierresten an ihrem Baum.
4. Als Nächstes stellen sie aus anderen Materialien ein Nest her; z.B. können sie kleine Rollen aus Zeitungspapier als Äste verwenden. Sie kleben sie an dem Baum fest oder befestigen sie mit Klebeband.
5. Sie können aus den Papierresten Vögel, Eier oder Vogeljunge ausschneiden und am Nest befestigen bzw. in das Nest kleben.
6. Je nach Wunsch können sie noch andere Dinge an ihrem Baum anbringen, z.B. Raupen, Schmetterlinge, nachgebildete oder fantastische Käfer … oder vielleicht sogar einen Falken!

Variante

- Die Kinder bauen ein großes Haus und befestigen zahlreiche Dinge mit Garn in den Fenstern, oder sie entwerfen einen Fluss voller Fische und mit Booten; sie können aber auch eine Unterwasserwelt mit faszinierenden Kreaturen, Pflanzen und Fischen darstellen.

!

Hinweise

- Die Collage-Technik ist faszinierend, weil die Kinder so ein Bild entwerfen und bauen können, das sowohl beschaut als auch betastet werden kann – eine Art „Tastbild".
- Rechnen Sie damit, recht ungewöhnliche Dinge in dem Baum zu entdecken, da Kinder eine eigene Wahrnehmung von Bäumen und der Natur insgesamt haben.

Aufgereihte Kostbarkeiten

Benötigtes Material

- feste Schnur oder stabiler Faden
- Nadel
- Gegenstände, die auf einen Faden aufgefädelt werden können: Bänder aus Seidenpapier, Schaumstoffstücke, gelochte Papierreste, Folie, Eierkartonbecher, Stücke von Strohhalmen, bunte Papierschnipsel, Spulen oder Knöpfe

So geht es

1. Die Kinder machen einen Knoten in das weiter von ihnen entfernte Fadenende, damit die aufgefädelten Gegenstände nicht herunterrutschen können. Manchmal ist es nützlich, einen Gegenstand mit dem Faden zu verknoten, damit dieser verhindert, dass die danach aufgereihten Gegenstände vom Faden rutschen.
2. Danach fädeln die Kinder Gegenstände ihrer Wahl auf. Entweder reihen sie sie nach einem bestimmten Schema auf oder so, wie es ihnen gerade einfällt.
3. Wenn sie eine sehr lange Halskette oder eine Girlande herstellen wollen, mit der sie Fenster, Wände oder Eingänge dekorieren können, verlängern sie den Faden bzw. die Schnur um ein weiteres Stück.
4. Sie stellen auf diese Weise Halsketten, Armbänder, Gürtel oder Wandbehänge her.

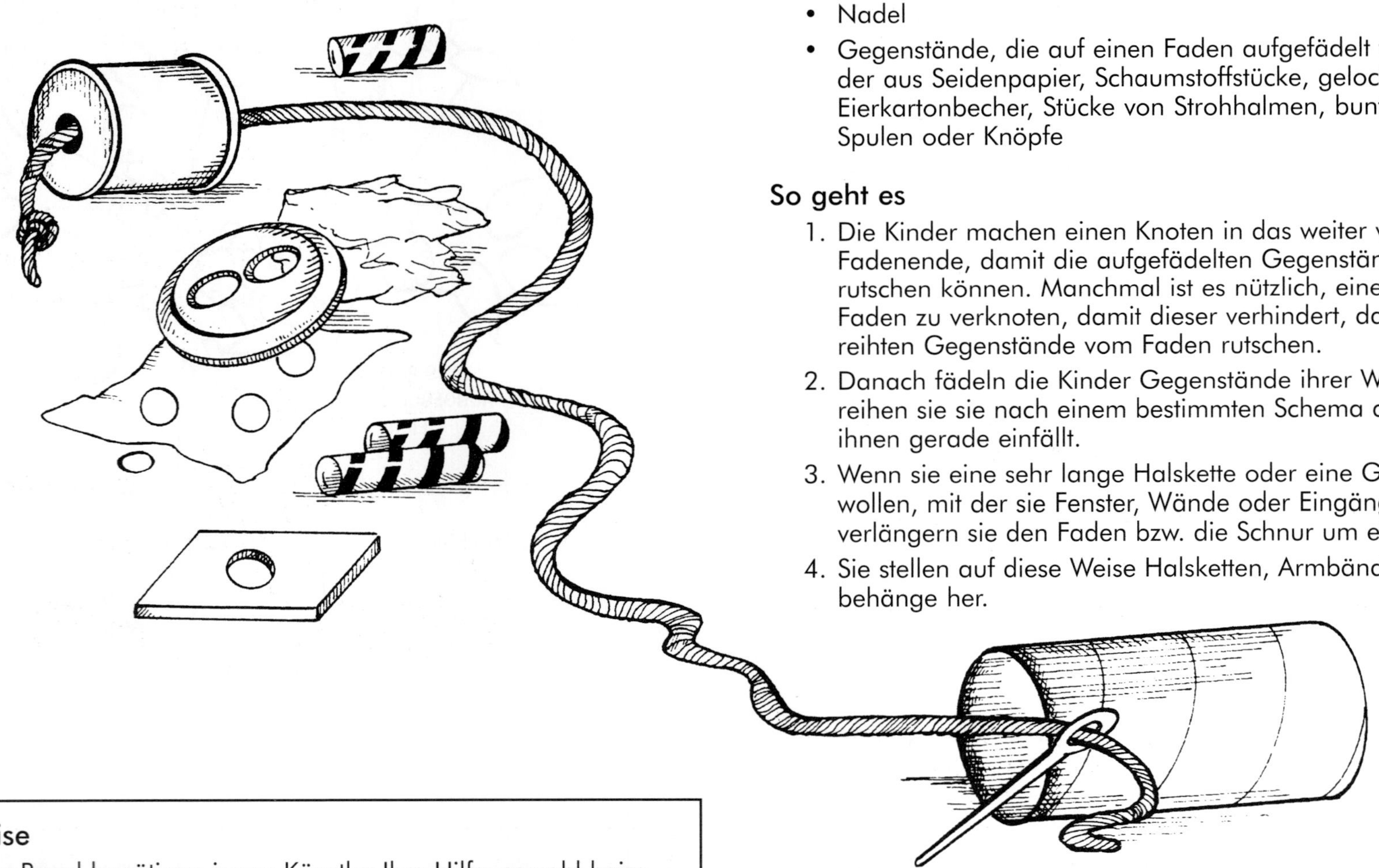

Hinweise

- In der Regel benötigen junge Künstler Ihre Hilfe, sowohl beim Einfädeln des Fadens als auch beim Verknoten des Fadenendes.
- Falls die Kinder bestimmte Papiersorten oder andere Gegenstände nicht mit der Nadel durchstechen können, können Sie mit einem Locher, einem scharfen Bleistift oder mit einer Scherenspitze Löcher vorbohren.

Variante

- Geben Sie den Kindern ein Thema oder bestimmte Materialien vor, aus denen sie schmückende Ketten herstellen sollen. Hier ein paar Ideen: Perlenketten aus altem Schmuck und Folienresten, Ketten aus Papierkreisen und Strohhalmstücken oder aus Blumenformen und Seidenpapierbändern oder aus Spielzeug- und Puzzleteilen.

Stoffverkleideter Notizblock

VORSICHT · ab 8

Benötigtes Material

- Bleistift
- kleiner, billiger Notizblock
- rechteckiges Stück feste Pappe oder dünnes Holz, das mindestens zweimal so groß wie der Notizblock ist
- Stoffstücke, in kleine Vierecke oder zu anderen Formen zurechtgeschnitten
- Reste von Zackenlitze, Stoffspitze, Bändern und anderen Kurzwaren
- Wandhaken
- Schale oder Jogurtbecher mit Holzleim, leicht mit Wasser verdünnt
- Leim in der Flasche
- Pinsel
- kleine, getrocknete Blumen (nach Belieben)
- Musterbeutelklammern
- Stück Schnur
- Messer

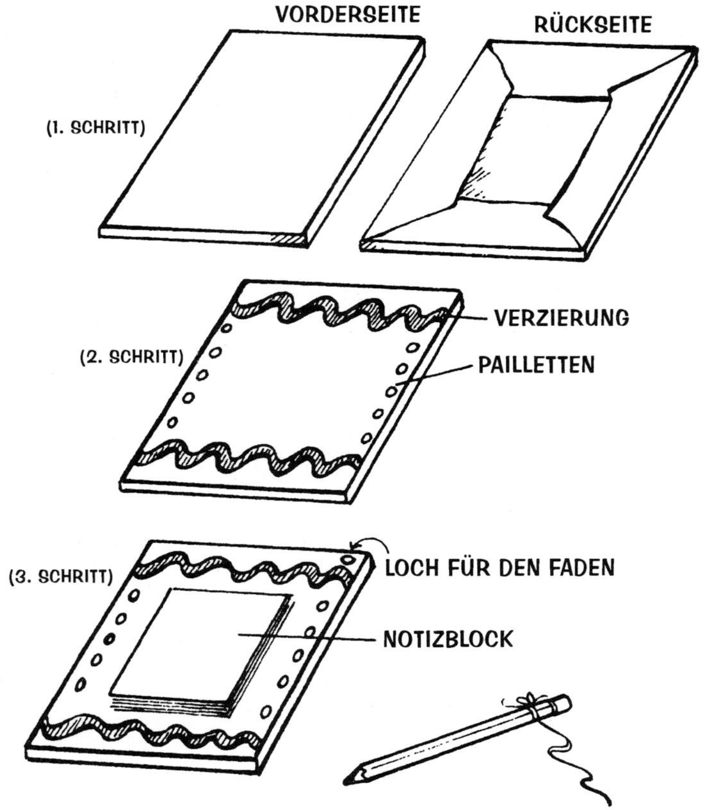

So geht es

1. Die Kinder bestreichen das ganze Stück Pappe bzw. Holz mit dem verdünnten Leim und kleben die Stoffstücke darauf fest. Sie tragen den Leim großzügig auf. Es macht nichts, wenn der Stoff durchweicht, da der Leim später gut trocknet.
2. Als Nächstes bekleben sie die Ränder mit Zickzacklitze, Spitze oder anderen Kurzwaren. Anschließend lassen sie das Kunstwerk über Nacht trocknen.
3. Sobald das verzierte Papp- bzw. Holzstück getrocknet ist, kleben die Künstler den Notizblock in die Mitte des Rechtecks.
4. Wenn sie wollen, können sie noch ein paar getrocknete Blumen auf den Notizblockhalter kleben.
5. Dann bohren **Sie** mit einem Bleistift oder der Spitze einer Schere ein Loch in die Pappe und stecken eine Musterbeutelklammer hindurch. Danach wickeln Sie das eine Fadenende um die Metallklammer und biegen sie auf der Rückseite der Pappe um.
6. Ritzen **Sie** mit einem Messer eine Furche in das obere Ende eines Bleistifts und schlingen Sie das andere Fadenende um diese Kerbe. Der Bleistift hängt nun an einem Faden einsatzbereit neben dem Notizblock.

! **Hinweise**

- Der Leim hält ganz fest, wenn er gründlich getrocknet ist.
- Wenn jedes Kind sorgfältig beaufsichtigt wird, können Sie eine Klebepistole einsetzen und die Dinge entsprechend den Vorschlägen der Künstler bzw. ihre eigenhändig angefertigten Arbeiten aufkleben.

ab 8

Unterwasserlandschaft

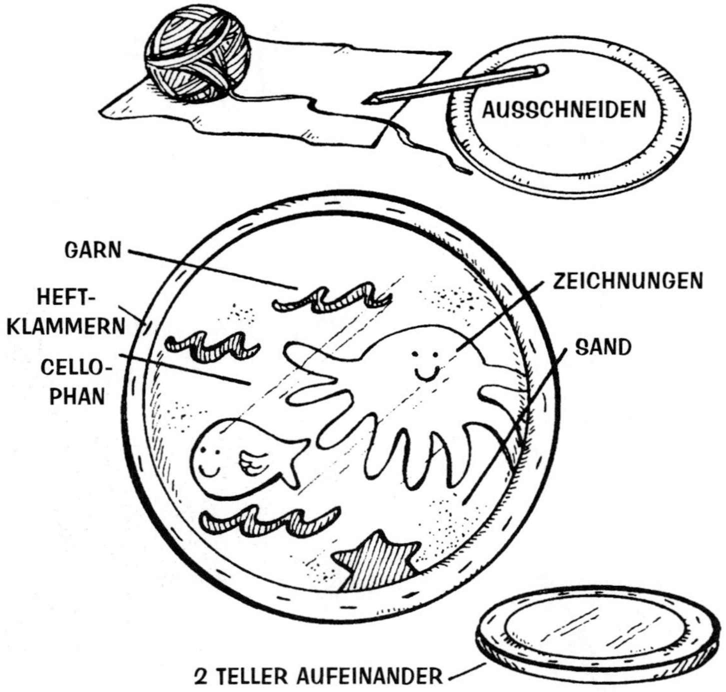

Benötigtes Material

- 2 Pappteller pro Künstler
- Filzstifte und Wachsmalstifte
- farbige Cellophanfolie oder Seidenpapier
- Scheren
- Holzleim
- Faden
- Heftmaschine
- Klarsichtfolie oder Transparentpapier
- Sand

So geht es

1. Die Kinder schneiden das Mittelstück aus einem Pappteller heraus, so dass nur der Rand übrigbleibt; vielleicht müssen Sie ihnen dabei helfen.
2. Sie legen den Rand mit der Vorderseite nach oben hin und bestreichen den tieferliegenden inneren Rand mit Leim.
3. Dann ziehen sie ein Stück Klarsichtfolie über der Öffnung stramm und kleben sie fest, sodass sie wie ein Fenster wirkt. Die Kinder schneiden die überstehende Folie ab, wenn der Leim getrocknet ist.
4. Als Nächstes zeichnen die Kinder kleine Fische, Muscheln und anderes Seegetier auf das ausgeschnittene Mittelstück des Papptellers, malen sie an und schneiden sie aus.
5. Anschließend kleben sie die Fische, Garn, Sand, Cellophan oder Seidenpapier auf den zweiten Pappteller.
6. Danach drehen sie den mit Klarsichtfolie überzogenen Papprand auf die linke Seite, legen ihn auf den beklebten Pappteller und heften beide entlang des Randes fest.
7. Wenn die Kinder möchten, können sie den Rand noch weiter verzieren.

Variante

- Die Künstler können andere Szenen auf den Papptellern entwerfen wie z.B. weitere interessante Collagen, Familienporträts, eine Ausstellung von Schmuckstücken oder gepresste und getrocknete Blumen.

Hinweise

- Der mit Folie überzogene Pappring sieht wie ein Fenster aus, durch das man in ein Fischglas oder ein Aquarium schauen kann.
- Meistens benötigen die Künstler Ihre Hilfe, wenn sie die Klarsichtfolie straff überziehen und wenn sie die Pappteller aufeinanderheften sollen.
- Sie können eine Klebepistole einsetzen, wenn der Papprand Stück für Stück auf dem zweiten Pappteller festgeklebt wird. Wie immer beim Einsatz einer Klebepistole muss die sorgfältige Beaufsichtigung der Kinder gewährleistet sein.

Sommer

ab 5

Sandmalerei

Benötigtes Material

- Ausflug zu einem Strand, Fluss oder zu einem Gebiet mit viel Sand (oder zu einem Spielplatz mit staubigem Untergrund)
- nackte Füße, Finger
- langer Stock, andere Malwerkzeuge
- wahlweise Wasser aus einem Eimer oder einem Schlauch

So geht es

1. Gehen Sie mit den Kindern zu einem großen, weiten Sandstrand oder zu einem Spielplatz mit staubigem Untergrund.
2. Dort ziehen die Kinder ihre Schuhe und Strümpfe aus.
3. Dann beginnen sie damit, Muster in den Sand zu zeichnen, indem sie durch den Sand oder Staub rennen und barfuß durch den Sand schlurfen. Sie benutzen ihre Finger, Hände, Muscheln, einen langen Stock oder andere Werkzeuge, um in den Sand oder Staub zu zeichnen.
4. Ist der Sand oder Staub so trocken, dass sie keine deutlichen Abdrücke hinterlassen können, befeuchten sie ihn einfach mit etwas Wasser.
5. Die Künstler können ihre Sandzeichnung stehen lassen, wenn sie fertig sind oder sie bedecken sie mit Staub oder Sand, indem sie einen belaubten Stock, ihre Hände oder auch einen Besen zu Hilfe nehmen.

Varianten

- Die Kinder hinterlassen eine Spur aus Fußabdrücken, der die anderen folgen müssen.
- Sie schreiben Namen oder Botschaften in den Sand.
- Sie fügen ihrer Sandzeichnung plastische Gegenstände wie z.B. Steine oder Blätter hinzu, die sie in der näheren Umgebung sammeln, um die Zeichnung zu bereichern.

Hinweise

- Legen Sie Handtücher in Reichweite, damit die Kinder ihre sandigen Füße säubern können, bevor sie ihre Schuhe wieder anziehen.
- Stellen Sie sich auf sandige Hände und auf Künstler ein, die im Wasser waten wollen.

Schattenzeichnen

ab 6

Benötigtes Material

- großer Bogen Packpapier
- Filzstifte, Farben und Pinsel, Wachsmalstifte oder Kreide
- sonniger Tag im Freien
- wahlweise 4 Steine

So geht es

1. Machen Sie einen Spaziergang mit den Kindern und halten Sie Ausschau nach Schatten auf dem Boden.
2. Die Kinder wählen ein interessantes Schattenmuster aus.
3. Dann legen sie einen großen Bogen Papier auf den Schattenumriss. Sie rücken das Blatt so zurecht, dass der Schatten ganz auf das Blatt passt.
4. Falls es windig ist, können sie die vier Ecken des Papiers mit jeweils einem Stein beschweren, um zu verhindern, dass es weggeblasen wird.
5. Die Kinder wählen frei aus allen zur Verfügung stehenden Zeichen- und Malwerkzeugen aus und umfahren damit die Umrisse des Schattenmusters; danach malen sie die Leerräume zwischen den Konturen aus oder verzieren das Muster auf dem Papier anderweitig.
6. Wenn sie fertig sind, nehmen sie das Papier weg und betrachten die Schattenzeichnung.

Varianten

- Die Kinder schneiden das Muster aus und kleben es auf ein anderes Blatt Papier, das sich farblich gut vom ersten abhebt. Dabei wirkt schwarzes Papier als Hintergrund besonders effektvoll.
- Sie fertigen eine Schattenzeichnung von einem Freund an.
- Wenn die Künstler Wachsmalstifte benutzen, legen sie eine strukturierte Oberfläche unter das Papier, um so eine gemusterte Schattenzeichnung herzustellen. Ein Drahtsieb, ein Stück Sperrholz, ein unebenes Stück Kunststoff (z.B. Resopal) ergeben interessante Strukturen.

Hinweise

- Wenn die Kinder Wachsmalstifte benutzen, brauchen sie viel Zeit, bis sie ihre Zeichnung fertiggestellt haben. Außerdem passiert es häufig, dass sie mit den Wachsmalstiften Löcher in das Papier reißen – legen Sie Pappe oder ein Stück Sperrholz als harten Untergrund unter das Papier, das erleichtert den Kindern das Zeichnen und Malen.
- Mit Farbe, z.B. Deckfarben, können die Kinder schnell große Flächen bedecken. Bewahren Sie Becher mit Farbe und Pinsel in einer flachen Pappschachtel auf, damit die Kinder sie nicht versehentlich umstoßen.

Große Farbkleckse

Benötigtes Material

- großes Blatt Packpapier
- Löffel oder großer Pinsel
- Gefäße mit flüssiger Temperafarbe, z.B. Jogurtbecher
- Zeitungspapier

So geht es

1. Die Kinder falten das Papier längs in der Mitte und öffnen es wieder.
2. Dann tragen sie die Farbe mit dem Löffel oder mit dem Pinsel hauptsächlich auf der Falzlinie auf.
3. Anschließend falten sie das Blatt wieder und drücken das Papier von der Falzlinie aus zur Ecke hin, damit sich die Farben verteilen und vermischen.
4. Danach falten sie das Papier auseinander.
5. Sie bringen das Klecksbild an einen Ort, wo es flach auf einer Zeitung trocknen kann. Gründlich trocknen lassen.

Variante

- Einigen Kindern macht es bestimmt Spaß, den großen Farbklecks auszuschneiden, wenn er trocken ist. Sie können die ausgeschnittene Form dann aufhängen oder auf einen farblich passenden Untergrund kleben.

Hinweise

- Jüngere Kinder tun sich leichter, wenn das Papier schon vorgefaltet ist. Eventuell brauchen sie auch beim Entfalten des großen Papiers Hilfe.
- Den größten Reiz bei dieser künstlerischen Erfahrung macht die Größe des Farbfleckes aus. Sie können sich diesem Projekt auch auf traditionelle Weise nähern: lassen Sie die Kinder erst Farbklecksbilder auf kleineren Papieren, die gefaltet wurden, herstellen, bevor sie dasselbe auf dem großen Papier machen. So fällt es den Kindern vielleicht leichter, eine Vorstellung davon zu entwickeln, was sie machen möchten und wie sie dabei vorgehen sollen.

Zaungemälde

ab 7

Benötigtes Material

- langer Zaun
- Rolle aus breitem, festem Papier
- Klebeband
- Heftmaschine
- Farbe, in einem Eimer oder einer weiten Schüssel angerührt
- Pinsel
- kleine Tische, Stühle oder Kisten (nach Wahl)
- Eimer mit Seifenwasser und Lappen zum Säubern

So geht es

1. Die Kinder kleben oder tackern eine lange, breite und feste Papierrolle an einem Zaun fest. Sie benutzen viel Klebeband oder Heftklammern, damit das Papier nicht reißt und herunterfällt.
2. Dann stellen sie Behälter mit Farbe und Pinsel in verschiedenen Abständen entlang des Zauns auf. Auch niedrige Tische, flache Stühle oder feste Pappschachteln können als Ablage für die Farben dienen.
3. Verschiedene Künstler können gleichzeitig an demselben langen Papierstück arbeiten und es bemalen.

Varianten

- Die Kinder erfinden ein Theaterstück und benutzen das Zaungemälde als Hintergrund oder Kulisse. Lassen Sie sie verschiedene Zaungemälde übereinanderschichten, die sie jeweils in der entsprechenden Szene einsetzen können.
- Eine Gruppe von Künstlern kann sich auf ein Thema einigen und gemeinsam ein Gemälde malen. Hier einige Vorschläge: Häuser in unserer Nachbarschaft, Dinosaurierwelt, aufregende und leuchtende Farben, einmal um die Welt, Sommerspaß oder das größte Gemälde der Welt.

Hinweise

- Rollen mit Resten von festem Papier können oft von Zeitungsdruckereien bezogen werden.
- Zaungemälde eignen sich gut für die Gruppenarbeit oder als Partyattraktion.
- Bei dieser Methode wird Farbe das Papier hinuntertropfen; dies kann allerdings vermindert werden, wenn die Farben mit wenig Wasser angerührt werden, sodass sie sehr dick sind, und zusätzlich mit Wäschesteife sämig gemacht werden.

Flatter-Farbe

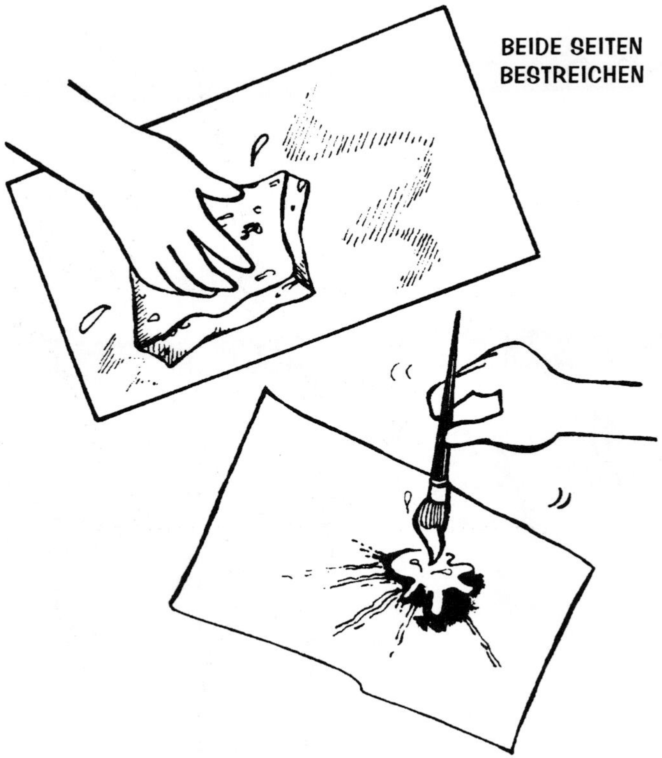

Benötigtes Material

- weißes Zeichenpapier
- Wasser
- Schwamm
- Wasserfarben
- Pinsel

So geht es

1. Die Kinder streichen mit einem wasserdurchtränkten Schwamm über beide Seiten des weißen Zeichenpapiers.
2. Dann tunken sie den Pinsel in Wasserfarbe und geben einzelne Tropfen Farbe auf das Papier.
3. Sie bewegen das Blatt ruckartig, damit die Farbe verläuft oder verteilen sie, indem sie das Blatt drehen und schütteln.
4. Sie tragen andere Farben auf und verfahren entsprechend.
5. Die Farben werden sich mischen und auf dem feuchten Blatt ineinanderlaufen.
6. Die Kinder lassen die Bilder besser an Ort und Stelle trocknen, anstatt sie wegzuräumen.

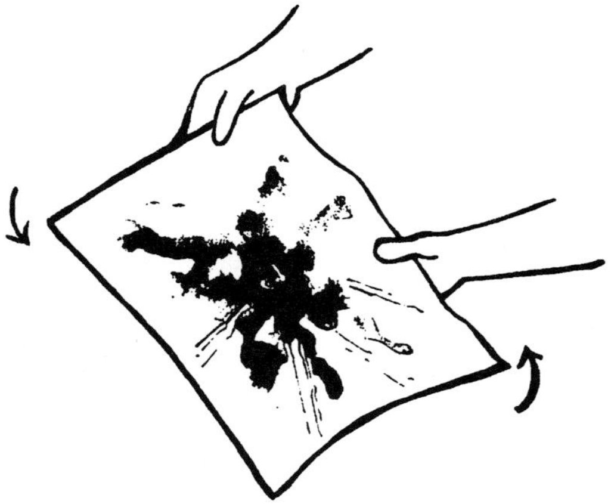

Hinweise

- Führen Sie dieses Projekt im Freien auf dem Rasen durch, damit beim Verteilen der Farbe die Wände nicht bespritzt werden. Beschweren Sie die Ecken des Blattes, damit es nicht vom Wind weggeweht wird.
- Die Kinder tragen alte Kleidung oder schützen ihre Kleider mit einem großen Hemd, dessen Ärmel sie bis zu den Ellbogen hochkrempeln.
- Halten Sie einen Eimer mit Seifenwasser griffbereit, damit sich die Kinder Gesicht und Hände reinigen können.

Spraybild

ab 6

Benötigtes Material

- festes, weißes Papier
- Temperafarben, nicht zu wässrig (eher von mittlerer Konsistenz)
- Pinsel
- mit Wasser gefüllte Blumenspritze (auf „Feinsprühen" eingestellt)

So geht es

1. Die Kinder legen das feste, weiße Papier draußen auf einen flachen Untergrund oder drinnen auf einen abgedeckten Boden.
2. Dann lassen sie Farbe von ihren Pinseln auf das Blatt tropfen.
3. Anschließend sprühen sie klares Wasser aus der Blumenspritze über die Farbtropfen auf dem Bild.
4. Die Farbtropfen verwässern, die Farben verfließen auf dem Papier und vermischen sich.

Variante

- Die Kinder können Farbpigmente auf festes Papier rieseln lassen und das Blatt hinterher mit einer Mischung aus Wasser und Leinölfirnis besprühen. Führen Sie dieses Projekt an einem Regentag durch und lassen Sie die Kinder ihre Bilder nach draußen in den Regen bringen, wo sie feucht werden.

Hinweise

- Dieses Projekt lässt sich besonders gut im Freien durchführen, weil die Kinder dann genügend Platz haben, um ihr Bild mit Wasser zu besprühen.
- Die Künstler versuchen das Papier an einem Zaun aufzuhängen, damit die ganze Farbe nach unten fließen kann. Sie lassen ihr Bild am Zaun trocknen, bevor sie es entfernen.

Experimentieren mit Ton

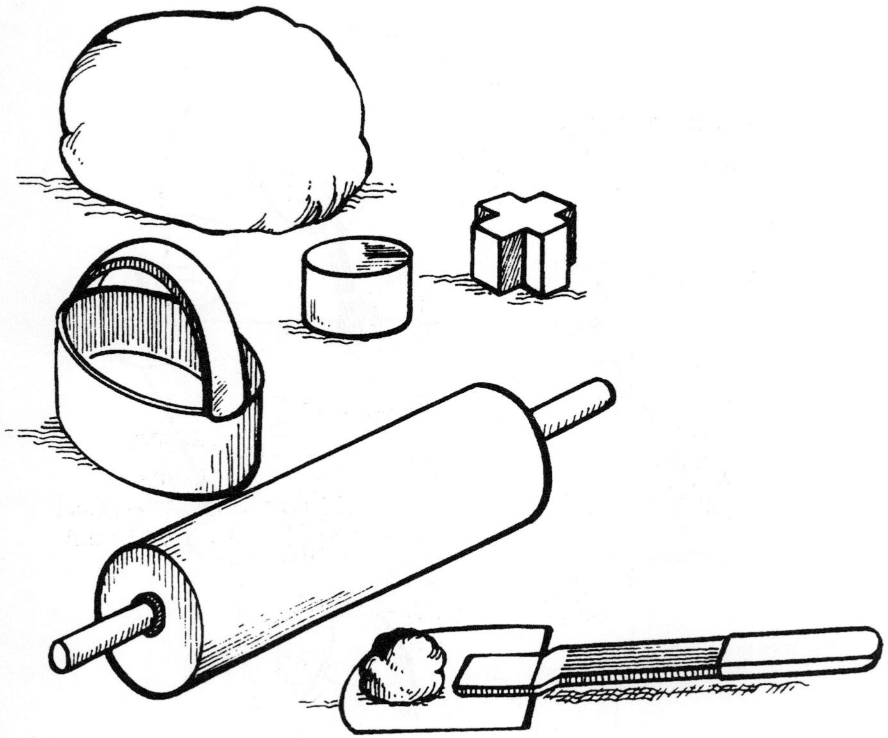

Benötigtes Material

- Ton (in Kunstmärkten erhältlich)
- Werkzeuge zum Bearbeiten des Tons: Plätzchenausstechformen, Knoblauchpresse, Messer, Nägel, Teile von Spielzeug, Spachtel, Nudelholz, Klötze, Zahnstocher usw.
- Tisch, mit einer großen Abfalltüte abgedeckt
- Klebeband
- Schürzen oder Arbeitskittel für die Künstler

So geht es

1. Breiten Sie einen großen Müllsack über den Tisch und kleben Sie ihn mit Klebeband fest. So erhalten Sie eine geeignete Arbeitsfläche.
2. Die Kinder drücken, quetschen, rollen und formen den Ton, wie es ihnen gefällt. Lassen Sie sie ungestört arbeiten und beobachten Sie, wie sie fantasievolle Dinge aus Ton herstellen.
3. Die Künstler lassen ihre Kunstwerke aus Ton an der Luft trocknen, wenn sie sie aufbewahren wollen. Wenn nicht, legen sie den Ton wieder zurück in den luftdicht verschlossenen Behälter, damit sie ihn später wieder verwenden können.

Hinweise

- Bewahren Sie den Ton in einem luftdicht verschließbaren Behälter auf.
- Ton kann die Abflussrohre verstopfen, deshalb sollte er nicht den Ausguss hinuntergespült werden. Stellen Sie einen Eimer oder eine Schüssel mit Wasser bereit, wo sich die Kinder die Hände waschen und ihre Werkzeuge reinigen können und entsorgen Sie das Schmutzwasser hinterher irgendwo im Freien.
- Stellen Sie sich darauf ein, dass die Kinder sich und ihre Umgebung beim Umgang mit Ton schmutzig machen. Auf der anderen Seite handelt es sich bei diesem Projekt um eine lohnenswerte und künstlerisch befriedigende Tätigkeit, an deren Ende schöne Produkte stehen.

Tonskulptur

Benötigtes Material

- Ton (in Kunstmärkten erhältlich)
- Nudelholz
- andere Werkzeuge zum Bearbeiten des Tons: Spachtel, Nägel, Ausstechformen, Knoblauchpresse, Messer usw.
- Temperafarben
- Pinsel
- Klarlack oder Lackfarbe (nach Wahl)

So geht es

1. Die Kinder rollen eine kleine Menge Ton zu einer etwa 1,5 cm dicken Platte aus.
2. Dann schneiden oder stechen sie irgendwelche Formen aus dem Teig aus, z.B. Fische, Kreise, Vierecke, Herzen oder Blätter.
3. Anschließend verzieren sie die Formen mit Mustern, die sie in den Ton drücken oder schneiden.
4. Trocknen lassen.
5. Als Nächstes malen sie mit den Temperafarben Muster auf die Tonformen.
6. Sobald die bemalten Formen getrocknet sind, können **Sie** diese mit Klarlack oder Lackfarbe überziehen.

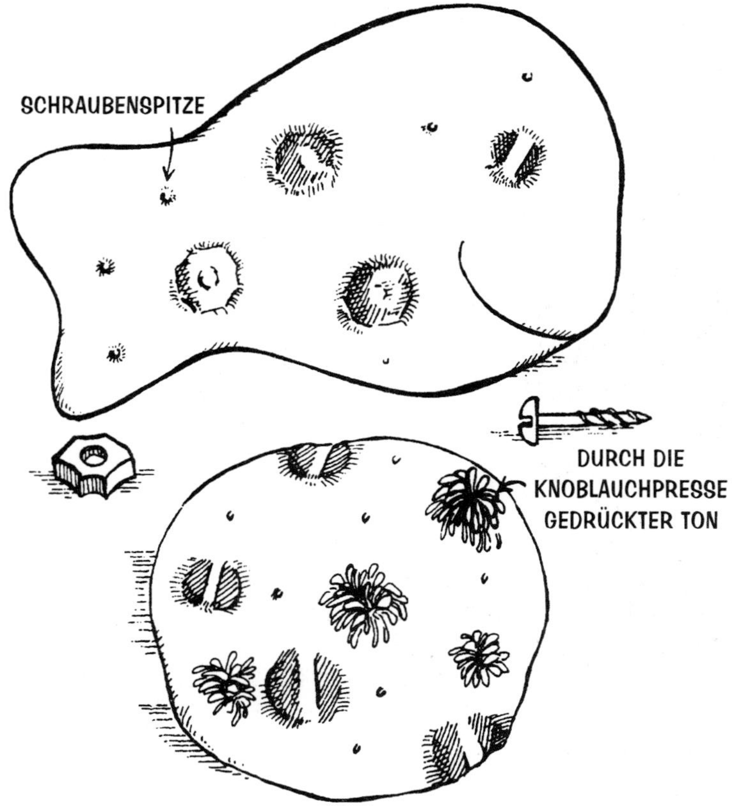

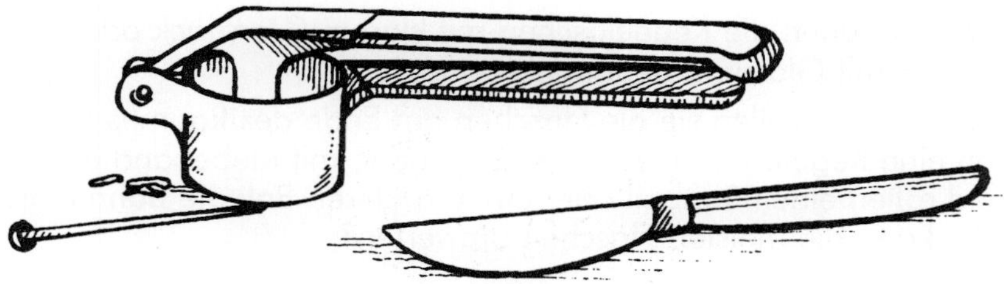

Hinweise

- Decken Sie die Arbeitsfläche mit einem großen Müllsack ab, den Sie am Tisch festkleben.
- Bewahren Sie den Ton in einem luftdicht verschlossenen Behälter auf.
- Ton kann die Abflussrohre verstopfen, spülen Sie ihn deshalb nicht den Ausguss hinunter. Stellen Sie einen Eimer oder eine Schüssel mit Wasser bereit, wo sich die Kinder die Hände waschen und ihre Werkzeuge reinigen können. Entsorgen Sie das Schmutzwasser im Freien.

Kegeln

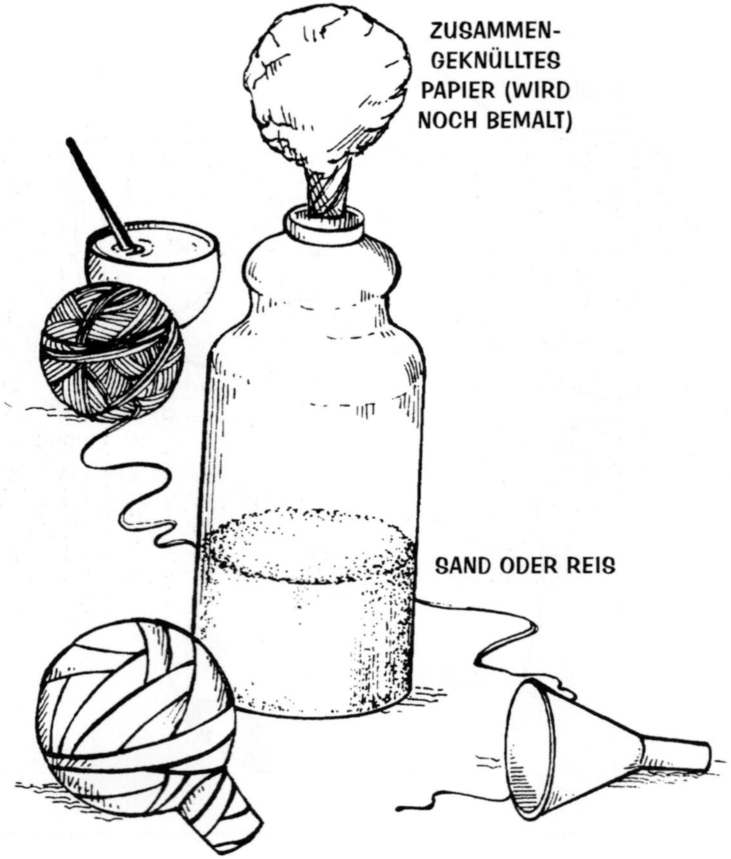

Benötigtes Material

- Plastikflaschen, z.B. leere Ketschup- oder Shampooflaschen
- für jede Flasche eine Doppelseite Zeitungspapier
- Sand oder Reis
- Trichter
- Zeitungspapier, in Streifen gerissen
- Tapetenkleister
- Garn
- Farbe
- Pinsel
- Holzleim
- Material für eine Collage
- klarer Glanzlack

So geht es

1. Die Kinder knüllen eine Doppelseite Zeitungspapier zu einer runden Form zusammen, um daraus einen Kopf für eine Flasche zu machen. Sie ziehen einen Teil heraus und stecken diesen in den Flaschenhals.
2. Dann füllen sie jede Plastikflasche zu einem Drittel mit Sand oder Reis, indem sie den Trichter zu Hilfe nehmen. (Die Sand- bzw. Reisfüllung verhindert, dass die Flaschen zu leicht umfallen.)
3. Die Kinder bekleben den Flaschenkopf, den Flaschenhals oder, wenn sie wollen, die gesamte Flasche mit den in Kleister getauchten Zeitungspapierstreifen. Anschließend lassen sie das Werk mehrere Tage lang trocknen.
4. Sie malen Verzierungen auf die Flaschen wie z.B. Augen, Nase und Mund. Sie können noch Garn als Haare hinzufügen. Die Künstler können sich auch dafür entscheiden, die Flasche mit leuchtenden Farben, Formen und Mustern zu bemalen, oder sie mit Collagematerialien zu verzieren. Gründlich trocknen lassen.
5. **Sie** besprühen die Kegelflaschen mit klarem Glanzlack oder überziehen sie mit Glasur. Erneut trocknen lassen.
6. Zum Kegeln stellen sie die Flaschen am Ende des Raumes auf, markieren eine Kegelbahn, indem sie den Boden mit Klebeband abkleben und rollen einen Softball oder einen anderen Ball die Bahn entlang. Wer kann die meisten Flaschen umwerfen?

! **Hinweis**

- Denken Sie stets daran, dass die Flaschen ihre „Köpfe" verlieren, die Farbe abblättern oder andere Katastrophen auftreten können, wenn die Kinder zu heftig kegeln oder die Kegelbahn zu lang ist. Lassen Sie die Kinder langsam mit dem Kegeln anfangen und machen Sie sich klar, dass es die meisten Kinder naturgemäß mit dem Werfen übertreiben.

Zaunweberei

ab 7

Benötigtes Material

- Zaun (Zäune aus Maschendraht eignen sich gut)
- Gegenstände zum Weben wie Krepppapier, Stoffstreifen, Seile, Bänder, Schnürsenkel, Streifen aus Zeitungspapier, anderes Papier oder Garn

So geht es

1. Suchen Sie einen Zaun, der gut zu erreichen ist und neben dem man leicht stehen kann.
2. Die Kinder weben und wickeln die Materialien um den Zaun.
3. Sie fahren damit fort, den Zaun weiter zu verzieren und so lange zu weben, bis der Zaun ihren Vorstellungen entspricht.
4. Sie nehmen das Webstück ab, bevor es regnet, ansonsten erfreuen sie sich so lange wie möglich daran.

Varianten

- Die Kinder umweben ein Schaukel-Set oder ein Spielgerät auf einem Spielplatz.
- Planen Sie die Zaunweberei als Teil einer Party, eines Spiels oder führen Sie sie anlässlich eines besonderen Anlasses durch.

Hinweise

- Ein Trick, um den jungen Künstlern das Weben zu erleichtern, besteht darin, ziemlich kurze Streifen zu verwenden (zwischen 6 und 9 Zentimeter lang).
- Eine elegantere Möglichkeit ist, die Streifen zu einem Knäuel zusammenzurollen und in einen Behälter oder eine Schachtel mit einem Loch im Deckel zu legen. Die Künstler führen die Streifen durch die Maschen des Zauns, während sie sie aus dem Behälter herausziehen und abrollen.

Herstellen von Ziegeln

Benötigtes Material

- Schlamm
- Wasser
- Plastikeimer
- Eiswürfelform, Muffinförmchen, flache Aluminiumschale oder Metalldose

So geht es

1. Die Kinder füllen etwas Schlamm, z.B. Staub und Erde von einem Feldweg, in einen Plastikeimer und geben so viel Wasser hinzu, dass sie eine Schlammkugel daraus formen können.
2. Dann pressen sie den Schlamm in Muffinförmchen oder in die einzelnen Abschnitte einer Eiswürfelform bzw. in flache Schalen aus Metall.
3. Anschließend stellen sie die Formen für ca. 10 Tage an einen warmen Ort oder **Sie** schieben sie bei 120 °C in den Backofen und backen sie 15 Minuten lang.
4. Abkühlen lassen. Danach drehen die Kinder die Formen um und lassen die gebrannten „Ziegel" auf eine am Boden liegende Zeitung fallen; dabei beobachten sie, welche Ziegel zerbrechen und welche stabil sind. Sie verwenden die stabilen Ziegel zum Bauen.
5. Auf diese Weise stellen sie so viele Ziegel wie möglich her, damit sie sich beim Bauen von Mauern, Häusern und anderen Dingen richtig austoben können.

!

Hinweise

- Die Kinder fügen der Schlammmasse etwas Gipspulver bei, damit sie besser zusammenhält. Lassen Sie die Kinder ausprobieren, wie viel Gipspulver sie zugeben sollten, da es keine verbindliche Mengenvorgabe gibt, die garantiert, dass die Schlammmischung zuverlässig zusammenhält.
- Befolgen Sie die Anweisungen auf S. 207 zum Bauen von Mauern.

Mauerbau

ab 8

Benötigtes Material

- selbstgemachte Schlammziegel (vgl. S. 206)
- große und kleine Steine oder Kies
- Stöcke und Gräser oder andere Pflanzen
- Gipspulver oder Schlamm

So geht es

1. Die Kinder stapeln Ziegelsteine und andere Gegenstände aufeinander und bauen daraus eine Mauer oder ein beliebiges Bauwerk. Als eine Art „Zement" verwenden sie Gipspulver, das sie so anrühren, dass es dünnflüssig ist. Sie können die einzelnen Bestandteile (Stöcke, Gräser etc.) aber auch mit Schlamm zusammenkleben, das funktioniert ebenfalls.
2. Entweder tunken sie die Steine, Gräser, Pflanzen usw. in das angerührte Gipspulver oder sie streichen bzw. verteilen den „Zement" mit einem Löffel über das Baumaterial und stapeln die Gegenstände dann zu einem Bauwerk auf.
3. Über Nacht oder noch länger trocknen lassen.

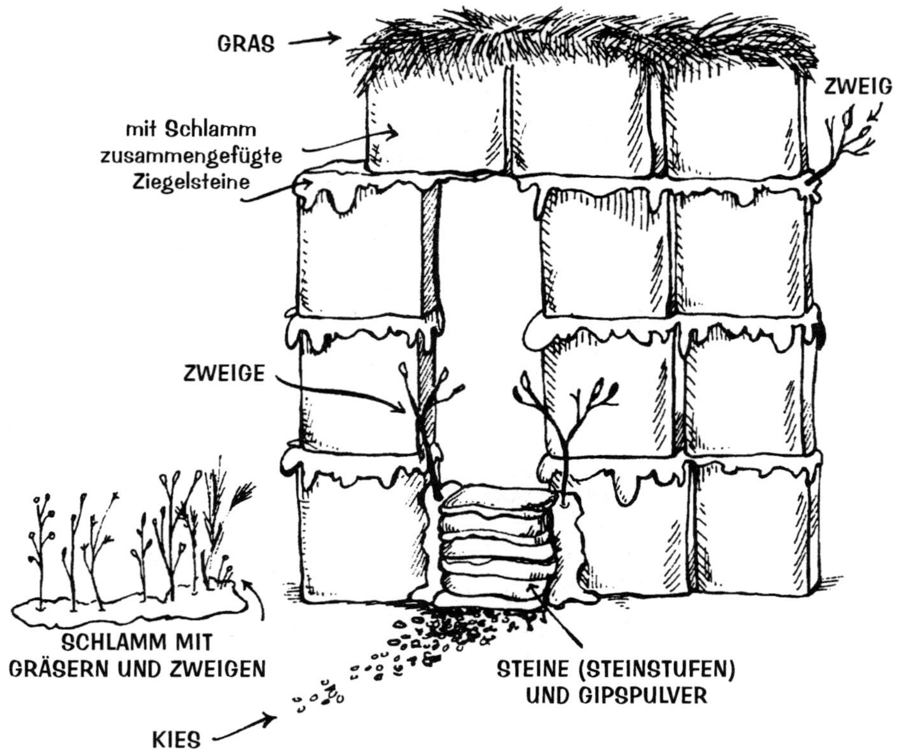

Varianten

- Die Kinder bauen mit Holzresten und Leim.
- Sie können auch Bauwerke aus Zuckerwürfeln und Zuckerguss (vgl. S. 107) herstellen.

Hinweise

- Halten Sie einen Eimer mit Seifenwasser und Handtücher griffbereit, damit sich die Kinder die Hände waschen und trocknen können.
- Manche Kinder machen sich die Hände generell nicht gerne schmutzig; manchmal ist das aber nur eine vorübergehende Phase. Zeigen Sie dafür Verständnis. Das Projekt eignet sich nicht für alle Kinder.

ab 7 VORSICHT

Korbstickerei

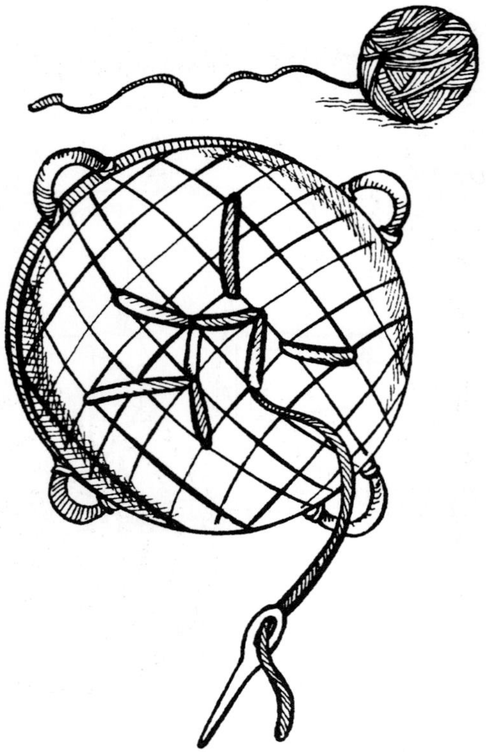

Benötigtes Material

- lose geflochtener Korb aus Rohrgeflecht, z.B. Korb aus Peddigrohr
- Garn in vielen verschiedenen Farben
- Stopfnadeln
- Scheren

So geht es

1. Die Kinder fädeln einen ziemlich langen Faden durch das Stopfnadelöhr. Nehmen Sie das Garn doppelt und verknoten Sie es an einem Ende, wenn Sie eine Gruppe von jüngeren Kindern haben.
2. Dann besticken die Kinder den Korb, d.h. sie führen den Faden durch die Löcher im Korbgeflecht. Entweder entwerfen sie ein Stickmuster genau nach ihren Vorstellungen oder sie sticken, wie es ihnen gefällt. Achten Sie darauf, dass jedes Kind genügend Platz hat, damit sie sich nicht gegenseitig beim Sticken behindern und versehentlich mit der Nadel stechen.
3. Sie wechseln die Farbe, wann sie möchten.

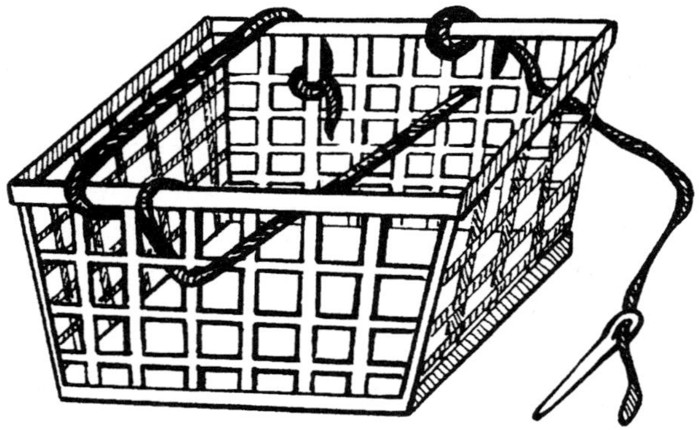

Hinweise

- Da der Korb recht stabil ist, können ihn die Kinder leicht festhalten und die Nadel problemlos durch die Zwischenräume stecken.
- Einfache und billige Körbe, die einen Pappteller als Untergrund haben, eignen sich gut für dieses Projekt.
- Meistens benötigen die Kinder Ihre Hilfe, wenn sie den Faden einfädeln und festziehen und manchmal auch, wenn sie ihre Stickarbeit beginnen oder beenden sollen.

Gepresste und gerahmte Blumen

ab 7

Benötigtes Material

- frische Blumen
- Zeitungen
- schwere Bücher
- Leim oder Klebstoff in einer quetschbaren Flasche, z.B. Ketschupflasche
- Scheren
- Stifte
- festes Papier
- hölzerne Vorhangringe
- Papierreste
- Schale oder Becher mit Holzleim
- Zahnstocher

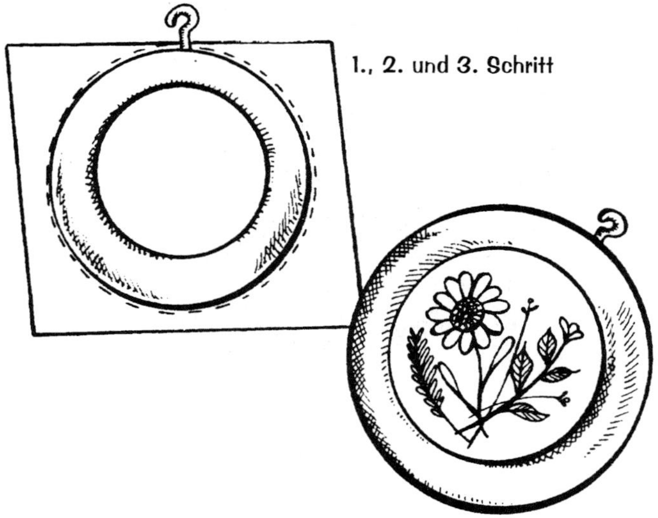

1., 2. und 3. Schritt

So geht es

Trocknen

Legen Sie die frischen Blumen auf das Zeitungspapier; sie sollten sich gegenseitig nicht berühren. Bedecken Sie sie mit mehreren Lagen Zeitungspapier und beschweren Sie das Ganze mit Büchern. Lassen Sie die Blumen etwa 4 Wochen lang liegen, bis sie vollständig getrocknet sind. (Größere Blumen und Blumen mit dickeren Stengeln brauchen länger!)

Rahmen

1. Die Kinder legen einen Vorhangring auf ein Stück Papier und umfahren den äußeren Rand. Sie schneiden den Kreis aus, allerdings so, dass er etwas kleiner ist als der aufgezeichnete Kreis.
2. Dann legen sie eine gepresste Blume auf den ausgeschnittenen Kreis. Sie tauchen das Ende des Zahnstochers in den Leim und tragen diesen behutsam auf der Rückseite der Blume auf. Anschließend drehen sie die Blume vorsichtig um und kleben sie auf den Papierkreis. Auf diese Weise arrangieren sie alle gepressten Blumen und kleben sie fest.
3. Anschließend tragen sie auf der Rückseite des Vorhangringes Klebstoff aus der Flasche auf und kleben ihn auf den verzierten Papierkreis. Dabei achten sie darauf, dass der Haken des Vorhangringes nach oben zeigt. Gründlich trocknen lassen.
4. Der Vorhangring dient als Rahmen für das Blumenbild, das an dem Haken an der Wand aufgehängt werden kann.

Hinweise

- Gepresste und getrocknete Blumen sind sehr zerbrechlich und müssen sorgfältig behandelt werden.
- Pressen Sie die Blumen etwa einen Monat bevor Sie das Projekt durchführen möchten, damit die Blumen dann auch wirklich getrocknet sind und verwendet werden können.
- Die Kinder können dieses Projekt auch selbst durchführen. Allerdings werden sie wahrscheinlich Ihre Hilfe benötigen, wenn sie den Ring auf das Papier kleben. Lassen Sie zu, dass die Kinder ihre eigene Kreativität spielen lassen, selbst wenn das fertige Produkt nicht unbedingt den Ansprüchen eines Erwachsenen genügen sollte.

Verzierter Stock

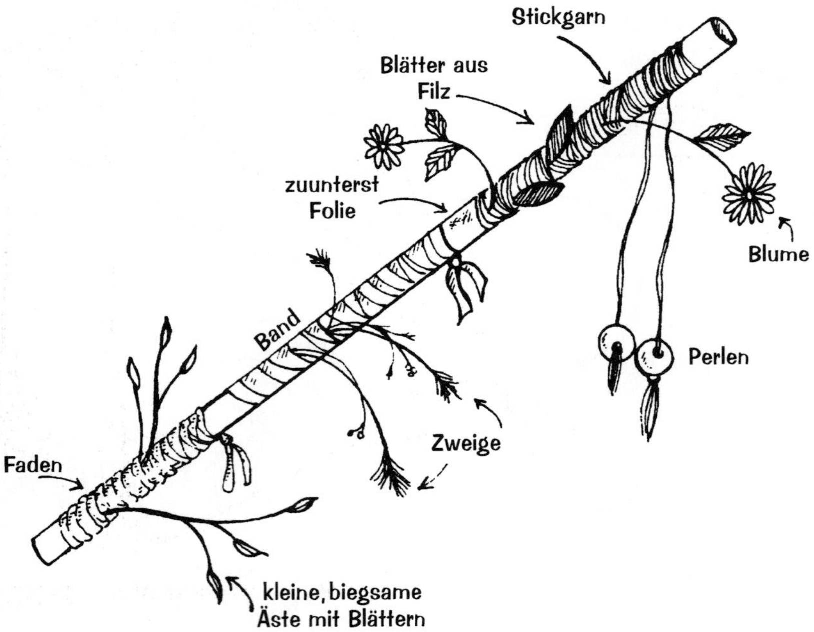

Benötigtes Material

- Stock von 1 m Länge oder Rundholz von 0,5–1m Länge (1,5–2 cm Durchmesser)
- Garn in vielen verschiedenen Farben und Längen, Schnur, Bänder oder Papierstreifen (Luftschlangen), Stickgarn, Stoffstreifen oder andere schnurähnliche Materialien
- Gegenstände zum Verzieren, z.B. Federn, Filz, Folie oder Blumen mit Stängeln
- Klebstoff
- Kreppband

So geht es

1. Die Kinder umwickeln den Stock mit Garn. Mit Ihrer Hilfe machen sie einen Knoten oder umwickeln das Anfangsstück des Garns mit Kreppband, um es fest an dem Stock zu befestigen.
2. Sie wickeln auch die anderen Materialien, die sie ausgesucht haben, fest um den Stock.
3. Sie können die Farben jederzeit wechseln. Der neue Faden kann entweder mit dem vorhergehenden Stück Faden verknotet oder direkt am Stock festgeklebt werden. Dann fangen die Kinder an, den Stock mit der neuen Farbe oder dem neuen Material zu umschlingen. Lose Enden können hängen gelassen oder ordentlich eingeschlagen werden. Unterstützen Sie die Kinder in ihrem künstlerischen Eifer und ihren Ideen.
4. Während die Kinder den Stock immer weiter umwickeln, können sie andere dekorative Materialien mit in das Garn- oder Schnurgebilde einweben, festkleben oder anderweitig befestigen. Das sorgt für einen Überraschungseffekt und macht die Umwicklung einzigartig.

Hinweise

- Manchen Kindern fällt es schwer, etwas fest zu umwickeln. Kleben Sie den Faden mit viel Klebeband am Stock fest oder verknoten Sie ihn mehrmals, damit er nicht vom Stock rutscht.
- Für jüngere Kinder eignen sich kürzere Stöcke besser. Oft fällt es ihnen auch leichter, wenn sie zu zweit arbeiten: ein Kind umwickelt den Stock, während ihn das andere festhält.

Variante

- Die Kinder suchen einen Pfosten, eine Säule oder einen Pfeiler, den sie mit längeren Stoffbändern, bunten Seilen und Fäden umwickeln, so als ob es sich dabei um eine größere Ausgabe des umwickelten Stocks handeln würde.

Drachen aus Papiertüten

Benötigtes Material

- große Papiertüte
- Schnur
- Lochverstärkungsringe
- Locher
- Farben und Pinsel
- Holzleim
- Papierreste und Collagematerialien
- Seidenpapier
- Krepppapier
- Luftschlangen
- Bänder
- Papierförmchen, z.B. für Muffinbleche oder Makronen

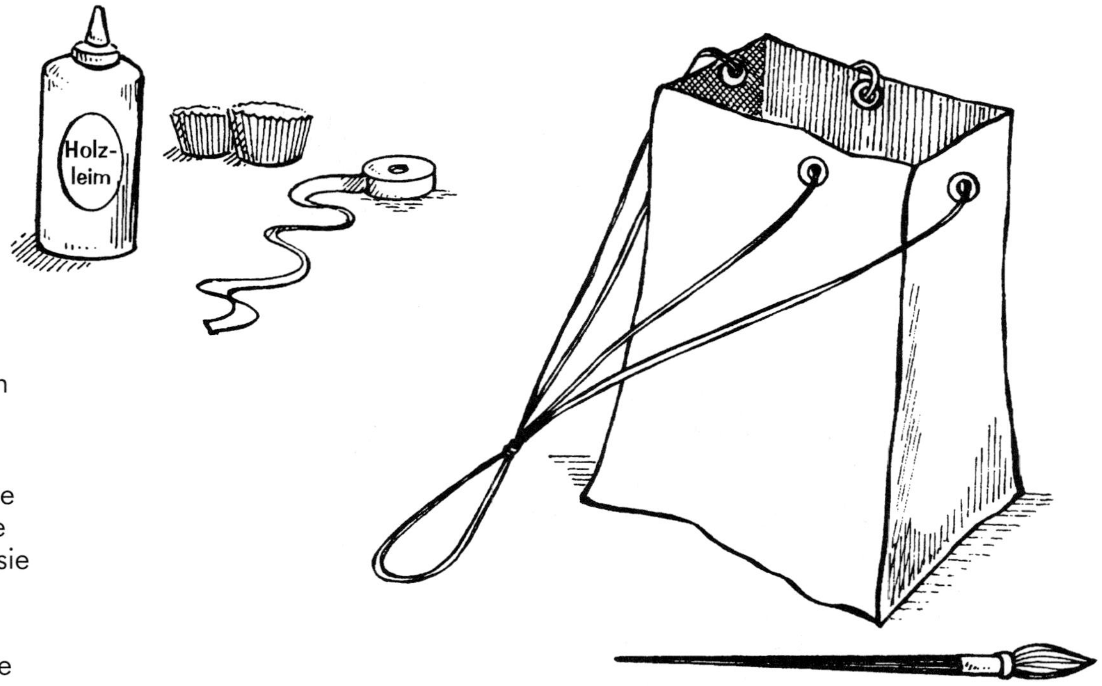

So geht es

1. Die Kinder stanzen mit dem Locher vier Löcher in die Papiertüte, jeweils eins in jede der vier Seiten, im Abstand von etwa 1,5 cm vom Rand.
2. Dann kleben sie einen Lochverstärkungsring über jedes Loch.
3. Anschließend schneiden sie zwei Schnurstücke von jeweils 1 m Länge zurecht. Sie ziehen eine Schnur durch zwei Löcher und verknoten die beiden Enden, sodass sie eine Schlaufe erhalten. Ebenso verfahren sie mit der zweiten Schnur und den beiden „freien" Löchern.
4. Danach schneiden sie ein anderes Stück Faden von 1 m Länge zurecht, ziehen es durch die beiden Schnurschlaufen und verknoten die Enden (der dritten Schnur) miteinander. (Die dritte Schlaufe stellt den Griff des Drachens dar.)
5. Als Nächstes bemalen sie die Tüte, wie es ihnen gefällt. Gründlich trocknen lassen.
6. Dann bekleben die Kinder den Papiertütendrachen mit Collagematerialien aus Papier und Luftschlangen. Wiederum vollständig trocknen lassen.
7. Sie öffnen die Tüte, nehmen den Griff aus Schnur in die Hand und rennen los. Der Wind wird sich in der Tüte verfangen und der Drachen hoch über den Künstlern aufsteigen.

!

Hinweise

- Damit der Drachen auch wirklich aufsteigt und die Zerreißprobe besteht, muss die Tüte zwischen den einzelnen Schritten – wenn sie bemalt und beklebt wird – gründlich trocknen.
- Die Kinder benötigen vermutlich Ihre Hilfe, wenn sie die Schnüre an der Tüte befestigen. Alles Weitere erledigen sie dann allein, sowohl das Verzieren der Tüte als auch das Steigenlassen des Drachens.
- Die Künstler können noch einmal zusätzlich Verstärkungsringe oder durchsichtige Selbstklebefolie über die ausgestanzten Löcher kleben, dann hält der Drachen länger.

Schachtelauto

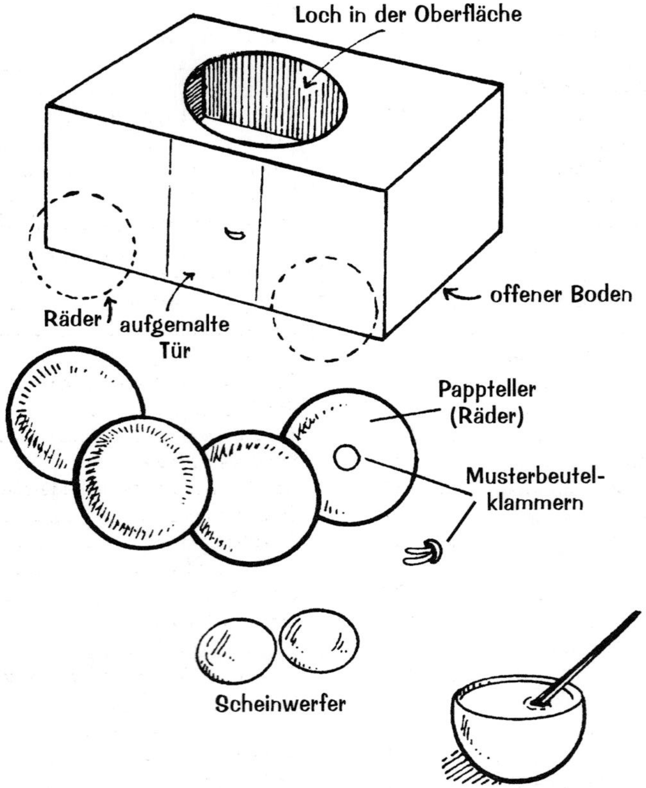

Benötigtes Material

- großer Pappkarton ohne Deckel bzw. Oberseite
- Temperafarben, Pinsel
- Pappteller
- feste Schnur
- Aluminiumfolie
- Musterbeutelklammern
- Heftmaschine
- Klebeband
- Scheren
- Filzstifte

So geht es

1. Schneiden **Sie** ein Loch in die Unterseite des Pappkartons, das so groß sein muss, dass es über die Hüfte eines Kindes passt.
2. Der Karton wird umgedreht, sodass sich das Loch oben befindet.
3. Dann bemalen die Kinder den Karton mit beliebigen Mustern und lassen die Farbe hinterher gründlich trocknen.
4. Bohren **Sie** mit der Schere insgesamt vier Löcher für die Autoräder in die beiden längeren Seitenteile des Kartons (siehe Zeichnung).
5. Als Räder dienen Pappteller, die mit Musterbeutelklammern an den zuvor gestochenen Löchern befestigt werden. (Dazu stecken die Kinder die beiden Metallstreifen der Papierklemme in die Löcher im Karton und biegen sie dann auseinander.) Dann malen sie die Räder mit Temperafarbe an oder verzieren sie mit Filzstiften, wenn sie möchten.
6. Für die Scheinwerfer schlagen die Kinder Pappteller in Aluminiumfolie ein und befestigen sie mit Klebeband oder Musterbeutelklammern am Karton. Wenn sie Klammern benutzen, kleben sie ein Stück Klebeband über deren Enden auf der Innenseite des Kartons.
7. Stechen **Sie** mit einer Schere zwei Löcher in die Oberfläche des Kartons und zwar jeweils eins neben die kreisrunde Öffnung, d.h. die beiden Löcher liegen einander gegenüber. Dann ziehen Sie eine feste Schnur oder eine Kordel durch ein Loch und machen einen Doppelknoten in das Schnurende, damit es nicht durch das Loch durchrutschen kann.
8. Dann steigt ein Kind durch die Öffnung in den Karton und zieht das Schachtelauto bis zur Hüfte hoch. **Sie** führen nun die Schnur bis zum Nacken des Kindes und von dort aus zu dem zweiten Loch, wo Sie sie mit einem weiteren Doppelknoten befestigen. Nun hängt das Auto auf den Schultern des Kindes und ist bereit zum Losfahren …

Hinweise

- Dieses Projekt erfordert eine Menge Arbeit, aber der Spaß ist die Mühe wert. Lassen Sie die Kinder so viel wie möglich selbst tun. Das Befestigen der Schnur und das Bohren der Löcher ist der schwierigste Teil des Projekts und erfordert Ihre Hilfe.
- Vergewissern Sie sich, dass der Karton völlig getrocknet ist, bevor ihn die Kinder als Auto verwenden. Dennoch wird er abfärben, wenn ihn die Kinder beim Spielen mit ihren feuchten Händen berühren.

Index

Projekte

Materialien

Index

Index

Index

Index

Kunsttechniken

Zeichnen

Index

Malen

Modellieren

Bauen

Collage

Werken

Basteln